Razones para creer

John M. Oakes, Ph.D.

Razones para creer

Un manual de evidencias cristianas

Illumination Publishers International
www.ipibooks.com

Razones para creer
Un manual de evidencias cristianas

© 2023 por John M. Oakes.

ISBN: 978-1-941988-72-5

Ninguna parte de este libro puede ser duplicada, copiada, transcrita, traducida, reproducida o almacenada, mecánica o electrónicamente, sin previa autorización escrita de John M. Oakes e Illumination Publishers International.

Impreso en los Estados Unidos de América.

Gráficos de portada de William To
Fotos de portada:
Tumba del primer siglo cortesía de Julie Geissler,
Prisma Senaquerib © El Museo Británico,
Crónicas de Babilonia © El Museo Británico,
Estela David cortesía de Museo de Israel,
Texto hebreo cortesía del Museo de Israel
Fotos de la contraportada:
Cilindro de Ciro © El Museo Británico,
Fragmento del Evangelio de Juan cortesía de la Biblioteca John Rylands,
Texto Hebreo de fondo de Salmos

A menos que se especifique, todas las citas bíblicas son tomadas de la Santa Biblia, Nueva Versión Internacional® NVI® © 1999, 2015 por Biblica, Inc.® Utilizado con permiso. Todos los derechos reservados.

Publicado por
Illumination Publishers International
www.ipibooks.com

Agradecimientos

Razonar con un hombre nunca le hará corregir una mala opinión que él nunca adquirió mediante la razón.

—*Jonathan Swift, traducción nuestra*

Me gustaría agradecer a varios amigos que me han ayudado a completar este proyecto. Estoy agradecido con aquellos que ayudaron a editar el manuscrito, incluyendo a Brian Craig, Amy Morgan, Rex Geissler, Douglas Jacoby y, por supuesto, a mi madre, Ruth Oakes. William To merece el crédito por la atención entusiasta a los gráficos de la portada, y también el equipo de traducción de Amy Morgan, Isabella Rocha y Priscila Rojas por su esmero en producir la versión en español.

También han sido útiles aquellos que me han proporcionado aliento y apoyo a lo largo de los años en mi búsqueda de estos temas. Gary Bishop y Gregg Marutzky me pusieron en marcha, John Clayton me inspiró con su ejemplo, Douglas Jacoby me llamó a esforzarme a llegar más alto espiritual e intelectualmente, Mike Taliaferro proporcionó entusiasmo a la tarea y Foster Stanback me impulsó (y proporcionó apoyo financiero). Gracias.

Sobre todo, estoy agradecido de mi esposa, Jan, que ha aguantado los trasnoches, las prioridades reorganizadas y la energía mental redirigida sin quejarse; en realidad, lo ha hecho con gran apoyo y amor.

Dedicactoria

Para Jan
Benjamin
Elizabeth
y Kathryn

Contenido

Prólogo 9

Introducción 10

Capítulo 1 – ¿Quién se cree que es este hombre? 11

Capítulo 2 – ¿Por qué debo creer en Jesús? 31

Capítulo 3 – El milagro definitivo 55

Capítulo 4 – Debimos haber sabido que esto venía 82

Capítulo 5 – Visiones del futuro 112

Capítulo 6 – Una colección notable 143

Capítulo 7 – Dejen hablar a las piedras 170

Capítulo 8 – La ciencia y la Biblia: ¿Enemigos mortales? 210

Capítulo 9 – La Biblia: El libro más maravilloso jamás escrito 236

Apéndice A
Traducciones de la Biblia 250

Apéndice B
La naturaleza de la fe 252

Prólogo

John Oakes nos ha hecho un gran servicio con su libro, *Razones para creer*. Cuando leí el manuscrito en Sudáfrica, lo disfruté profundamente. Cada página está repleta de detalles e información. John tiene la habilidad de tomar problemas complicados y cristalizar la verdad en medio de toda la confusión. Este libro ayudará a todos aquellos que creen en Jesús, pero que en el fondo tienen una voz susurrante, que les dice que la ciencia ha demostrado que su fe es anticuada. Este libro moverá a aquellos que no son cristianos a ver cuán racional es realmente la fe cristiana. Sé que el lector volverá a estas páginas una y otra vez, hallando respuestas, información e inspiración.

Este es un tema que me encanta. A menudo hablo de evidencias cristianas. En mis viajes como ministro, he tenido la oportunidad de hablar en seis continentes en casi cincuenta países. Dondequiera que voy, las caras se iluminan cuando se presentan pruebas de nuestra fe. A los universitarios les encanta obtener respuestas fácticas para algunos de los ataques contra el cristianismo que escuchan en la universidad. A los padres les encanta obtener respuestas fácticas para algunas de las preguntas que sus hijos plantean. A los que están empezando a estudiar la Biblia, así como a los no cristianos, les encanta obtener evidencia práctica que les ayude a entregar su vida a Jesús por la fe. Ya sea en África, Asia o América, este es un tema importante; y John ha puesto ante nosotros una explicación exhaustiva. Todos estamos gozosamente en deuda con él.

Sé que este libro animará a muchos discípulos. También sé que muchos escépticos recibirán respuestas a sus preguntas para que puedan convertirse en discípulos de Jesús. Te animo no solo a que disfrutes del libro, sino más bien, domina el material. Compártelo con otros. Deja que la confianza que inculca impacte en tu universidad, vecindario y lugar de trabajo. Recuperemos todos la confianza y el entusiasmo de esos antiguos discípulos del primer siglo.

—Mike Taliaferro
San Antonio, Texas

Introducción

> *Estén siempre preparados para responder a todo el que les pida razón de la esperanza que hay en ustedes.*
> —1 Pedro 3:15

Hace casi veinte años, yo, junto con tres amigos que fueron estudiantes de posgrado, Gary Bishop, Mark Hermsmeyer y Paul Keyser, nos pusimos a hacer una lista de las áreas básicas de evidencia que apoyan el cristianismo. En unos cinco minutos hicimos una lista que es, esencialmente, el esquema de este libro. Desde entonces, he pasado innumerables horas investigando estos temas y he tenido la oportunidad de hablar sobre ellos en muchas ocasiones. Después de leer docenas de libros sobre apologética cristiana, quedó claro que no hay ningún libro disponible que se ocupe de todos estos temas de una manera concisa pero completa. Pocos o ningún libro cubren todos estos temas. Algunos son demasiado simples para ser una herramienta de referencia útil. Otros solo profundizan en una o dos áreas de evidencia, a veces con detalles técnicos tales que los hace inaccesibles para la mayoría de los lectores, mientras que al mismo tiempo se saltan otras áreas de evidencia muy importantes.

Por lo tanto, con el ánimo de algunos amigos, me propuse escribir este libro. No es mi intención proporcionar un manejo exhaustivo de cada tema, ya que de cada uno de ellos se podría justificar un libro entero en sí mismo. He intentado proporcionar trasfondo suficiente para tratar la mayoría de los problemas comunes que vienen a la mente para aquellos que hacen preguntas buenas pero difíciles. He intentado proporcionar referencias adicionales para aquellos que quieran desarrollar más profundamente un tema en particular.

Al reunir material, me he esforzado mucho en utilizar solo la evidencia que aguantará bien la crítica. Es mi experiencia que muchos autores apologéticos tienden a incluir cualquier cosa que parece apoyar su punto, sin importar si la evidencia realmente está a la altura del escrutinio de aquellos que han investigado cuidadosamente estos temas. En aspectos más subjetivos, sobre todo en el capítulo final, he tratado de señalar que estoy expresando mi propia opinión.

Muchos de los que hacen preguntas sobre la fe cristiana crean una cortina de humo que oculta cuestiones más fundamentales del corazón. Se espera que los que lean este libro se dediquen a una búsqueda sincera de la verdad. Si esta obra es de alguna ayuda para aquellos que, con humildad y sinceridad de corazón, buscan la verdad, entonces a Dios sea la gloria.

—John Oakes
Merced, California

❧ Capítulo Uno ❧
¿Quién se cree que es este hombre?

> *"¿Acaso no es este Jesús,*
> *el hijo de José? ¿No conocemos a su*
> *padre y a su madre? ¿Cómo es que sale*
> *diciendo: 'Yo bajé del cielo'?"*
>
> —Espectadores anónimos después
> de que Jesús afirmara ser el pan de vida.

Comenzaremos con un escenario. Imagina por un momento que estás teniendo una conversación informal con un amigo cercano. El nombre de tu amigo es Jorge. En el transcurso de la conversación, Jorge te dice que tiene la capacidad de resucitar a la gente de entre los muertos. ¿Cómo responderías a esta afirmación? Asumiendo que hasta ahora has pensado en tu amigo Jorge como una persona bastante normal, ¿cómo afectaría esta impactante afirmación la forma en que piensas de él?

Tal vez tu primera respuesta a una situación como esta sería reírte, suponiendo que tu amigo Jorge pronto aligeraría la atmósfera tensa uniéndose a la risa. Muy gracioso, Jorge. Pero imagínate que, en cambio, te da una mirada ofendida y te dice: "Mira, hablo en serio; tengo la capacidad de levantar a la gente de entre los muertos. ¿No me crees? Déjame hablarte de Mariana y Guillermo". Imagina que tu amigo continúa relatando una historia detallada sobre dos personas que resucitó de entre los muertos. Jorge describe en detalle cómo los dos habían muerto y la forma en que él los resucitó. Incluso menciona algunos testigos con los que te puedes contactar si quieres verificar la afirmación.

¿Qué estás pensando ahora de tu amigo Jorge? Diferentes posibles explicaciones de su repentino y extraño comportamiento comienzan a correr a través de tu mente. ¿Ha perdido la cabeza? ¿Está tratando de practicar su mirada inexpresiva viendo qué tanto puede hacerle creer a la gente una mentira? Parece tan sincero que, por un instante, la posibilidad de que realmente haya resucitado a alguien de los muertos se te mete en la cabeza. Por supuesto, rechazas esta idea casi instantáneamente, porque aceptar la premisa de que tu amigo resucitó a alguien de entre los muertos implicaría que, en realidad, eres tú quien se está volviendo loco.

¿Qué harías ahora? Tal vez seguirías su juego un rato, fingiendo que al menos estás abierto a creer que tu amigo está diciendo la verdad. Podrías empezar a cuestionar a Jorge con varias preguntas que induzcan respuestas. Podrías preguntarle de dónde sacó esta habilidad, o dónde está ahora mismo la gente que resucitó de entre los muertos. Alternativamente, podrías decir: "Vamos, Jorge, deja el juego, estás empezando a asustarme", para ver si va a perder los nervios y admitir que todo es una broma.

Si ninguna de estas tácticas funciona, podrías cambiar el tema por ahora, pero más tarde empezarías a investigar por tu cuenta. Si fueras un verdadero amigo, estarías muy preocupado por tu amigo. Si la noticia del comportamiento de Jorge saliera a la luz, su reputación como un tipo normal y razonable podría estar permanentemente dañada.

Ahora imagina ir a uno de los testigos de los que Jorge te habló. Le cuentas discretamente a esta persona la historia que Jorge te ha contado. Imagina por un momento cómo te sentirías si este testigo respondiera diciéndote que él o ella no tiene ni idea de lo que estás hablando. Ahora tu investigación se dirige hacia una conclusión. Volverás con Jorge y lo confrontarás directamente con lo que obviamente es una mentira. Su respuesta a la confrontación te dirá si está mintiendo o si ha perdido la cabeza.

Pero ¿y si el testigo corrobora las afirmaciones de Jorge? ¿Y si todos los testigos ratificaran la afirmación de que realmente resucitó a dos personas de entre los muertos? ¿Te inclinarías a creer que Jorge estaba diciendo la verdad? La explicación de que él está loco está empezando a parecer un poco insostenible. Tu cerebro va corriendo. ¿Qué escenario puede explicar lo que está sucediendo aquí? Piensas: "Bueno, soy una persona racional y hay una explicación racional para todo esto". Decides que, por alguna extraña razón, Jorge ha decidido jugar una broma muy detallada contigo y algunos de tus amigos. Ha llegado a establecer un elaborado plan, incluyendo la creación de "testigos" para confirmar su historia. Cuando piensas en el hecho de que Jorge es uno de los más grandes bromistas prácticos que conoces, la historia comienza a encajar.

Aun así, no puedes dejar de examinar esto. Confrontas a uno de los supuestos testigos con tu escenario, y él finalmente sonríe. Los dos empiezan a reírse. El misterio está resuelto.

Pero ¿y si esta táctica no funciona? ¿Y si uno por uno, cada uno de los testigos confirmara que todo lo dicho era cierto, incluso cuando se enfrentaran con tu afirmación de que todo esto era una trampa?

La historia podría continuar en este curso por un tiempo, pero un punto está claro: Si alguien que conoces bien afirmara que tiene el poder de resucitar a la gente de entre los muertos, te resultaría casi imposible aceptar la afirmación, no importa cuán seriamente se hiciera. Asumirías que tu amigo es un mentiroso descarado o que está loco: que le faltan gramos para el kilo, como dicen.

Pero hubo una vez un hombre que afirmó, no solo a sus amigos, sino también abiertamente al público, que podía resucitar a la gente de entre los muertos. Ese hombre era Jesucristo. Juan 11 registra una situación en la que uno de los mejores amigos de Jesús había muerto. De hecho, su amigo Lázaro había estado muerto dentro de una tumba durante cuatro días cuando Jesús llegó a Betania. Examinemos este notable relato de Jesús y su amigo Lázaro.

De lo que se describe en Juan capítulo 11, junto con las otras referencias en el Nuevo Testamento a Lázaro y sus hermanas María y Marta, se puede inferir que Jesús era un amigo muy cercano de esta familia. Parece que Jesús tenía la costumbre de quedarse con Lázaro y sus hermanas cuando subía a Jerusalén.

> Había un hombre enfermo llamado Lázaro, que era de Betania, el pueblo de María y Marta, sus hermanas. María era la misma que ungió con perfume al Señor, y le secó los pies con sus cabellos. Las dos hermanas mandaron a decirle a Jesús: "Señor, tu amigo querido está enfermo". (Juan 11:1-3)

Cuando Jesús escuchó esta súplica de ayuda, su respuesta fue notable. "A pesar de eso, cuando oyó que Lázaro estaba enfermo, se quedó dos días más donde se encontraba" (v. 6). Seguramente Jesús era muy consciente de que María y Marta consideraban que se trataba de una terrible emergencia. ¿Por qué Jesús esperó dos días antes de responder? ¿Estaba demasiado ocupado como para responder a las súplicas de un amigo moribundo? Posiblemente Jesús retrasó el ir a Betania, tal vez al menos en parte, porque sabía lo que haría con Lázaro. Dos días después, dijo a sus apóstoles: "Lázaro ha muerto, y por causa de ustedes me alegro de no haber estado allí, para que crean. Pero vamos a verlo" (v. 14-15).

Cuando Jesús llegó a Betania, le explicó a Marta, la hermana de Lázaro, mientras ella lamentaba la muerte de su hermano: "Yo soy la resurrección y la vida. El que cree en mí vivirá, aunque muera; y todo el que vive y cree en mí no morirá jamás. ¿Crees esto?" (vv. 25-26). Esta es la primera de las afirmaciones de Jesucristo que veremos en este capítulo.

JESÚS: ¿SEÑOR, MENTIROSO O LUNÁTICO?

El tema de esta sección es "Jesús: ¿Señor, mentiroso o lunático?". Haremos una pregunta simple en este capítulo: ¿Cuál es la explicación más razonable para las afirmaciones de Jesús? Durante su tiempo en la tierra, Jesús hizo algunas afirmaciones asombrosas sobre sí mismo. ¿Cómo se lidia con estas afirmaciones? Dejando a un lado la emoción, ¿cuál sería una explicación razonable de lo que Jesús afirmó de sí mismo? ¿Realmente Jesús hizo estas afirmaciones? Dado el contexto de la audiencia a la que Jesús hizo las afirmaciones, ¿qué estaba diciendo realmente de sí mismo?

¿Cómo respondió la gente de su época a estas afirmaciones? ¿Cuáles son algunas de las formas en que la gente responde a Jesús hoy en día? ¿Por qué las respuestas modernas a Jesús son radicalmente diferentes de quienes las escucharon de primera mano?

Además de considerar cuidadosamente la explicación más razonable acerca de las afirmaciones que Jesús hizo sobre sí mismo, se hará una comparación de estas con las de otros líderes religiosos conocidos. Por último, consideraremos lo que sería una respuesta razonable para una persona moderna a la luz de su comprensión de las afirmaciones de Jesús.

Este argumento no es precisamente nuevo.[1] De hecho, aquellos que buscan defender la fe en Jesucristo a menudo han regresado al argumento de "Señor, mentiroso o lunático" porque es muy convincente.

Volvamos a la historia en cuestión. Jesús acaba de hacer una de las afirmaciones más sorprendentes (o escandalosas) jamás hechas por un ser humano. Ha afirmado no solo que tiene el poder de resucitar a la gente de entre los muertos; ¡ha ido mucho más lejos que eso! Jesús ha hecho la afirmación de que él es la resurrección y la vida; afirmó que él era la verdadera fuente de resurrección para toda la humanidad. No solo dijo que era el cauce de un poder mayor que él para levantar a alguien de entre los muertos, sino que también afirmó: "El que cree en mí vivirá, aunque muera; y todo el que vive y cree en mí no morirá jamás" (Juan 11:25-26).

La respuesta de Marta a esta afirmación de Jesús es muy interesante. Ella dijo, en efecto: "Sí, Jesús, sé que eres la resurrección y la vida. Sé que ofreces la vida eterna, pero eso no es lo que estaba pidiendo. Estaba pidiéndote si pudieras resucitar a mi hermano Lázaro físicamente de entre los muertos ahora mismo". ¡Qué audacia tan increíble! ¡Qué descaro! Marta debió haber sido muy cercana a Jesús como para hacerle esta petición.

En respuesta a la petición de Marta, Jesús fue a la tumba. María, la hermana de Marta, lloraba y se lamentaba en voz alta de que Jesús podría haberlo sanado si hubiera llegado a tiempo. Aparentemente la fe de María no era tan fuerte como la de Marta. En una de las escenas más apasionantes de los evangelios, Jesús respondió a la emoción de María llorando abiertamente.

Lázaro había estado muerto y se encontraba en la tumba desde hacía ya cuatro días. En un clima cálido como el de Palestina, un cuerpo empezará a descomponerse en pocas horas. No es de extrañar que Marta respondiera al mandato de Jesús de retirar la piedra en la parte delantera de la tumba de Lázaro diciendo: "Señor, ya debe oler mal, pues lleva cuatro días allí" (Juan 11:39).

---

1. Por ejemplo, Josh McDowell presentó este argumento en su libro *Evidencia que exige un veredicto: Evidencias históricas de la fe cristiana* (Deerfield, Florida: Vida, 1993), publicado originalmente en inglés en 1972. Este argumento fue originado por C. S. Lewis en su conocido libro, *Mero Cristianismo* (San Francisco: Harper, 2001), publicado originalmente en 1943. En un tratamiento más reciente, Douglas Jacoby añade un cuarto adjetivo: Jesús es Leyenda, Mentiroso, Lunático o Señor. Douglas Jacoby, *Evidencia convincente de Dios y la Biblia* (Spring, Texas: Illumination Publishers, 2020).

Dicho esto, gritó con todas sus fuerzas:
"¡Lázaro, sal fuera!"
El muerto salió, con vendas en las manos y en los pies, y el rostro cubierto con un sudario.
"Quítenle las vendas y dejen que se vaya" —les dijo Jesús. (Juan 11:43,44).

¡Qué escena tan dramática! Imagina las emociones de los que están entre la multitud y que presenciaron este sensacional evento. Después de luchar con la ropa mortuoria por unos momentos, Lázaro, rígido pero muy vivo, salió de la tumba, arrastrando las tiras de tela detrás de él. ¿Cómo te habrías sentido si hubieras presenciado este increíble acontecimiento?

Muchos de los judíos que habían ido a ver a María y que habían presenciado lo hecho por Jesús creyeron en él. (Juan 11:45).

¡Ya lo creo! Con frecuencia, Jesús hizo una afirmación demoledora y la prosiguió con una acción que demostraba la verdad de lo que estaba afirmando. Recuerda que Jesús aseguró que no solo podía resucitar físicamente a la gente de entre los muertos, sino que afirmó ser la resurrección y la vida para toda la humanidad. Inmediatamente después de hacer esta afirmación asombrosa, Jesús la respaldó de la manera más dramática posible. Levantó a un hombre de entre los muertos cuyo cuerpo ya estaba en el punto de producir el olor putrefacto de la descomposición.

Volvamos ahora y apliquemos a esta situación el ejemplo que comenzó este capítulo. Supongamos por un momento que tú fuiste contemporáneo a estos eventos, pero no un testigo como tal. Imagina que alguien te habló de Jesús y Lázaro. ¿Cuál sería una respuesta razonable a esta afirmación escandalosa? ¿Y cómo podrías explicar el hecho de que un número tan grande de personas realmente creyeron la afirmación sin una investigación adicional? Recuerda tu respuesta a tu amigo Jorge. La explicación absolutamente menos concebible sobre la afirmación sería que en realidad era cierto; sin embargo, se podía ver un gran número de personas creyendo que Jesús podía levantar a la gente de entre los muertos.

Hay algunas analogías aquí, pero hay también una diferencia muy grande entre Jorge y Jesús. La razón por la que tantas personas pudieron creer sus afirmaciones sobre ser la resurrección y la vida es que la vida y el ministerio de Jesús respaldaron sus afirmaciones. Este hecho será un tema recurrente en este capítulo.

Vale la pena señalar que no todos los testigos de este impresionante evento se convencieron acerca de Jesús. Estaban convencidos de que Jesús había resucitado a Lázaro, quien llevaba cuatro días muerto. ¿Cómo podrían negar eso? Sin embargo, no estaban convencidos de que fuera algo bueno.

Pero algunos de ellos fueron a ver a los fariseos y les contaron lo que Jesús había hecho. Entonces los jefes de los sacerdotes y los fariseos convocaron a una reunión del Consejo.

"¿Qué vamos a hacer? —dijeron—. Este hombre está haciendo muchas señales milagrosas. Si lo dejamos seguir así, todos van a creer en él, y vendrán los romanos y acabarán con nuestro lugar sagrado, e incluso con nuestra nación".

Uno de ellos, llamado Caifás, que ese año era el sumo sacerdote, les dijo:

"¡Ustedes no saben nada en absoluto! No entienden que les conviene más que muera un solo hombre por el pueblo, y no que perezca toda la nación". (John 11:46-50).

Algunos de los testigos creían que Jesús tenía el poder de resucitar a la gente de la muerte física. Vieron suceder el evento justo frente a sus ojos, así que era difícil negar el hecho. Sin embargo, parece que no creyeron su afirmación de que él era la resurrección y la vida. De lo contrario, no habrían intentado asesinarlo.

La razón para considerar la reacción tanto de los que creyeron como de los que definitivamente no creían es esta: Si Jesús era un mentiroso haciendo afirmaciones falsas e indignantes, entonces la respuesta más razonable sería oponerse a él con toda la energía que uno poseía. Si Jesús fuera un mentiroso, entonces habría sido una persona extremadamente peligrosa. De hecho, así era como el Sanedrín[2] veía a Jesús. Para ellos, él era una amenaza muy peligrosa para su posición. Si Jesús estuviera loco, entonces la respuesta más razonable habría sido, en primer lugar, rechazar totalmente su mensaje, y segundo, encerrarlo antes de que se lastimara a sí mismo o a alguien más. Por otro lado, si las afirmaciones de Jesús fueran verdaderas, la única respuesta razonable sería adorarlo como Señor.

Al observar el carácter y la vida de Jesús (se hablará de eso más adelante), el Sanedrín sabía que no estaba loco, pero al no estar dispuesto a aceptar que era quien decía ser, asumieron que era un mentiroso, un impostor. Como se mencionó anteriormente, una respuesta razonable de quien creía que Jesús era un mentiroso era oponerse a él enérgicamente. Eso es ciertamente lo que hicieron. La declaración de Caifás es irónica. Quería que Jesús fuera asesinado para salvar al pueblo judío. Poco tiempo después, Jesús fue asesinado para que el pueblo judío no pereciera. De hecho, Jesús murió "para que todo el que cree en él no se pierda, sino que tenga vida eterna" (Juan 3:16).

En esta, la primera de las afirmaciones de Jesús que vamos a ver, uno encuentra a Jesús afirmando ser la resurrección y la vida. Respaldó

---

2. El Sanedrín era un consejo de líderes religiosos judíos. Eran un organismo legislativo de la aristocracia hebrea. Los romanos permitieron la autoridad sanedrina en Judea por asuntos religiosos.

su afirmación levantando a Lázaro de entre los muertos de la manera más dramática. En el evento, como lo describe Juan, se pueden apreciar dos respuestas: la de tener fe en Jesús y la de querer asesinarlo. Mientras observamos algunas de las otras afirmaciones de Jesús sobre sí mismo, este patrón se volverá familiar.

Jesús hizo un gran número de afirmaciones sobre sí mismo. El propósito de este capítulo no es catalogarlas. El libro del Nuevo Testamento que contiene la mayor cantidad de afirmaciones que Jesús hizo sobre sí mismo es el evangelio de Juan. Por lo tanto, examinaremos algunas de las afirmaciones de Jesús registradas en esta concisa biografía.

EL PAN DE VIDA

Una de las afirmaciones de Jesús que menos entendieron sus oyentes se encuentra en Juan 6:35. A una gran multitud, Jesús declaró con valentía: "Yo soy el pan de vida". ¿Qué estaba diciendo Jesús? ¿Decía ser alimento comestible? Probablemente no. ¿Estaba afirmando ser capaz de proporcionar alimento físico para aquellos que creían en él, o tal vez para todos, independientemente de si creían o no en él? ¿Hay alguna implicación espiritual, más que física, en esta afirmación? El contexto de esta declaración de Jesús responderá las preguntas, pero primero consideremos un incidente que había ocurrido el día anterior. .

> Algún tiempo después, Jesús se fue a la otra orilla del mar de Galilea (o de Tiberíades). Y mucha gente lo seguía, porque veían las señales milagrosas que hacía en los enfermos. Entonces subió Jesús a una colina y se sentó con sus discípulos. Faltaba muy poco tiempo para la fiesta judía de la Pascua [...]
>
> "Hagan que se sienten todos" —ordenó Jesús.
>
> En ese lugar había mucha hierba. Así que se sentaron, y los varones adultos eran como cinco mil. Jesús tomó entonces los panes, dio gracias y distribuyó a los que estaban sentados todo lo que quisieron. Lo mismo hizo con los pescados.
>
> Una vez que quedaron satisfechos, dijo a sus discípulos:
>
> "Recojan los pedazos que sobraron, para que no se desperdicie nada".
>
> Así lo hicieron, y con los pedazos de los cinco panes de cebada que les sobraron a los que habían comido, llenaron doce canastas. (Juan 6:1-4, 10-13)

Se puede suponer que gran parte de la multitud que escuchó a Jesús afirmar ser el pan de vida también había participado en la comida del pan y el pescado el día anterior.[3] Ciertamente no es una coincidencia que la

---

3. Esto se puede ver en Juan 6:22-25, donde Juan indica que la multitud que se había quedado en la orilla opuesta con Jesús era la misma que se reunió con él al otro lado del lago, cerca de Capernaúm.

afirmación haya seguido al milagro. Jesús tenía el hábito de respaldar sus afirmaciones sobre sí mismo realizando un milagro relacionado con la afirmación.

Hay una pregunta que planteará el escéptico en este momento: "¿Cómo sabemos realmente que Jesús hizo este supuesto milagro?". O si es el caso, uno podría preguntarse cómo se puede estar seguro de que él realmente hizo la afirmación de ser el pan de vida. Estas son preguntas absolutamente legítimas. Las mismas preguntas podrían haberse hecho con respecto al milagro de resucitar a Lázaro de entre los muertos o de la afirmación que lo precedió. Estas son preguntas razonables, pero el autor ruega al lector que sea paciente. Esta cuestión tan importante se abordará cuidadosamente en el capítulo dos, el capítulo sobre milagros.

Pero volvamos al lago para considerar la afirmación en su contexto:

> "¿Y qué señal harás para que la veamos y te creamos? ¿Qué puedes hacer? —insistieron ellos—. Nuestros antepasados comieron el maná en el desierto, como está escrito: 'Pan del cielo les dio a comer'".
>
> "Ciertamente les aseguro que no fue Moisés el que les dio a ustedes el pan del cielo —afirmó Jesús—. El que da el verdadero pan del cielo es mi Padre. El pan de Dios es el que baja del cielo y da vida al mundo".
>
> "Señor —le pidieron—, danos siempre ese pan".
>
> "Yo soy el pan de vida —declaró Jesús—. El que a mí viene nunca pasará hambre, y el que en mí cree nunca más volverá a tener sed. Pero como ya les dije, a pesar de que ustedes me han visto, no creen. Todos los que el Padre me da vendrán a mí; y al que a mí viene, no lo rechazo. Porque he bajado del cielo no para hacer mi voluntad sino la del que me envió. Y esta es la voluntad del que me envió: que yo no pierda nada de lo que él me ha dado, sino que lo resucite en el día final. Porque la voluntad de mi Padre es que todo el que reconozca al Hijo y crea en él, tenga vida eterna, y yo lo resucitaré en el día final". (Juan 6:30-40)

Ciertamente, Jesús no decía aquí que él fuera comida física, o que proporcionara alimento físico para comer. Afirmaba ser alimento espiritual que, cuando era ingerido, llevaría a la vida eterna. Jesús afirmó que, a través de una relación con él, la gente podía ir al cielo. ¡Qué increíble afirmación! La situación es bastante similar a la de Juan 11 en la que Jesús realizó un milagro (resucitar a Lázaro) para confirmar una afirmación espiritual (ser la resurrección y la vida). En este caso, Jesús realizó el milagro de crear pan para confirmar la proclamación de que él era el pan de vida.

Es interesante notar que la afirmación de Jesús de ser el pan de vida les hizo pensar en la relación entre Jesús y Moisés. Le preguntaron a Jesús con qué autoridad podía llamarlos para que lo siguieran. Le recordaron que Moisés les había dado pan (maná) en el desierto para permitirles seguirlo a través de este. Jesús invirtió su argumento señalando que en realidad Moisés no les dio el pan; fue Dios quien les había dado el maná. Vino del cielo. El maná que vino del cielo ayudó a Moisés a cumplir la misión que Dios le había dado. Es de suponer que él mismo recogió parte del maná para comerlo. Jesús era muy diferente. Justo el día anterior, él les había dado pan, no del cielo, sino de su propia mano.

Jesús prosiguió diciendo que él era el pan espiritual que descendía del cielo para dar verdadera vida al mundo: "Yo soy el pan de vida". Dicho por un ser humano, esta afirmación es tan escandalosa que es difícil saber cómo responder frente a ella. Imagina a tu amigo Jorge diciendo: "Yo soy el pan de vida que bajó del cielo", como si afirmar resucitar a la gente no fuera suficiente, ahora definitivamente ha perdido la cabeza. Esta afirmación, si es cierta, es aún más irrazonable.

¿Cuál fue la respuesta de la multitud a esta afirmación? Empezaron a quejarse.

> Entonces los judíos comenzaron a murmurar contra él, porque dijo: "Yo soy el pan que bajó del cielo". Y se decían: "¿Acaso no es este Jesús, el hijo de José? ¿No conocemos a su padre y a su madre? ¿Cómo es que sale diciendo: 'Yo bajé del cielo'?". (Juan 6:41-42)

Esta parece una respuesta un tanto leve, pero dado que Jesús recientemente les había dado pan físico real para comer, podría explicar una reacción relativamente suave, en comparación con otras que veremos en este capítulo. El comentario: "¿Acaso no es este Jesús, el hijo de José?" parece dar a entender que ellos no estaban seguros de cómo reaccionar ante él. Todavía no habían decidido si era Señor, mentiroso o lunático. ¿Y qué has decidido tú?

AFIRMACIONES DE OTROS LÍDERES ESPIRITUALES

Retomaremos algunas de las afirmaciones de Jesús, pero consideremos primero cuáles han sido las afirmaciones de otros muy conocidos líderes o maestros religiosos a lo largo de los siglos. Estas afirmaciones, y la evidencia de la validez de estas, revelarán más claramente la singularidad de lo que Jesús dijo sobre sí mismo.

Hay muchos candidatos para una lista de líderes religiosos conocidos y sus afirmaciones sobre sí mismos. El espacio no nos permitirá considerar las afirmaciones de hombres como Baha'u'lla (fundador de la fe bahaí), Nanak (gurú original de la fe sij), Lao Tzu (autor del *Tao Te Ching* y figura principal del taoísmo), Mahavira (el mayor maestro de la religión jaina y un contemporáneo del Buda Gautama) o figuras más modernas como Mary Baker Eddy (creadora del movimiento de la Ciencia Cristiana), Ellen G. White (principal profetisa del Adventismo del Séptimo Día) o Sung Myung Moon (fundador de la Iglesia de la Unificación, también conocida un tanto peyorativamente como "los Moonies"), y la lista podría seguir. A continuación, consideraremos algunos de los líderes de las religiones del mundo más conocidos. Se discutirán en orden cronológico.

Primero, consideremos a Moisés. Él ciertamente fue un líder religioso. ¿Qué dijo Moisés sobre sí mismo? La Biblia se refiere a Moisés como el hombre más humilde de la tierra,[4] así que, no es de extrañar que sea difícil encontrarlo haciendo proclamaciones abiertas sobre sí mismo. Sin embargo, por lo que está registrado sobre su vida, se podría concluir que afirmaba ser un portavoz de Dios. Afirmó haber visto alguna manifestación de Dios, tanto en la zarza ardiente como en el monte Sinaí. En ambas ocasiones afirmó que Dios le había hablado directamente. Dios realizó una serie de milagros a través de Moisés, o al menos a través de la vara que Dios le había dado. Se puede suponer que, al menos, parte del motivo por el que Dios hizo milagros a través de Moisés fue para confirmar la afirmación de Moisés de hablar por él. Moisés definitivamente no afirmó ser la resurrección y la vida ni ser el pan que descendía del cielo. De hecho, no hizo ninguna de las otras afirmaciones de Jesús que estamos considerando en este capítulo.

Podría ser útil comparar las afirmaciones de un líder religioso hindú con las de Jesús. Las escrituras hindúes incluyen epopeyas sobre la venida de Krishna a la tierra. Pero estas son claramente míticas. Como resultado, no hay una sola figura histórica de la religión hindú que pueda ser considerada su fundadora.

A continuación, consideremos las afirmaciones del Buda. Buda Gautama fue una figura histórica que vivió desde el 567 hasta el 487 a. C. Fue el fundador de lo que hoy se conoce como el budismo. ¿Qué dijo el Buda de sí mismo? Afirmó ser un buen maestro con una propuesta digna sobre cómo vivir. Entre otras cosas, propuso un camino o filosofía óctuple para la vida. Mucho después de que vivió, algunos afirmaron que él había hecho milagros, pero no hay registros del Buda mismo, ni de ningún contemporáneo suyo que afirmara que él hubiese realizado milagros. El Buda no hizo grandes afirmaciones sobre sí mismo y no hizo ninguna afirmación remotamente cercana a las de Cristo.

---

4. Números 12:3.

¿Qué hay de Confucio? Al igual que el Buda, Confucio es una figura histórica. Es interesante notar que el Buda, Confucio y Mahavira fueron todos contemporáneos. Confucio vivió desde el 551 al 478 a. C. Defendió una filosofía que evolucionó hacia la religión que ahora se conoce como el confucionismo. Junto con el budismo, es una religión dominante en China hoy en día. Sin embargo, Confucio no hizo ninguna proclamación importante sobre sí mismo. Algo similar al Buda, simplemente enseñó una forma de vida que él sentía que era sabia. Hizo hincapié en la tradición y la adoración familiar. Se podría afirmar que era más filósofo que fundador de una religión. No hay comparación entre las afirmaciones de Confucio y Cristo.

A continuación, consideremos las afirmaciones de Mahoma. Mahoma ciertamente fue una figura histórica. Vivió desde el 570 d. C hasta el 632, habiendo fundado la religión que ahora se conoce como el islam. En cierto sentido, Mahoma hizo afirmaciones similares a las de Moisés. Afirmó ser un profeta de Dios. Afirmó haber visto algunos ángeles y haber recibido la agrupación de escritos ahora conocidos como el Corán por revelación directa de Dios. Mahoma no dijo ser un hacedor de milagros. No dijo tener el poder de resucitar a la gente de entre los muertos. Ciertamente no reclamó deidad para sí mismo.

Consideremos como nuestro último ejemplo a un líder religioso más cercano a nuestra época. Observar las afirmaciones de una figura religiosa más reciente podría ayudarnos a entender mejor cómo las afirmaciones de Jesucristo podrían haber impactado emocionalmente a sus contemporáneos. La vida de Joseph Smith puede ayudar a poner las afirmaciones de Jesús en una perspectiva más moderna. Smith fue el fundador de la Iglesia Mormona (la rama más grande del movimiento de José Smith utiliza el nombre La Iglesia de Jesucristo de los Santos de los Últimos Días). Debido a que Joseph Smith vivió a principios del siglo XIX, es fácil investigar lo que Smith dijo acerca de sí mismo.

Joseph Smith hizo afirmaciones sobre sí mismo que eran algo similares a las de Mahoma. Smith dijo ser un profeta. Afirmó recibir revelación directa de Dios. Afirmó que un ángel le dio unas tablas doradas, que estaban cubiertas con algún tipo de lenguaje antiguo utilizado en Egipto, y que se le dio el poder de "traducir" este idioma al inglés.[5] La supuesta traducción de la escritura en las tablas se conoce como el *Libro del Mormón*. Aunque hablar en lenguas fue especialmente popular en el movimiento mormón temprano, José Smith nunca afirmó hacer el tipo de milagros públicos que uno puede encontrar en el Nuevo Testamento. Él no afirmó ser el Mesías, estar sin pecado o ser deidad per se. Dados algunos de los

---

5. Joseph Smith y la Iglesia Mormona afirmaron que un ángel llevó esas tablas de vuelta al cielo, por lo que sería prudente ser escéptico de si alguna vez existieron, y aún más respecto de su autenticidad.

defectos en el carácter de Smith,[6] sus afirmaciones se hacen dudosas, por decir lo menos, pero en cualquier caso, sus afirmaciones sobre sí mismo ni siquiera se acercan a las de Jesucristo.

Es una idea moderna muy popular equiparar a figuras como Moisés, Mahoma, Jesucristo, el Buda y otros como líderes religiosos de igual o parecido estatus. Dadas las afirmaciones de los líderes religiosos enlistadas anteriormente, y suponiendo que las afirmaciones de los otros no mencionados en detalle son similares, una pregunta viene a la mente. Si uno considera la naturaleza de las afirmaciones de Jesús comparadas con las otras, ¿es esta una comparación razonable? ¿Es razonable decir que el hinduismo, el islam, el budismo, el cristianismo y cualquiera de una variedad de otras religiones son formas diferentes para el mismo fin? Parece que la evidencia habla por sí misma.

OTRAS AFIRMACIONES DE JESÚS

Volvamos ahora a considerar algunas de las principales afirmaciones de Jesús como se registra en el libro de Juan.

> "Ustedes estudian con diligencia las Escrituras porque piensan que en ellas hallan la vida eterna. ¡Y son ellas las que dan testimonio en mi favor! Sin embargo, ustedes no quieren venir a mí para tener esa vida". (Juan 5:39-40)

Hay, en realidad, dos afirmaciones aquí. La primera es que Jesús afirmó que quienes acudieran a él tendrían vida. Esta es lo suficientemente parecida a la afirmación de ser el pan de vida para justificar el paso a la otra afirmación. En el pasaje citado anteriormente, Jesús afirmó que el Antiguo Testamento profetizó a los judíos detalles específicos sobre su propia vida. Una cita similar de Lucas podría hacer que la implicación de esta afirmación sea más clara:

> "Cuando todavía estaba yo con ustedes, les decía que tenía que cumplirse todo lo que está escrito acerca de mí en la ley de Moisés, en los profetas y en los salmos". (Lucas 24:44)

Dado que la Ley, los Profetas y los Salmos eran las tres divisiones del Antiguo Testamento hebreo, Jesús afirmaba que todas las profecías del Mesías en todo el Antiguo Testamento fueron escritas acerca de él. También afirmó haber cumplido todas las profecías mesiánicas durante su vida. Juntando Juan 5:39-40 y Lucas 24:44, Jesús afirmó que el hecho de cumplir todas las profecías sobre el Salvador venidero debió

---

6. As one of a number of examples, Smith was arrested and convicted in Bainbridge, New York of deceiving people as a diviner and treasure-hunter.

haber proporcionado pruebas suficientemente sólidas para apoyar su afirmación de ser el Mesías, pruebas lo suficientemente fuertes como para que solo aquellos que obstinadamente se negasen a creer pudieran concluir algo diferente. Todo el cuarto capítulo de este libro estará dedicado a investigar esta afirmación de Jesús. En ella, veremos varias profecías mesiánicas específicas que Jesús cumplió.

Aquí se tiene otro ejemplo de una afirmación de Jesús que respaldó mediante sus acciones. Jesús dijo ser el Mesías, y lo respaldó cumpliendo todas las profecías del Mesías. ¿Cuál fue la respuesta de los oyentes a esta afirmación? Para aquellos que no estaban listos para aceptar la clara evidencia porque no estaban listos para exponerse a la luz, la respuesta fue negarse a creer. Muchos, sin embargo, respondieron creyendo en Jesús. De hecho, si uno estudia los sermones registrados en el libro de Hechos, descubrirá que las profecías sobre el Mesías eran siempre o casi siempre parte de los sermones del evangelio en la iglesia primitiva.

¿Alguien más ha hecho alguna vez una afirmación parecida a esta? Sun Myung Moon afirmó que ciertas profecías específicas apuntaron hacia él. Joseph Smith afirmó que algunas profecías del Antiguo Testamento se cumplieron en su movimiento. Otros han afirmado ser el Mesías, ya sea directa o indirectamente, pero ninguno fue tan audaz como para afirmar ser el cumplimiento de todas las profecías mesiánicas. Considerando que el Antiguo Testamento predijo que el Mesías nacería en Belén (Miqueas 5:2-5), esta sola profecía descartaría prácticamente todos los posibles reclamantes que dicen ser la culminación de todas las profecías sobre el Salvador. Se podrían mencionar docenas de otros ejemplos. Por cierto, ¿nació tu amigo Jorge en Belén?

SIN PECADO

La siguiente afirmación de Jesús que estudiaremos se encuentra en Juan 8:46. Prepárate para esta afirmación asombrosa:

> "Ustedes son de su padre, el diablo, cuyos deseos quieren cumplir. Desde el principio este ha sido un asesino, y no se mantiene en la verdad, porque no hay verdad en él. Cuando miente, expresa su propia naturaleza, porque es un mentiroso. ¡Es el padre de la mentira! Y sin embargo a mí, que les digo la verdad, no me creen. ¿Quién de ustedes me puede probar que soy culpable de pecado? Si digo la verdad, ¿por qué no me creen?". (Juan 8:44-46)

¡Qué valor! Jesús afirmaba abiertamente que no tenía pecado. ¿Alguien ha hecho esta afirmación alguna vez? Incluso una persona trastornada sabría lo suficiente como para no intentar convencer la gente de esto. Jesús declaró ante una gran multitud, entre la cual había quienes lo conocían desde que era joven y tenían la certeza de que él nunca había pecado. La respuesta de la multitud es muy reveladora en este caso. Se puede suponer que hubo un poco de silencio después de que Jesús hizo esta pregunta increíblemente audaz. Probablemente sus oyentes rebobinaron sus cintas mentales: *Obviamente Jesús ha pecado al menos una vez. Veamos... ¿Qué hay de la vez que volcó las mesas en el templo? A pesar de la intensidad de la emoción, él mantuvo el control todo el tiempo. Tendré que admitir que eso fue una ira verdaderamente justa. ¿Qué hay de la vez que desobedeció a su madre cuando ella le pidió que viniera a casa y dejara de predicar? ¿No rompió Jesús el mandamiento de obedecer a sus padres? Bueno, supongo que no, ya que debemos obedecer a Dios, en lugar de a los hombres.*

A continuación, la multitud pudo haber considerado cuál sería la respuesta si hicieran una afirmación similar sobre sí mismos. Imagínate si uno de nosotros hiciera la pregunta: "¿Quién de ustedes me puede probar que soy culpable de pecado?" delante de personas que han sido nuestros amigos cercanos durante años. La primera respuesta podría ser una risa genuina. Para aquellos de ustedes que están casados, imaginen que le dicen a su cónyuge: "¿Me puedes probar que soy culpable de pecado?". Para aquellos que no están casados, imagina hacer una pregunta como esa a tus padres o a tus hermanos. ¡Ja, ja, buen chiste!

Seguramente la multitud luchó por pensar en un ejemplo de un pecado que Jesús hubiera cometido. Probablemente, incluso los creyentes se sorprendieron por esta asombrosa pregunta y afirmación de Jesús. Pero ¿cuál fue la respuesta? ¿A alguien se le ocurrió un solo ejemplo de un pecado real? ¡No! Ni siquiera uno. Por no haber podido pensar en un solo pecado, su respuesta fue: "¿No tenemos razón al decir que eres un samaritano, y que estás endemoniado?" (Juan 8:48). ¿Qué les quedaba? Jesús es un mentiroso (Samaritano es un equivalente lo suficientemente cercano para esta multitud) o un lunático (endemoniado). Estas son las únicas otras posibilidades si la afirmación de Jesús no es cierta.

Pero eso todavía deja la afirmación original sin respuesta. Ellos podían acusarlo de ser mentiroso o lunático, pero no de ser pecador. Jesús nunca pecó. Esta verdad audaz y enfática suena a través de los siglos. Jesús estaba sin pecado.

YO SOY DIOS

Seguramente, el lector ya está convencido de que Jesús hizo algunas afirmaciones audaces que ninguna persona cuerda ha hecho en la historia de la humanidad. Jesús está a punto de llevarlo un poco más lejos. Las afirmaciones en Juan 8:49-58 y Juan 10:27-30 son lo suficientemente similares como para que sean consideradas juntas. Comenzaremos con Juan 8:49-58:

"No estoy poseído por ningún demonio —contestó Jesús—. Tan solo honro a mi Padre; pero ustedes me deshonran a mí. Yo no busco mi propia gloria; pero hay uno que la busca, y él es el juez. Ciertamente les aseguro que el que cumple mi palabra, nunca morirá".

"¡Ahora estamos convencidos de que estás endemoniado!—exclamaron los judíos—. Abraham murió, y también los profetas, pero tú sales diciendo que si alguno guarda tu palabra, nunca morirá. ¿Acaso eres tú mayor que nuestro padre Abraham? Él murió, y también murieron los profetas. ¿Quién te crees tú?".

Esa fue una buena pregunta, pero para continuar:

"Si yo me glorifico a mí mismo—les respondió Jesús—, mi gloria no significa nada. Pero quien me glorifica es mi Padre, el que ustedes dicen que es su Dios, aunque no lo conocen. Yo, en cambio, sí lo conozco. Si dijera que no lo conozco, sería tan mentiroso como ustedes; pero lo conozco y cumplo su palabra. Abraham, el padre de ustedes, se regocijó al pensar que vería mi día; y lo vio y se alegró".

"Ni a los cincuenta años llegas—le dijeron los judíos—, ¿y has visto a Abraham?"

"Ciertamente les aseguro que, antes de que Abraham naciera, ¡yo soy!".

La afirmación en la que nos enfocaremos aquí está contenida principalmente en el último verso citado; pero antes de eso, otra afirmación de Jesús muy interesante se encuentra en esta sección. Jesús dijo a los judíos que si cumplían (obedecían) su palabra, nunca experimentarían la muerte. No estaba hablando de la muerte del cuerpo físico. Jesús afirmó que, al obedecerlo, la gente no experimentaría la segunda muerte.[7]

Después de que Jesús le dijera a la gente que él era la fuente de vida eterna, ellos repitieron la acusación de que él estaba poseído por demonios, lo que parece ser el equivalente más cercano en el Nuevo Testamento a padecer de locura. Le preguntaron sarcásticamente a Jesús: "¿Quién te crees que eres?; ¿Estás diciendo ser mejor que Abraham?" Parafraseando su respuesta: "Sí, soy mucho más grande que Abraham. Él previó mi venida, y se entusiasmó". La multitud estaba casi sin palabras ante esta declaración. "¿Qué? ¿Has visto a Abraham?"

La respuesta que Jesús dio al pueblo es una de las declaraciones más profundas jamás hechas: "¡Antes de que Abraham naciera, ¡yo soy!"

¿La traducción citada aquí es correcta? ¿No se traduciría

---

[7]. La segunda muerte es un término bíblico para referirse al infierno (Apocalipsis 20:14).

más apropiadamente de la siguiente manera?: "Antes de que Abraham naciera, ¡YO SOY!"

En el capítulo tres de Éxodo, cuando Moisés le preguntó a Dios cómo identificar frente al pueblo israelita a quién lo había enviado, dijo Dios a Moisés: "YO SOY EL QUE SOY", y añadió: "Así dirás a los Israelitas: 'YO SOY me ha enviado a ustedes'"[8] (Éxodo 3:14 NBLA). En Juan 8:58, Jesús le estaba diciendo al pueblo, en efecto: "Yo soy el Dios Todopoderoso". Pudo haber dicho: "Antes de que Abraham naciera, yo lo era", pero no lo hizo, y esto no fue un accidente. Con esto, Jesús le dijo al pueblo: "Yo soy Dios".

Algunas personas han dicho que Jesús nunca dijo ser Dios, o ser deidad (para usar el término teológico). Ellos dicen esto a pesar de que hay pasajes tales como Juan 8:58. Si el evangelio de Juan es un relato preciso, entonces Jesús definitivamente afirmó ser deidad.

¿Cómo se puede estar seguro de que Jesús dice ser Dios? Observa la respuesta de la multitud: "Entonces los judíos tomaron piedras para arrojárselas, pero Jesús se escondió y salió inadvertido del templo" (Juan 8:59). Para el estudiante de la Biblia familiarizado con el capítulo 3 de Éxodo, las implicaciones son claras. También eran claras para la multitud. Su reacción inmediata no fue acusarlo de mentir o estar loco. Su reacción inmediata fue recoger piedras para matarlo. Esto fue una blasfemia del más alto orden. ¡Jesús dijo ser Dios!

Para los que no están convencidos, continuemos con el siguiente pasaje. En Juan capítulo 10, Jesús se encuentra en Jerusalén, en época de invierno. La incertidumbre de la gente era palpable. Le pidieron a él que confirmara de una manera u otra si iba a afirmar públicamente ser el Mesías. En respuesta, Jesús les dio más de lo que esperaban.

> "Mis ovejas oyen mi voz; yo las conozco y ellas me siguen. Yo les doy vida eterna, y nunca perecerán, ni nadie podrá arrebatármelas de la mano. Mi Padre, que me las ha dado, es más grande que todos; y de la mano del Padre nadie las puede arrebatar. El Padre y yo somos uno".
> (Juan 10:27-30)

Cuando Jesús dijo que él y el Padre eran uno, estaba afirmando ser Dios. Esto no debe compararse, por ejemplo, con un miembro de un grupo muy unido que dice: "Somos uno". Jesús reclamaba abiertamente

---

8. En las traducciones al español, YO SOY está en mayúscula porque representa el tetragrámaton hebreo YHWH, el nombre santo de Dios.

la igualdad con el Padre Celestial. En caso de que haya algún error acerca de esta afirmación, considera la respuesta de los judíos frente a su declaración:

> Una vez más los judíos tomaron piedras para arrojárselas, pero Jesús les dijo:
> "Yo les he mostrado muchas obras irreprochables que proceden del Padre. ¿Por cuál de ellas me quieren apedrear?"
> "No te apedreamos por ninguna de ellas sino por blasfemia; porque tú, siendo hombre, te haces pasar por Dios". (Juan 10:31-33)

Tal como dijeron los judíos, Jesús dijo ser Dios. ¿Jesús negó que eso era lo que afirmaba? ¿Dijo algo como: "Esperen, amigos, me han malinterpretado; no estoy diciendo ser Dios, solo estoy afirmando estar muy cerca de él"? La respuesta es no. En lugar de negar su acusación de que estaba afirmando ser Dios, la confirmó refiriéndose a los muchos milagros que había obrado para probar su autoridad para hacer tales afirmaciones.

¿Quién más en la historia ha afirmado ser Dios? Jesús no dijo ser *un* dios, dijo ser *el* Dios. Incluso los mentirosos patológicos no son tan tontos como para afirmar eso. Sí, algunas personas con problemas psicológicos graves han afirmado ser Dios, pero por supuesto, nadie los toma en serio porque son inestables e incapaces de verificar la afirmación.

Imagínate si tu amigo Jorge afirmara ser Dios. Ya no estarías pensando en él como un mentiroso. La idea de que te estaba engañando, como con la proclamación sobre la habilidad de resucitar a la gente, ni siquiera entraría en tu cabeza. Si llegaras a la conclusión de que Jorge hablaba en serio, entonces solo quedaría una posibilidad. ¡Jorge se ha vuelto loco! No es que le faltan gramos para el kilo; es que le falta el kilo completo.

Sin embargo, permanece el hecho de que un hombre una vez hizo esta afirmación abiertamente ante las personas que lo conocían bien, y muchos de los que lo conocían aceptaron la afirmación y lo siguieron. Aquellos que no estaban dispuestos a aceptar la afirmación optaron por la única otra opción razonable. Recogieron piedras para apedrearlo. ¿Cuál sería una respuesta razonable frente a una persona que hace tal afirmación? ¿Quién es este hombre?

EL ÚNICO CAMINO

Mientras seguimos considerando lo que sería una respuesta razonable a las afirmaciones de Jesús, veamos solo una afirmación más de las muchas que Jesús hizo. Se encuentran en Juan 14:6-7:

"Yo soy el camino, la verdad y la vida—le contestó Jesús—. Nadie llega al Padre sino por mí. Si ustedes realmente me conocieran, conocerían también a mi Padre. Y ya desde este momento lo conocen y lo han visto".

Hay un sentido en el que esta afirmación de Jesús no es tan dramática como algunas de las otras mencionadas anteriormente. Jesús declaró a los judíos e indirectamente a nosotros que él es la única manera de llegar a Dios para tener una relación con él. Sin embargo, esta afirmación es quizás la más controversial de todas en el contexto religioso moderno. Es una opinión muy común hoy en día pensar que Jesús fue una buena persona y que proporciona una manera válida de llegar a entender la verdad, pero que él es solo uno de los muchos caminos hacia lo mismo. Este punto de vista no se puede conciliar con la afirmación que Jesús hizo aquí en Juan 14:6.

Muchos han proclamado ser un camino a Dios, pero ¿alguien más ha afirmado ser el único camino hacia Dios? Sí, algunas personas trastornadas han hecho tales afirmaciones, pero nadie más que Jesucristo ha hecho esta afirmación públicamente y ha sido tomada en serio.

En cierto sentido, es desafortunado, al menos para este estudio, que Jesús haya hecho esta afirmación ante sus discípulos solamente, ya que habría sido útil considerar la reacción de aquellos incapaces de aceptar su afirmación. No es difícil imaginar cuál podría haber sido la respuesta de la multitud. Se puede suponer que nadie en la multitud habría respondido concluyendo que Jesús era un buen maestro con una buena filosofía. Es fácil imaginar una respuesta como "endemoniado" o "Lo que pasa es que engaña a la gente", o "Vamos a apedrearlo", pero es difícil incluso imaginar a alguien irse después de escuchar esto con una respuesta tibia.

UNA RESPUESTA RAZONABLE

Esto lleva la cuestión a su conclusión. ¿Cuál sería una respuesta razonable frente a las afirmaciones de Jesús? Jesús dijo ser el único camino a Dios, ser la culminación de toda profecía del Antiguo Testamento, ser el pan de vida, ser el que resucitará a los muertos. Afirmó ser Dios en la carne.

Desde un punto de vista lógico, las posibles respuestas razonables parecen claras. Uno puede aceptar que Jesús fue quien dijo que era. Si uno acepta que las afirmaciones de Jesús son válidas, entonces una respuesta razonable sería algo similar a la respuesta de muchos de los que escucharon el primer sermón del evangelio: "Hermanos, ¿qué debemos hacer?" (Hechos 2:37).

Si uno no puede aceptar las afirmaciones de Jesús, ¿cuál sería una respuesta razonable? Tirarle piedras no tendría sentido en un marco moderno. Una respuesta más razonable para quien no puede aceptar las afirmaciones de Jesús en nuestro mundo sería oponerse activamente a la enseñanza cristiana. Si Jesús era un mentiroso, entonces ciertamente no era un "buen maestro". Si Jesús no es el camino, entonces ciertamente no es una manera de llegar a Dios.

La única respuesta razonable a las afirmaciones de Jesús es aceptarlo como Señor de la vida, con todas las implicaciones que ello involucra, o rechazar enérgicamente su enseñanza como un fraude, en el mejor de los casos, y peligroso en el peor.

¿Por qué, entonces, es una de estas la respuesta de tan pocas personas en el mundo moderno? La gran mayoría ignora a Jesús o lo acepta como simplemente un buen maestro. Algunos incluso admiten que él es el Señor, al menos en teoría, pero en realidad no lo hacen Señor de su propia vida. Relativamente pocas personas tienen una de las respuestas descritas anteriormente. ¿Por qué?

Una respuesta posible es que las respuestas enumeradas anteriormente son las respuestas "lógicas", pero las personas no son lógicas. Nos gusta pensar que somos lógicos, pero en el análisis final, somos seres emocionales más que lógicos. Cuando nuestro intelecto entra en conflicto con nuestras emociones y nuestros profundos deseos, el intelecto pierde casi todo el tiempo. El corazón gobierna a la persona, incluso si esa persona no reconoce que tiene un "corazón".

Otra posible respuesta es que muchos no han sido verdaderamente confrontados con las afirmaciones de Jesús. Esto podría ser fácilmente el caso de una persona que dice no ser un cristiano, o de quien nunca ha leído la Biblia. Incluso podría ser el caso de algunos que han asistido a una iglesia. Incluso algunos de los que van a la iglesia nunca se han enfrentado verdaderamente con el Jesús del Nuevo Testamento.

Parece ser la misión de aquellos que aceptan las afirmaciones de Jesús exponer sus afirmaciones ante el mayor número de personas posible, para que esta respuesta ilógica pueda cambiarse a una más razonable.

Tal vez el lector todavía está un poco indeciso respecto a estas preguntas. Se les alienta a seguir leyendo y a considerar algunas de las pruebas que aún deben presentarse y que apoyarán enfáticamente las afirmaciones de Jesús de ser el Señor.

LAS AFIRMACIONES DE JESÚS SOBRE SÍ MISMO EN EL LIBRO DE JUAN

Afirmación de Jesús	Cita	Respuesta de los oyentes
Cumplió todas las profecías mesiánicas del A. Testamento	Juan 5:39	Negarse a ir a él.
Yo soy el pan de vida	Juan 6:35	Quejarse.
Una vida sin pecado	Juan 8:46	Decir que Jesús está endemoniado (loco)
YO SOY	Juan 8:58	Intentar apedrearlo
Yo y el Padre somos uno	Juan 10:30	Intentar apedrearlo
Yo soy la resurrección y la vida	Juan 11:25	Conspirar para asesinarlo
Yo soy el único camino hacia Dios	Juan 14:6	No hay respuesta negativa (Jesús les hablaba a sus discípulos)

Para hoy

1. ¿Puedes pensar o alguna vez has oído hablar de una alternativa lógica para la explicación de "Señor, mentiroso o lunático" respecto de las afirmaciones de Jesús? Para aquellos que están dispuestos a hacer algunas investigaciones, consideren el libro *Evidencia convincente de Dios y la Biblia* por Douglas Jacoby (Spring, Texas: Illumination Publishers, www.ipibooks.com, 2020).

2. Encuentra tres afirmaciones adicionales de Jesús en el libro de Juan que no están enumeradas en este capítulo. Considera cómo podrían coincidir o tal vez complementar las utilizadas como ejemplos aquí.

⊙ Capítulo Dos ⊙
¿Por qué debería creer en Jesús?

> *Jesús hizo muchas otras señales milagrosas en presencia de sus discípulos, las cuales no están registradas en este libro. Pero estas se han escrito para que ustedes crean que Jesús es el Cristo, el Hijo de Dios, y para que al creer en su nombre tengan vida.*
>
> —*Juan 20:30-31*

¿A qué evidencias apuntó Jesús para apoyar las afirmaciones que hizo sobre sí mismo? La respuesta es que Jesús respaldó sus afirmaciones sobre sí mismo a través de los milagros que hizo.

> "¿Acaso no crees que yo estoy en el Padre, y que el Padre está en mí? Las palabras que yo les comunico, no las hablo como cosa mía, sino que es el Padre, que está en mí, el que realiza sus obras. Créanme cuando les digo que yo estoy en el Padre y que el Padre está en mí; o al menos créanme por las obras mismas". (Juan 14:10-11)

Los apóstoles tenían claro que los milagros que Jesús hizo era la evidencia que apoyaba lo que él afirmaba sobre sí mismo:

> Jesús hizo muchas otras señales milagrosas en presencia de sus discípulos, las cuales no están registradas en este libro. Pero estas se han escrito para que ustedes crean que Jesús es el Cristo, el Hijo de Dios, y para que al creer en su nombre tengan vida. (Juan 20:30-31)

Sin embargo, es posible que este argumento no convenciera por sí mismo al escéptico. En primer lugar, no somos testigos oculares. Incluso la Biblia reconoce que es más difícil para alguien que no es testigo ocular de los acontecimientos estar convencido: "Dichosos los que no han visto y sin embargo creen" (Juan 20:29). Es justo y razonable que el escéptico haga varias preguntas: ¿Cómo sé que Jesús realmente hizo estas cosas? ¿Qué tan confiables son los testigos oculares? ¿De todas formas, qué es un milagro? ¿Cómo se distingue a un verdadero hacedor de milagros de un charlatán? Los dos mil años que nos separan de los acontecimientos ciertamente hacen que estas preguntas sean muy razonables de plantear.

A título personal, aunque hubo otros factores y acontecimientos en mi vida que jugaron papeles importantes, leer el libro de Juan fue lo que cimentó mi fe en Jesús desde el principio. El escritor tenía la intención de utilizar los milagros registrados en el libro para convencer a los escépticos. Soy un escéptico que se cuenta entre los que han sido convencidos por los acontecimientos que se registran en Juan. Sin embargo, las preguntas planteadas anteriormente son bastante legítimas. Estas y otras preguntas serán consideradas en esta sección.

¿QUÉ ES UN MILAGRO?

De lo primero que hay que ocuparse es de definir cuidadosamente el término milagro, tal como se utilizará en esta argumentación. Alguien podría afirmar que la definición de la palabra milagro es obvia, y podría tener razón. Sin embargo, la palabra adquiere diversas connotaciones dependiendo del contexto. Se requiere una definición cuidadosa. Esta no será la definición de la palabra milagro, sino una útil para esta argumentación.

En pocas palabras, un milagro es un acontecimiento que desafía claramente una o más leyes de la naturaleza. Es un evento que no tiene una explicación "natural". Es, por definición, sobrenatural. Tengamos cuidado aquí. Según esta definición, un evento que no puede ser explicado por ningún proceso natural conocido no es necesariamente un milagro.

Considera el siguiente escenario como ejemplo de una situación que no podría explicarse por ninguna ley natural conocida. Si uno viajara en una máquina del tiempo de vuelta cuatrocientos años llevando consigo una pila, una bombilla y un par de trozos de cable en la mano, podría realizar un "milagro", que sería encender una bombilla. Este evento no violaría lo que los físicos conocen como la ley de Ohm. Sin embargo, la existencia de corriente eléctrica no se conocía hace cuatrocientos años. Esta demostración podría ser llamada un milagro por un observador en el año 1600, pero según la definición que estamos usando, eso no sería un milagro.

El escéptico podría argumentar en este punto que, usando esta definición, no hay manera de decir con certeza que ningún evento es realmente un milagro. Tal vez hay alguna ley natural desconocida por ahí que puede explicar todos los eventos registrados en la Biblia. De hecho, algunos supuestos creyentes bíblicos con tendencias humanistas han intentado explicar muchos de los milagros en la Biblia proponiendo algún tipo de explicación natural. Algunos ejemplos se mostrarán en las páginas siguientes.

Sin embargo, como veremos, hay acontecimientos registrados en la Biblia que nadie debatiría que son milagros, según la definición utilizada aquí.

¿Qué hay de algunas definiciones modernas de la palabra "milagro"? Por ejemplo, los "Miracle Mets" del béisbol norteamericano de 1969. Tal vez muchos de los lectores no saben a qué se refiere eso, pero ¿qué pasa con el ejemplo más reciente cuando Reggie Miller, quien ha sido incluido en el salón de la fama del baloncesto, anotó ocho puntos en los últimos nueve segundos de un partido de baloncesto para lograr una victoria milagrosa? ¿Fue un milagro? ¿Y qué hay de la estupenda caída del Telón de Acero en 1989?

Obviamente, la caída del Telón de Acero no es un milagro según la definición utilizada en este capítulo. Hay una clara distinción entre un milagro y las señales milagrosas realizadas por Jesús. Cuando Reggie Miller anotó dos canastas de tres puntos y un par de tiros libres en nueve segundos, fue un evento muy sorprendente e inusual. Los acontecimientos muy sorprendentes a menudo son denominados milagros en la jerga común. No hay nada de malo, gramaticalmente o en otro sentido, el llamar a los esfuerzos de Reggie Miller un milagro, pero cualquiera puede ver que ese esfuerzo no fue una violación de la ley natural o de los posibles escenarios de un partido de baloncesto.

Hay acontecimientos registrados en la Biblia que casi con seguridad fueron milagros pero que no pasarían la prueba de ser un milagro de acuerdo con la definición que usaremos. Por ejemplo, hay una serie de plagas registradas en el libro de éxodo que fueron iniciadas por Moisés con el fin de convencer al faraón de dejar que los esclavos hebreos abandonaran Egipto. Una de ellas fue la plaga de langostas (Éxodo 10:1-20).

Los devastadores enjambres de langostas son un fenómeno natural en África. Aunque el tiempo de la llegada de las langostas parece demasiado perfecto para ser una coincidencia, hay una posible explicación natural para la plaga de langostas que se registra en Éxodo. Es la opinión personal de este autor que esto no se trató de un acontecimiento natural. Sin embargo, de acuerdo a la definición más conservadora que usaremos, esto no fue un milagro.

Podrían citarse otros ejemplos, como las enormes bandadas de codornices en medio del desierto (Éxodo 16:13; Números 11:31) proporcionadas para alimentar a la nación errante de Israel. En Números, el escritor incluso da la explicación de que un viento llevó las codornices al desierto, proporcionando una especie de explicación pseudonatural. Sin embargo, el contexto proporcionado tanto por Éxodo como por Números implica claramente que se trata de un acontecimiento causado por Dios. No obstante, según nuestra definición conservadora, no es un "milagro".

Con el fin de establecer el punto de que todavía queda un número significativo de acontecimientos registrados en la Biblia que, de ser ciertos, definitivamente serían milagros incluso por las definiciones más conservadoras, considera los siguientes ejemplos. Cuando el río

Nilo se convirtió en sangre (Éxodo 7:14-23), eso sería definitivamente un milagro. Cuando el Mar Rojo se separó, dejando a su paso suelo seco, asumiendo que este es un registro fiel de un evento real, eso sin duda sería un milagro. No hay una explicación natural concebible para este tipo de cosas. Cuando una persona que ya había estado muerta durante cuatro días y cuyo cuerpo ya olía fuertemente a descomposición es devuelta a la vida, eso sería ciertamente un milagro. Cuando Jesús creó de la nada suficiente pan y pescado para alimentar a cinco mil hombres, más las mujeres y los niños presentes, eso sería sin duda un milagro. Esto, por supuesto, supone que el evento descrito en los cuatro evangelios es un registro preciso de un evento real. La cuestión de si los milagros registrados en la Biblia, especialmente en el Nuevo Testamento, son registros de acontecimientos reales será un aspecto significativo de este capítulo. Muchas otras obras realizadas por Jesús podrían añadirse a esta lista de milagros. Estas se mencionarán a su debido tiempo.

VAMOS A VER SI PUEDES HACERLO

Con el fin de ilustrar la definición de un milagro, ocasionalmente he hecho un truco con mis amigos en el contexto de un pequeño grupo de estudio bíblico. He puesto un vaso de agua en una mesa frente al grupo y luego he pedido un voluntario. Luego le he pedido al voluntario que cierre los ojos, que concentre sus pensamientos con mucho cuidado y que convierta el agua en vino. El grupo ocasionalmente ha ofrecido la opción de convertir el agua en jugo de uva u otro brebaje. No es difícil adivinar el resultado de estos intentos. A pesar de todos los esfuerzos concertados de la persona escogida, los intentos nunca resultaron exitosos.

Esta es una situación cómica. ¿Por qué es así? Es porque todos en la habitación saben que es claramente imposible convertir el agua en vino. Incluso la persona que cierra los ojos y se concentra profundamente lo hace sonriendo un poco, sabiendo que esto es realmente solo una broma. Algunos han proclamado la capacidad de obrar milagros modernos, a menudo en un contexto religioso. No es el propósito aquí juzgar de una manera u otra si tales afirmaciones de eventos milagrosos son genuinas o no. Sin embargo, es seguro decir que ningún hacedor de milagros moderno estaría dispuesto a poner sus pretensiones de poderes milagrosos en la línea públicamente en un intento de convertir el agua en vino.

Esta ilustración proporciona un poco de contexto a la definición de milagro que usaremos. Sin duda sería un milagro convertir el agua en vino. El agua de un pozo contiene solo átomos de hidrógeno y oxígeno (con una concentración muy pequeña de iones como sodio, magnesio, calcio, cloruro y sulfato). El vino contiene una gran variedad de compuestos orgánicos, que incluyen los elementos carbono, nitrógeno, fósforo y así sucesivamente. Ninguno de estos elementos está presente en el agua del grifo en ninguna cantidad significativa. No existe una ley natural que permita que un tipo de átomo se convierta en otro tipo, sin importar si esos átomos están dispuestos en las moléculas correctas necesarias para producir vino. Probablemente el lector no necesitaba esta explicación científica para estar convencido de que sería una violación de la ley natural convertir el agua en vino. El escéptico más endurecido estaría dispuesto a admitir que si alguien fuera capaz de realizar la hazaña de convertir el agua en vino, sería un milagro.

Como se verá, muchos de los milagros efectuados por Jesús y que fueron registrados por los escritores del Nuevo Testamento son del tipo que, si ocurrieran, serían milagros incluso por la definición más estricta concebible.

¿CÓMO SABEMOS QUE ESOS EVENTOS EN REALIDAD SUCEDIERON?

El ejemplo de convertir el agua en vino fue elegido por una razón. Tal vez no fue el milagro "más grande" que Jesús realizó (suponiendo que sea posible graduar milagros en una escala). Sin embargo, fue el primero de sus milagros públicos registrados. Este ejemplo es tan importante que el registro bíblico se presenta aquí en su totalidad:

> Al tercer día se celebró una boda en Caná de Galilea, y la madre de Jesús se encontraba allí. También habían sido invitados a la boda Jesús y sus discípulos. Cuando el vino se acabó, la madre de Jesús le dijo:
> "Ya no tienen vino".
> "Mujer, ¿eso qué tiene que ver conmigo? —respondió Jesús—. Todavía no ha llegado mi hora".
> Su madre dijo a los sirvientes:
> "Hagan lo que él les ordene".
> Había allí seis tinajas de piedra, de las que usan los judíos en sus ceremonias de purificación. En cada una cabían unos cien litros.
> Jesús dijo a los sirvientes:
> "Llenen de agua las tinajas".
> Y los sirvientes las llenaron hasta el borde.
> "Ahora saquen un poco y llévenlo al encargado del banquete" —les dijo Jesús.
> Así lo hicieron. El encargado del banquete probó el agua convertida en vino sin saber de dónde había salido, aunque sí lo sabían los sirvientes que habían sacado el agua. Entonces llamó aparte al novio y le dijo:
> "Todos sirven primero el mejor vino, y cuando los invitados ya han bebido mucho, entonces sirven el más barato; pero tú has guardado el mejor vino hasta ahora".
> Esta, la primera de sus señales, la hizo Jesús en Caná de Galilea. Así reveló su gloria, y sus discípulos creyeron en él. (Juan 2:1-11, énfasis agregado)

El vino incluso sabía muy bien. Si este es un registro fiel de un acontecimiento real, entonces Jesús fue un obrador de milagros. Si él realmente convirtió el agua en vino, entonces sus afirmaciones sobre sí mismo serían fuertemente validadas. En ese caso, sería evidente que el Nuevo Testamento registra la vida de quien es, incuestionablemente, el hombre más grande que jamás haya existido.

Sin embargo, al escéptico se le debe permitir su día en la corte. ¿Cómo sabemos realmente que lo que está registrado en el capítulo 2 de Juan es un registro fiel de un acontecimiento real? ¿Cómo se puede estar seguro de que esta historia no fue solo inventada como justificación para llamar a la gente a creer en esta persona, Jesús? Esta es una pregunta muy justa. De hecho, es intelectualmente deshonesto evitar responder a ella. Además, correr y esconderse frente a esta pregunta perfectamente razonable sería cerrar la puerta a la fe para aquellos que son escépticos, pero de mente abierta. El apóstol Pablo y otros grandes maestros en la historia temprana de la iglesia cristiana no evitaron cuestiones intelectuales difíciles.[1] De hecho, Pedro dio una fuerte amonestación a los discípulos. Dijo: "Estén siempre preparados para responder a todo el que les pida razón de la esperanza que hay en ustedes". "Todo" incluiría a aquellos que son difíciles de convencer.

Hay muchas buenas razones para creer que el Nuevo Testamento proporciona un registro fiel de la vida de Jesucristo, y más específicamente de los milagros que hizo. Consideremos algunos de estos.

¿Cómo sabemos que los milagros de Jesús registrados en los cuatro Evangelios realmente ocurrieron? La cuestión de la fiabilidad de los escritores de la Biblia, y especialmente del Nuevo Testamento, será un tema muy importante a lo largo de este libro, por lo que el tema será abordado cuidadosamente.

En primer lugar, Jesús hizo muchos de sus milagros abiertamente ante el público. Este punto se mostrará varias veces en este capítulo, utilizando ejemplos específicos. Jesús no solo hizo milagros frente a seguidores que estaban predispuestos a aceptar que era un hacedor de milagros. En el caso del ejemplo del agua convertida en vino, nadie excepto tal vez su madre esperaba que fuera capaz de realizar un milagro. A veces, Jesús realizaba milagros en un entorno muy privado, para no llamar la atención sobre sí mismo, pero en otras ocasiones, como veremos, realizó los milagros más convincentes frente a sus críticos más duros.

Hubo muchos miles de testigos oculares de los milagros que Jesús realizó, pero ¿dónde está el registro histórico de sus contemporáneos que dieron un paso adelante y afirmaron que sus milagros eran un engaño? No existe tal registro. De hecho, como veremos, tanto los registros romanos como los judíos contemporáneos reportan obras milagrosas sin aceptar

---

[1]. For example, consider Paul's address to some of the intellects of his day in Athens (Acts 17:16-34).

las implicaciones, pero también sin refutar los acontecimientos reales.

En un intento de refutar las afirmaciones de que la Biblia registra fielmente acontecimientos milagrosos, los escépticos han afirmado que esta no fue escrita hasta bien entrado el siglo II d. C. Si esta afirmación fuera cierta, permitiría que varias generaciones de testigos murieran y que los recuerdos de los acontecimientos reales se desvanecieran, y tal vez permitiría que los escritores del Nuevo Testamento crearan mitos sobre un obrador de milagros que nunca existió.

Desafortunadamente para aquellos que solían hacer una afirmación tan radical, esta ha sido completamente refutada, de modo que incluso los mayores enemigos del cristianismo que son intelectualmente honestos ya no hacen tales acusaciones. La evidencia para la fecha de redacción del Nuevo Testamento se reservará para el capítulo seis, pero bastará por ahora afirmar que se puede demostrar, más allá de una duda razonable, que la mayoría o la totalidad del Nuevo Testamento fue escrito mientras un gran número de los testigos de los eventos seguían vivos y eran capaces de refutar cualquier afirmación escandalosa.

De hecho, a las pocas semanas de la muerte de Jesucristo, el día de Pentecostés, Pedro pudo declarar abiertamente ante una multitud enorme en Jerusalén, la ciudad donde Jesús realizó muchos de sus milagros:

> "Pueblo de Israel, escuchen esto: Jesús de Nazaret fue un hombre acreditado por Dios ante ustedes con milagros, señales y prodigios, los cuales realizó Dios entre ustedes por medio de él, *como bien lo saben*". (Hechos 2:22, énfasis agregado)

Era de conocimiento común en toda Palestina que Jesús estaba realizando todo tipo de milagros increíbles. ¿Dónde están las personas que se levantaron entre la multitud el día de Pentecostés y declararon que Pedro estaba dando falso testimonio sobre los milagros de Jesús? Se habrían reído de ellos o tal vez habrían sido tratados mucho peor por una multitud que era muy consciente de los tipos de milagros que Jesús había estado haciendo en Judea y Galilea durante los dos o tres años anteriores. Se acepta comúnmente que los milagros de Jesús fueron un factor en su ejecución.

Siéntete libre de no aceptar la palabra de Pedro si lo deseas. Existen registros históricos que demuestran que incluso los enemigos de Jesús eran muy conscientes de los tipos de milagros innegables que Jesús realizó durante su ministerio.

Como ejemplo de un autor no cristiano que se refirió a los milagros de Jesús, considera a Flavio Josefo. Josefo era un fariseo, así como un comandante de las fuerzas judías cuya rebelión finalmente resultó en la destrucción de Jerusalén en el 70 d. C. Curiosamente, en el momento de la destrucción de Jerusalén, Josefo había cambiado de bando, y estaba con el ejército romano que saqueó y destruyó Jerusalén. Él escribió sobre la historia judía para un público en gran parte romano. En su historia de los judíos,[2] se puede encontrar el pasaje:

> Fue alrededor de esta época que Jesús, un hombre sabio, si es correcto llamarlo hombre, porque era un hacedor de obras maravillosas, un maestro de aquellos que reciben la verdad con placer. Él atrajo a sí a muchos de los judíos tanto como los gentiles.

Josefo informa que Jesús era un "hacedor de obras maravillosas", una referencia obvia a sus milagros. Josefo nació en el. 37 o 38 d. C. Publicó sus *Antigüedades* en el 93 o 94 d. C. Como fariseo, él seguramente conocía a muchos testigos oculares de algunos de los acontecimientos que están registrados en los evangelios.

Josefo tenía una actitud ambivalente hacia los cristianos. Es interesante observar algunos de los escritos de los líderes judíos que se opusieron vehementemente tanto a Jesucristo como al movimiento que inició.

Por ejemplo, un pasaje muy interesante se puede encontrar en el *Talmud*. El *Talmud* es un conjunto de enseñanzas y comentarios rabínicos del Antiguo Testamento escrito en los siglos I y II d. C. En una sección del *Talmud*, conocida como la Baraila, se puede encontrar el siguiente comentario sobre la persona de Jesús:

> En *shabat* y la víspera de la Pesaj, a Yeshu HaNotzrí fue colgado. Y un heraldo salió delante de él 40 días (anunciando): Yeshu HaNotzrí va a ser apedreado porque practicó la brujería e instigó y sedujo a Israel (a la idolatría).

El autor continúa relatando cómo Jesús fue finalmente colgado (crucificado). Lo interesante es que en este pasaje se afirma que Jesús practicó la brujería. En otras palabras, los líderes judíos no fueron capaces de refutar el hecho bien establecido de que Jesús hizo muchas maravillas; simplemente lo acusaron de hacerlas mediante el poder del diablo. Esta es casi una acusación idéntica a la registrada en el libro de Mateo.

> Un día le llevaron un endemoniado que estaba ciego y mudo, y Jesús lo sanó, de modo que pudo ver y hablar. Toda la gente se quedó asombrada y decía: "¿No será este el Hijo de David?"
> Pero al oírlo los fariseos, dijeron: "Este no expulsa a los demonios sino por medio de Beelzebú, príncipe de los demonios". (Mateo 12:22-24)

---

2. Flavio Josefo, *Antigüedades*, xviii. 3.3. El lector debe notar que algunos eruditos cuestionan si este pasaje estaba en la obra original de Josefo.

Tanto en el evangelio de Mateo (véase también Lucas 11:14-20) como en escritos de maestros judíos como el citado anteriormente, se presente una cuarta explicación además de Señor, mentiroso o lunático. Los judíos acusaron a Jesús de ser un sirviente del diablo. Fue tan difícil hacer que la acusación de locura se aceptara que los líderes de los judíos adoptaron una táctica diferente. Admitieron que Jesús hacía milagros, lo que superficialmente parece validar las afirmaciones de él. Sin embargo, afirmaron que Jesús obró sus señales por el poder de los demonios. Celso, el filósofo griego y enemigo del cristianismo, hizo acusaciones similares con respecto a los milagros de Jesús. Celso fue un filósofo del siglo II que fue particularmente crítico con los cristianos. Al igual que los fariseos, no negó que Jesús hiciera milagros. Más bien, afirmó que Jesús hizo sus señales y maravillas a través de la brujería.[3] Jesús manejó fácilmente la acusación en el caso en cuestión. Respondió a los fariseos preguntándoles cómo el diablo podía expulsar al diablo.

> "Si Satanás expulsa a Satanás, está dividido contra sí mismo. ¿Cómo puede, entonces, mantenerse en pie su reino? Ahora bien, si yo expulso a los demonios por medio de Beelzebú, ¿los seguidores de ustedes por medio de quién los expulsan? Por eso ellos mismos los juzgarán a ustedes. En cambio, si expulso a los demonios por medio del Espíritu de Dios, eso significa que el reino de Dios ha llegado a ustedes". (Mateo 12:26-28)

Los fariseos no tuvieron respuesta a esta pregunta, porque no había una. De los hechos de la vida de Jesús, simplemente no había manera de apoyar la acusación de que era un siervo del diablo. Las multitudes nunca pudieron ser conquistadas con este argumento, así que los fariseos lo abandonaron.

Hay otras razones para aceptar como un hecho real los milagros que Jesús hizo. Antes de abordar el último argumento para la fiabilidad de los relatos del Nuevo Testamento de los milagros de Jesús, considera el siguiente esquema de evidencia para apoyar la creencia en estos milagros.

1. Gran parte de los milagros se hicieron públicamente, a menudo frente a los más grandes escépticos y más duros críticos de Jesús.

2. Hubo miles de testigos oculares de estos acontecimientos, tanto creyentes como incrédulos y de diversos orígenes.

3. Los apóstoles proclamaron abiertamente que Jesús hizo una gran variedad de milagros mientras aún vivían aquellos que podrían haber refutado estas afirmaciones. Esto es una cuestión de registro histórico. (Este hecho es una excepción notable a las afirmaciones que los creyentes

---

3. Origen, *Contra Cesium*, 1:38 and 2:48.

de otros grandes líderes religiosos han hecho.)

4. Tanto las historias romanas como las judías informan al menos el hecho general de que Jesús hizo "maravillas".

5. Debido a que las maravillas y las señales de Jesús eran de conocimiento común, los fariseos y rabinos en el período de tiempo en cuestión tendían a afirmar que Jesús hizo sus señales por el poder de los demonios, en lugar de refutar que los milagros ocurrieron.

6. Aquellos que registraron los milagros con más cuidado y profundamente (los escritores del Evangelio) tienen toda la apariencia de ser absolutamente confiables. Todos menos Lucas fueron testigos de los acontecimientos que registraron.

TESTIGOS FIDEDIGNOS

Si los escritores de los Evangelios, Mateo, Marcos, Lucas y Juan, son reporteros confiables de hechos reales, entonces obviamente Jesús hizo milagros. Los primeros cinco puntos mencionados anteriormente atestiguan poderosamente el hecho de que Jesús hizo milagros. Los registros del evangelio contienen los relatos reales de muchos milagros específicos que son esenciales para el análisis en cuestión. Por lo tanto, la fiabilidad de estos escritores es un tema muy importante. Un análisis de la fiabilidad de los autores de los evangelios es esencial para otros capítulos de este libro también, particularmente el de la resurrección, por lo que este asunto será considerado cuidadosamente.

¿Qué clase de personas eran los apóstoles? Dos de los escritores de los Evangelios, Marcos y Lucas, ni siquiera eran apóstoles, así que ¿qué hay de ellos? ¿Cómo sabemos que las personas nombradas en la parte superior de estos libros son los escritores verdaderos? Retrasaremos la respuesta a la última de estas tres preguntas hasta el capítulo seis.

Los cuatro relatos evangélicos tienen toda la apariencia de ser un registro preciso. Cuando los relatos coinciden, son bastante similares, pero no exactamente iguales. Si todos estuvieran redactados a partir de un solo relato falsificado, copiado por cada autor, serían esencialmente idénticos. Si los relatos fueran registros separados de varios de mentirosos, diferirían en detalles muy importantes (similares a un grupo de falsos testigos en un tribunal). El hecho es que los relatos evangélicos son muy similares. Las diferencias que contienen representan las variadas perspectivas de los diferentes testigos oculares, registradas por ellos mismos o por personas cercanas a ellos. Estas ligeras (pero no contradictorias) diferencias, en realidad, apoyan la afirmación de que son relatos genuinos.

Además, los evangelios ciertamente registran equivocaciones y pecados de los propios apóstoles,[4] produciendo una fuerte apariencia de autenticidad. Uno encuentra a Pedro y a los otros apóstoles cometiendo errores y pecados. Sin embargo, no hay evidencia de que el carácter de los apóstoles (o Lucas o Marcos) sea deshonesto de ninguna manera. Los críticos del Nuevo Testamento no pueden señalar un solo ejemplo de un falso testimonio o incluso de un mal carácter en ninguno de los testigos importantes. Al igual que con el propio Jesús, los acusadores podían alegar mala intención o engaño, pero no podían presentar ninguna evidencia específica que respaldara dicha afirmación.

¿Cuál es la evidencia externa del carácter de los testigos de estos acontecimientos? La historia informa que el apóstol Santiago fue martirizado.[5] La tradición de la iglesia registra, con una fiabilidad variable, que todos los apóstoles, aparte de Juan, también fueron martirizados. Según la tradición, también trataron de matar al apóstol Juan, pero fracasaron. Es muy revelador notar que ni uno solo de los testigos oculares significativos se retractó, ni siquiera estando al borde de la muerte. Ninguno dijo: "Mira, solo estábamos inventando esto para conseguir partidarios para nuestro movimiento", o cualquier cosa que se asemeje remotamente a este tipo de ideas. ¿Es posible creer que cada uno de los apóstoles, junto con docenas de otros testigos, morirían voluntariamente por una mentira? Esto desafía todo lo que sabemos sobre la naturaleza humana.

Hay muchos ejemplos de persecuciones extremas de la iglesia cristiana a lo largo de los siglos. En general, algunos permanecieron fieles, pero otros se retractaron al enfrentarse a la espada. Sin embargo, en el caso de los testigos oculares del Nuevo Testamento, ni uno solo se retractaba: ¡ninguno! Si ellos hubieran sido conscientes de que todo se basaba en una sarta de mentiras, es absolutamente inconcebible que ni uno solo se retractara. Las palabras de Pablo acerca de la muerte de Jesús suenan verdaderas aquí:

> Difícilmente habrá quien muera por un justo, aunque tal vez haya quien se atreva a morir por una persona buena. Pero Dios demuestra su amor por nosotros en esto: en que cuando todavía éramos pecadores, Cristo murió por nosotros. (Romanos 5:7-8)

Esta declaración sobre la muerte de Cristo sería igualmente válida para los mártires del primer siglo, quienes eran muy conscientes de la veracidad de los milagros. ¿Alguien moriría por lo que sabe que es una mentira? Tal vez alguien lo haría, pero ciertamente no el cien por ciento de las personas involucradas. Este argumento parece imposible de negar, por lo que los escépticos lo ignoran.

---

4. Por ejemplo, Juan 12:4-6, Lucas 18:15-16 y Marcos 9:33-35.
5. Josefo menciona este acontecimiento en un relato que es paralelo al Nuevo Testamento. Josefo, *Antigüedades*, xx.9.1, aunque varios críticos dudan de la veracidad de esta entrada.

Permite que aquellos que puedan, monten un argumento en contra del razonamiento descrito anteriormente. Mucho más se dirá en esta obra con respecto a la fiabilidad de la Biblia en su conjunto. Ahora pasaremos a considerar los verdaderos milagros que Jesús hizo. También haremos preguntas sobre por qué él hizo estos milagros, así como lo que está implicado sobre Jesús a partir de los milagros que realizó.

¿POR QUÉ MILAGROS?

Puede parecer obvio por qué Jesús hizo milagros, pero tras una inspección más detallada, esto se convierte en una pregunta interesante. Jesús hizo milagros por diferentes razones en diferentes situaciones, aunque creo que hay un propósito primordial, el cual era validar su mensaje. En este sentido, ya se han mencionado las citas de Juan 20:30-31 y 10:37-38. Una declaración relacionada con esto se puede encontrar en Hebreos:

> Esta salvación fue anunciada primeramente por el Señor, y los que la oyeron nos la confirmaron. A la vez, Dios ratificó su testimonio acerca de ella con señales, prodigios, diversos milagros y dones distribuidos por el Espíritu Santo según su voluntad. (Hebreos 2:3-4)

El autor de Hebreos parece estar aplicando este concepto a todo el Nuevo Testamento, pero ciertamente se aplica específicamente a los milagros de Jesús.

Dos buenos ejemplos de Jesús confirmando su mensaje mediante un milagro que se correlacionó con el mensaje ya se han expuesto en el capítulo anterior. Cuando Jesús dijo que era el pan de vida, acababa de producir suficiente pan y peces para alimentar a varios miles de personas. Aparentemente, Jesús creó el pan de la nada. Otro ejemplo que hemos visto de Jesús confirmando una afirmación con un milagro es en el caso de Jesús diciendo ser la resurrección y la vida, seguido por la resurrección de Lázaro de entre los muertos.

Consideremos otro de los milagros de Jesús que utilizó como evidencia directa para apoyar una de sus enseñanzas más controversiales. Se encuentra en Marcos capítulo 2. En esta situación, algunas personas llevaron a un hombre paralítico ante Jesús. Cuando no pudieron entrar en la habitación donde él le estaba enseñando a la gente, bajaron al paralítico a través de un agujero que hicieron en el techo.

> Al ver Jesús la fe de ellos, le dijo al paralítico:
> "Hijo, tus pecados quedan perdonados".
> Estaban sentados allí algunos maestros de la ley, que pensaban: "¿Por qué habla este así? ¡Está blasfemando! ¿Quién puede perdonar pecados sino solo Dios?"

En ese mismo instante supo Jesús en su espíritu que esto era lo que estaban pensando.

"¿Por qué razonan así? —les dijo—. ¿Qué es más fácil, decirle al paralítico: 'Tus pecados son perdonados', o decirle: 'Levántate, toma tu camilla y anda'? Pues para que sepan que el Hijo del hombre tiene autoridad en la tierra para perdonar pecados —se dirigió entonces al paralítico—: A ti te digo, levántate, toma tu camilla y vete a tu casa".

Él se levantó, tomó su camilla en seguida y salió caminando a la vista de todos. Ellos se quedaron asombrados y comenzaron a alabar a Dios.

"Jamás habíamos visto cosa igual" —decían. (Marcos 2:5-12)

Es fácil ver por qué se sorprendieron. Imagina cuál habría sido tu respuesta a este fascinante evento. Jesús demostró que tenía autoridad para perdonar pecados curando a un hombre que aparentemente estaba irremediablemente paralizado. Esto no fue una ligera mejora a corto plazo. Este fue un cambio completo y permanente.[6] Se podrían dar muchos más ejemplos de cuando Jesús hizo un milagro para darle validez a una afirmación específica que hizo sobre sí mismo.

Otro motivo que Jesús mencionó para hacer algunos de sus milagros fue hacerlos en respuesta directa a la fe de una persona. Esto podría haber sido una razón secundaria, pero en varias ocasiones Jesús declaró específicamente que hizo un milagro, al menos en parte, como respuesta a la gran fe de una persona. De hecho, el milagro mencionado anteriormente es un ejemplo de ello. Dos ejemplos más de esto se encuentran en Mateo 9:18-26.

Mientras él les decía esto, un dirigente judío llegó, se arrodilló delante de él y le dijo:

"Mi hija acaba de morir. Pero ven y pon tu mano sobre ella, y vivirá".

Jesús se levantó y fue con él, acompañado de sus discípulos. En esto, una mujer que hacía doce años padecía de hemorragias se le acercó por detrás y le tocó el borde del manto. Pensaba: "Si al menos logro tocar su manto, quedaré sana". Jesús se dio vuelta, la vio y le dijo:

"¡Ánimo, hija! Tu fe te ha sanado".

Y la mujer quedó sana en aquel momento.

Cuando Jesús entró en la casa del dirigente y vio a los flautistas y el alboroto de la gente, les dijo:

"Váyanse. La niña no está muerta sino dormida".

---

6. Hay un par de otras afirmaciones y al menos un milagro en este evento que aún no se ha destacado. Jesús dice ser el Hijo del hombre. Está afirmando ser capaz de perdonar pecados. También muestra la capacidad milagrosa de conocer los pensamientos del corazón de una persona.

Entonces empezaron a burlarse de él. Pero cuando se les hizo salir, entró él, tomó de la mano a la niña, y esta se levantó. La noticia se divulgó por toda aquella región.

Debido a la simple fe de la mujer con el problema de las hemorragias, Jesús la curó. La resurrección de la hija del gobernante es otro ejemplo de un milagro que Jesús podría no haber obrado si no fuera por la fe del solicitante. Se podrían mencionar muchos ejemplos en los que Jesús realizó un milagro en respuesta a la fe de una persona.

Una tercera razón por la que Jesús obró algunas de sus maravillas fue para suplir la necesidad urgente de una persona en sufrimiento. Jesús tuvo compasión, no solo por el sufrimiento espiritual de las personas perdidas, sino también por aquellos en apuros físicos o emocionales. A veces, esto provocó que Jesús interviniera en una situación para traer alivio. Estos milagros ocasionalmente no se hacían de manera pública, ya que no tenían la intención de probar nada, ni siquiera de servir como recompensa pública por la fe.

Como ejemplo, se podría mencionar Marcos 7:32-35, en el que Jesús sanó a una persona sordomuda, sin otra razón obvia más que el hecho de que el hombre necesitaba ayuda. Otro ejemplo sería la viuda de Naín cuyo único hijo había muerto. Este acontecimiento sería una tragedia extrema en cualquier escenario, pero que una viuda en Israel perdiera un hijo único era un golpe particularmente devastador.

> Al verla, el Señor se compadeció de ella y le dijo:
> "No llores".
> Entonces se acercó y tocó el féretro. Los que lo llevaban se detuvieron, y Jesús dijo:
> "Joven, ¡te ordeno que te levantes!"
> El muerto se incorporó y comenzó a hablar, y Jesús se lo entregó a su madre. (Lucas 7:13-15)

¡Qué compasión! ¡Qué amor! Qué poder, que se levante a alguien de entre los muertos. Recuerda la evidencia mencionada anteriormente para apoyar la afirmación de que los milagros relatados en los evangelios son registros precisos de acontecimientos reales (se presentarán más pruebas en el capítulo seis). Este evento realmente sucedió. Jesús era un obrador de maravillas.

Tal vez ya se haya dado suficientes ejemplos de milagros realizados por Jesús para solidificar este punto, pero consideremos algunas de las otras señales que registraron los escritores de los Evangelios. En concreto, consideremos qué dicen los milagros de Jesús acerca del tipo de persona que era.

Uno de los milagros bien conocidos de Jesús ocurrió en el Mar de Galilea (de hecho, el mar mismo, o la región inmediatamente a su alrededor, fue el escenario de la mayoría de los milagros registrados realizados por Jesús). Sin embargo, este milagro llevó las cosas a otro nivel para los apóstoles. Cuando Jesús calmó una tormenta simplemente hablando, cambiando así el ambiente que los rodeaba hasta donde pudieron ver, debió tener un efecto impactante en su visión de quién era Jesús. Se puede encontrar el relato en Lucas 8:22-25 (véase también Marcos 4:35-41).

> Un día subió Jesús con sus discípulos a una barca.
> "Crucemos al otro lado del lago" —les dijo.
> Así que partieron, y mientras navegaban, él se durmió. Entonces se desató una tormenta sobre el lago, de modo que la barca comenzó a inundarse y corrían gran peligro.
> Los discípulos fueron a despertarlo.
> "¡Maestro, Maestro, nos vamos a ahogar!" —gritaron.
> Él se levantó y reprendió al viento y a las olas; la tormenta se apaciguó y todo quedó tranquilo.
> "¿Dónde está la fe de ustedes?" —les dijo a sus discípulos.
> Con temor y asombro ellos se decían unos a otros: "¿Quién es este, que manda aun a los vientos y al agua, y le obedecen?"

Este fue un evento impresionante. Ciertamente tuvo un impacto en los apóstoles que estaban con Jesús. Ellos ya habían visto a Jesús hacer milagros en individuos. Sin embargo, cuando Jesús calmó una tormenta de una manera que cambió todo el entorno físico a su alrededor, debió haber afectado su visión de él de ahí en adelante.

A primera vista, podría parecer sorprendente que aquellos que ya habían presenciado a Jesús convirtiendo el agua en vino y curando a cientos de personas, junto con muchas otras maravillas, se asombraran tanto cuando Jesús calmó la tormenta. Sin embargo, recuerda que esto fue una demostración de poder a gran escala. Esto reveló el poder de Jesús de una manera nueva, impresionante y tal vez incluso temible. En pocos segundos a estos hombres los golpeó el hecho de que este Jesús tenía el control del mundo entero.

Esto es lo que Jesús demostró calmando la tormenta. Demostró que tenía (y todavía tiene, por supuesto) el máximo poder sobre el mundo físico: para provocar lluvia o prevenirla, para controlar el viento y el clima. En resumen, ahora se dieron cuenta de que Jesús tenía en su mano el poder de determinar si podían poner con éxito los alimentos en la mesa. Los apóstoles ya eran muy conscientes de que Jesús era un hombre de gran poder, pero este evento debe haberles golpeado como un tren de carga (disculpa el símil anacrónico). Ten en cuenta que el control sobre el mundo natural era el foco definitivo de todas las antiguas religiones paganas. Los apóstoles se dieron cuenta, de repente, de que Jesús poseía la clave de todo el poder que toda persona religiosa había tratado de aprovechar mediante su adoración. ¡Qué revelación!

El siguiente milagro que consideraremos se encuentra en Marcos capítulo 8.

> Entonces mandó que la gente se sentara en el suelo. Tomando los siete panes, dio gracias, los partió y se los fue dando a sus discípulos para que los repartieran a la gente, y así lo hicieron. Tenían además unos cuantos pescaditos. Dio gracias por ellos también y les dijo a los discípulos que los repartieran. La gente comió hasta quedar satisfecha. Después los discípulos recogieron siete cestas llenas de pedazos que sobraron. Los que comieron eran unos cuatro mil. Tan pronto como los despidió, Jesús se embarcó con sus discípulos y se fue a la región de Dalmanuta. (Marcos 8:6-10)

Por supuesto, este milagro es similar al de la alimentación de los cinco mil que ya consideramos. Debido a que Marcos registra tanto la alimentación de los cinco mil (Marcos 6:30-44), como de los cuatro mil, y debido a que los detalles de los relatos difieren mucho, hay que asumir que Jesús realizó un milagro similar por segunda vez.

¿Qué nos dice este milagroso acontecimiento sobre Jesús? Por un lado, en este milagro, Jesús mostró a miles de personas que él podía crear algo de la nada. Demostró que era un creador, si no el Creador. Jesús hizo pescado de la nada, y ya estaba cocinado y listo para comer. El pan aparentaba haber tenido levadura añadida en la masa para que se elevara. Jesús se saltó todo el proceso de amasar, golpear la masa y así sucesivamente. Hizo pan, listo para comer, a partir de la nada absoluta. Ante miles de testigos, Jesús aportó pruebas convincentes de que lo que se afirma de él en Colosenses 1:16 es cierto: "Porque por medio de él fueron creadas todas las cosas en el cielo y en la tierra".

Este no es el único milagro que Jesús realizó que demostró que podía ocuparse de las necesidades más básicas de la gente. Considera Mateo 17:24-27:

> Cuando Jesús y sus discípulos llegaron a Capernaúm, los que cobraban el impuesto del templo se acercaron a Pedro y le preguntaron:
>
> "¿Su maestro no paga el impuesto del templo?"
>
> "Sí, lo paga" —respondió Pedro.
>
> Al entrar Pedro en la casa, se adelantó Jesús a preguntarle:
>
> "¿Tú qué opinas, Simón? Los reyes de la tierra, ¿a quiénes cobran tributos e impuestos: a los suyos o a los demás?"
>
> "A los demás" —contestó Pedro.

"Entonces los suyos están exentos —le dijo Jesús—. Pero, para no escandalizar a esta gente, vete al lago y echa el anzuelo. Saca el primer pez que pique; ábrele la boca y encontrarás una moneda. Tómala y dásela a ellos por mi impuesto y por el tuyo".

Presumiblemente, cuando Pedro salió a pescar, encontró la moneda en el primer pez que capturó. De lo contrario, Mateo, un testigo ocular del evento, ciertamente no habría grabado esta historia.

En este caso, Jesús creó una moneda de oro de la nada dentro del pez, o de alguna manera era milagrosamente consciente de que un pez se había tragado una moneda de oro. Luego hizo que Pedro atrapara ese pez en particular. Aparentemente, la moneda incluso tenía las marcas romanas apropiadas. ¡Jesús demostró ser capaz de atender la necesidad de Pedro de pagar impuestos!

¿De qué cosas se preocupa la gente? Se preocupan por la comida y el refugio, se preocupan por el dinero y se preocupan por su salud. Ya hemos visto a Jesús probar que tenía el control sobre los dos primeros, pero ¿qué pasa con la tercera gran preocupación de todas las personas? ¿Tenía Jesús el poder de afectar la salud de las personas?

¡La respuesta es un sí rotundo! Casi con toda seguridad, las curaciones fueron los milagros más comunes de Jesús. Las sanaciones que Jesús realizó fueron, en general, del tipo indiscutible. La mayoría de nosotros hemos estado expuestos a curaciones, ya sea en persona, o a través de la televisión o la radio, o a través de relatos de segunda mano. Tal vez algunos de estos eventos son verdaderos milagros. Sin embargo, en la mayoría de los casos, la naturaleza milagrosa de muchas "curaciones" modernas es dudosa. Muchas implican una mejora de la vista, una disminución de una cojera o una reducción de fiebre. El punto no es resolver la discusión aquí, sino señalar que muchas de las curaciones que Jesús realizó fueron innegablemente milagros.

Jesús sanó a un hombre ciego (Juan 9:1-41). Sanó a un hombre que no había caminado durante treinta y ocho años, y al instante el hombre se levantó y echó a andar (Juan 5:1-15). Él sanó simultáneamente a diez hombres que tenían lepra, y quedaron completamente curados (Lucas 17:11-19). No fueron milagros discutibles. Algunas de las curaciones de Jesús se resumen en Mateo 11:4-6:

> Les respondió Jesús:
> "Vayan y cuéntenle a Juan lo que están viendo y oyendo: Los ciegos ven, los cojos andan, los que tienen lepra son sanados, los sordos oyen, los muertos resucitan y a los pobres se les anuncian las buenas nuevas. Dichoso el que no tropieza por causa mía".

El testimonio de los escritores de los Evangelios es que Jesús sanó a varios miles de personas que padecían diversos tipos de enfermedades y discapacidades. Lo hizo en entornos públicos donde sus enemigos podían ver las curaciones, para que cualquier intento de falsificar un número tan grande de milagros hubiera sido casi imposible.

A través de sus milagros, Jesús demostró que tenía control sobre las principales cosas de las que la gente se preocupa, tales como el dinero, la comida, el refugio y la salud. Además de esto, a través de sus milagros, demostró que también tenía control sobre el mundo espiritual. Jesús fue capaz de reprender y expulsar demonios. Consideraremos solo un ejemplo de este tipo de milagro.

En Marcos 5:1-20 y Lucas 8:26-39, se pueden encontrar relatos de un hombre que estaba, usando una terminología más moderna, absolutamente loco.

> Este hombre vivía en los sepulcros, y ya nadie podía sujetarlo, ni siquiera con cadenas. Muchas veces lo habían atado con cadenas y grilletes, pero él los destrozaba, y nadie tenía fuerza para dominarlo. Noche y día andaba por los sepulcros y por las colinas, gritando y golpeándose con piedras. (Marcos 5:3-5)

Esta era claramente una situación desesperada. Este hombre estaba totalmente fuera de control. Para curarlo, Jesús reprendió a los demonios que lo habían poseído y los permitió entrar en una manada de cerdos. Los cerdos corrieron hacia el lago y se ahogaron.

Nuestro sentimiento "moderno" nos hace dudar en identificar el problema de este hombre como posesión de demonios. Sin embargo, dado que Jesús fue capaz de curar a una persona que estaba claramente en una situación absolutamente desesperanzadora, ¿quiénes somos nosotros para negar su diagnóstico de la situación? ¿Cómo se explica que los cerdos de repente se sumergieron en el lago? Simplemente negar la existencia de fuerzas del mal no hace que dejen de existir. A través de este y otros milagros, Jesús demostró que controlaba el reino espiritual.

A través de otro tipo de milagros, Jesús demostró que también tenía poder para acceder al mundo de la mente. Se podrían mencionar docenas de ejemplos, pero considera la situación cuando Jesús conoció a Natanael por primera vez (Juan 1:44-51). Cuando Natanael escuchó de Jesús, fue muy escéptico. Sin embargo, cuando Jesús lo conoció, fue capaz de decirle dónde había estado y en qué había estado pensando. Cualquier duda de que esto fue un milagro se elimina por cómo respondió Natanael ante el conocimiento de Jesús de sus pensamientos: "Rabí, ¡tú eres el Hijo de Dios! ¡Tú eres el Rey de Israel!".

A través de sus milagros, Jesús demostró que sus discípulos podían permitirse el lujo de confiar plenamente en él. Tenía control sobre el dinero, la comida, el refugio, la salud y el mundo espiritual. Incluso tenía acceso al mundo de sus mentes. Esta lista de fenómenos que Jesús podía controlar deja solo una gran preocupación humana. Además de todos estos actos milagrosos, Jesús demostró que tenía poder sobre el miedo humano supremo: la muerte. La resurrección de Lázaro de entre los muertos ya ha sido descrita en detalle. Jesús también resucitó a una joven que había muerto (Lucas 8:49-56). A través de sus milagros, las palabras de Jesús en Juan 16:33 tienen un nuevo significado: "En mí hallen paz. En este mundo afrontarán aflicciones, ¡anímense! Yo he vencido al mundo".

Otros han afirmado hacer milagros, pero ¿dónde están los ejemplos de personas resucitadas de entre los muertos a la vista pública, ante creyentes y no creyentes? Jesús fue el mayor obrador de milagros de la historia, sin duda.

Hay un último milagro a considerar, que es sin duda el más grande de todos los milagros de Jesús. Este será el tema del capítulo tres.

LOS MILAGROS QUE JESÚS NO HIZO

Antes de pasar al mayor milagro de todos, por favor considera otra pregunta reflexiva. ¿Hay algún tipo de milagros que Jesús podría haber obrado muy bien, pero que no hizo (o al menos no están registrados en los evangelios)? Si es así, ¿qué dicen de él los milagros que Jesús no hizo?

La respuesta es sí, hay ciertos tipos notables de milagros que Jesús posiblemente podría haber realizado, pero no hay registro de ello. Por ejemplo, no hay situaciones en las que se observe a Jesús haciendo un milagro para obligar a alguien a hacer algo en contra de su voluntad. Jesús ni siquiera sanaría a las personas que no querían ser sanadas (Juan 5:6). Jesús nunca obligó a nadie a obedecerlo de ninguna manera. Ciertamente es posible que aquel que pudiera conocer cada uno de nuestros pensamientos también pudiera controlarlos, pero no hay registro de que Jesús hiciera algo así.

Si se quiere creer en el registro del evangelio, Jesús no hizo milagros en un intento de manipular a la gente para que lo siguieran. En todo caso, él a menudo mantenía un bajo perfil respecto a la naturaleza milagrosa de lo que hacía. Jesús hizo milagros en respuesta a la fe de las personas, para satisfacer las necesidades, o para sustentar sus afirmaciones sobre sí mismo, pero no hay registro de que él intentara incitar a una multitud obrando maravillas.

El registro histórico de los milagros de Jesús parece excluir la manipulación y la violación del libre albedrío de los individuos como motivo. Es obvio lo que esto implica sobre el hombre. Jesús evitó escrupulosamente el uso de la emoción o el espectáculo para obligar a la gente a creer en él.

Hay otro tipo de milagro del cual no hay registro, ni dentro ni fuera de la Biblia. Jesús nunca realizó un milagro para beneficiar su propia comodidad. Por lo que muestra el registro, Jesús nunca hizo comida para él mismo cuando tenía hambre, aunque ciertamente podría haberlo hecho. Jesús se cansó. Lo mejor que podemos decir es que nunca milagrosamente se dio un impulso de energía para pasar por un momento difícil.

El mayor ejemplo de esta idea es cuando Jesús estaba en la cruz. La noche en que fue arrestado, cuando sus amigos le preguntaron si debían impedir su arresto por la fuerza, Jesús respondió: "¿Crees que no puedo acudir a mi Padre, y al instante pondría a mi disposición más de doce batallones de ángeles? Pero entonces, ¿cómo se cumplirían las Escrituras que dicen que así tiene que suceder?" (Mateo 26:53-54).

Los milagros registrados en los Evangelios no dejan lugar a duda de que Jesús podría haberse salvado del increíble dolor y sufrimiento causado por el azote y la crucifixión. El mismo hombre que podía calmar una tormenta o hacer pan y pescado de la nada ciertamente podría haber realizado un milagro, ya sea para evitar la crucifixión en primer lugar, o para bajar de la cruz y poner fin a su tortura. Sin embargo, no lo hizo, a pesar de ser burlado por sus perseguidores para que lo hiciera. Los milagros que Jesús no hizo dicen mucho de este hombre.

RAZONES PARA LA INCREDULIDAD

En este punto, los lectores tal vez podrían estar divididos en tres categorías. Hay quienes comenzaron este libro ya creyendo en la inspiración de la Biblia, en la validez de las afirmaciones de Jesús, y en su capacidad para obrar milagros. Tal vez su fe se ha profundizado a través de lo que han leído hasta ahora.

Otro grupo definible podría describirse de la siguiente manera. Empezaron a leer el libro ya sea como incrédulos, o un poco escépticos, pero no muy seguros de lo que creían. Sin embargo, a través de lo que se ha presentado, están ahora convencidos de que Jesús es quien dijo que era, o al menos su incredulidad ha sido sacudida. Les parecen interesantes estas ideas y quieren seguir leyendo para que su pensamiento siga siendo desafiado.

Un tercer grupo podría describirse como escépticos de la Biblia antes y después de leer estos capítulos. Definitivamente no están convencidos de que Jesús incluso hizo las afirmaciones registradas en la Biblia, y consideran los milagros registrados de Jesús como engaños o como registros falsos. Están dispuestos a seguir leyendo, pero principalmente para satisfacer su propia curiosidad acerca de cómo piensa el otro lado.

Para las personas de la categoría número uno o dos, los argumentos presentados hasta ahora pueden parecer muy razonables. Estas personas pueden preguntarse cómo otros podrían seguir siendo escépticos a pesar de lo que parecen ser argumentos convincentes. Sugiero algunas razones posibles por las que algunos son tan difíciles de convencer. ¿Por qué algunas personas parecen negarse a creer? (Es cierto que esta es una forma algo prejuiciosa de plantear la pregunta).

Una razón para la incredulidad es de tipo emocional. A los humanos nos gusta pensar en nosotros mismos como racionales. Nos gusta pensar que usamos el sentido común, basado predominantemente en la evidencia, para llegar a lo que creemos que es verdad. La pura verdad es que, muy a menudo, este no es el caso.

Muchas de nuestras suposiciones y creencias se basan en la emoción. Hay muchos ejemplos obvios que pueden ser enumerados. Por ejemplo, es cierto que a aquellos que han sido abusados por miembros de la familia les resulta difícil confiar en las personas. Esto es especialmente cierto cuando las experiencias negativas les han sucedido a los jóvenes. Les resulta extremadamente difícil confiar en las personas en general, incluso cuando no hay evidencia en lo absoluto para generar una falta de confianza en un individuo en particular. Esta falta de confianza no se debe a que ellos hayan estudiado las estadísticas y hayan llegado a la conclusión de que existe una alta probabilidad de que sean abusados por cualquiera en quien decidan confiar. La raíz de su inseguridad es emocional, no racional.

Muchos de los que son incapaces de aceptar la evidencia que apoya el cristianismo también tienen una base emocional para su incredulidad. Tal vez han tenido una mala experiencia con una persona religiosa hipócrita. Es difícil crecer en la sociedad moderna sin tener algunas experiencias como esta. Por otro lado, tal vez cuando eran adolescentes, observaron a una persona religiosa aparentemente indefensa perseguida sin piedad por sus compañeros. Eventos como estos pueden tener un efecto poderoso e incluso permanente en nuestro subconsciente. Al igual que en el caso de la persona que fue abusada por alguien cercano a ella mientras crecieron, este tipo de experiencia puede causar muy fácilmente que uno se vuelva completamente inmune a los argumentos racionales. Puede llegar a ser literalmente imposible convencer a una persona de la validez de un argumento mediante el uso de pruebas si la razón por la que no aceptan el argumento es emocional.

Otra razón por la que algunos son incapaces de llegar a creer, a pesar de la evidencia convincente, es el orgullo intelectual. Es un hecho de la naturaleza humana que es difícil admitir que uno se ha equivocado. Es de suponer que pocas personas discutirían con esta afirmación. Mientras más amplia y fuertemente se ha defendido uno a sí mismo, más difícil se vuelve retroceder y admitir estar equivocado. A veces, confrontar con evidencias a alguien que ha tomado una posición fuerte tiene exactamente el efecto opuesto de lo que se pretendía. En realidad, puede endurecer la posición de una persona en lugar de suavizarla.

Sí, nos gusta pensar en nosotros mismos como seres racionales, pero cuando nuestro orgullo está en juego, podemos parecer muy tontos en la forma en que lidiamos con la verdad. Puede ser muy difícil admitir que estamos equivocados. Esto puede ser un factor importante de por qué algunos no acuden a Dios con fe.

Y va más allá del mero orgullo intelectual en el caso de la creencia en un Dios Todopoderoso. Admitir que Dios es más grande que nosotros es admitir que somos menos que Dios. En una época y cultura dominada por la filosofía humanista, muchos han llegado a asumir que no hay necesidad de Dios. Algunos pueden admitir que Dios existe de alguna manera abstracta, pero no están preparados para someter sus opiniones a las afirmaciones de ese mismo Dios Todopoderoso. "Si esa es la forma en que Dios es, ciertamente no quiero adorarlo". La creencia en el Dios panteísta de la Nueva Era (algo parecido a la "Fuerza" en las películas de Star Wars) es el resultado de que las personas no están dispuestas a aceptar que son realmente mucho más pequeñas que Dios. La filosofía de la Nueva Era, una rama de la religión hindú y budista, enseña que Dios eres tú y tú eres Dios. Aceptar esta propuesta no requiere mucha humildad.

Así que, hay un orgullo intelectual que podría hacer que uno rechace evidencia clara de la Biblia, y hay un orgullo emocional que no está dispuesto a poner a nadie más en el trono. Aquellos que buscan usar evidencia, como la contenida en este libro, para convencer a la gente de aceptar la verdad bíblica harían bien en tener en cuenta estos factores. Como dijo Jonathan Swift: "Razonar con un hombre nunca le hará corregir una mala opinión que él nunca adquirió mediante la razón".

En la gran mayoría de los casos, la razón por la que las personas rechazan la evidencia bien fundamentada que apoya la Biblia no es que la evidencia no sea lo suficientemente fuerte, sino debido al orgullo o a una respuesta emocional frente a una experiencia de vida. Tal vez por eso Dios nos dice, a través de Pedro:

> Estén siempre preparados para responder a todo el que les pida razón de la esperanza que hay en ustedes. Pero háganlo con gentileza y respeto, manteniendo la conciencia limpia, para que los que hablan mal de la buena conducta de ustedes en Cristo, se avergüencen de sus calumnias. (1 Pedro 3:15-16)

Una respuesta rápida, inteligente e intelectualmente consistente puede no ser suficiente. Adicionalmente, la delicadeza y el respeto por aquellos que no están de acuerdo son cualidades absolutamente claves. Y se podría agregar una medida de paciencia además de la delicadeza y el respeto. La clave para superar el orgullo intelectual o las barreras emocionales frente a la creencia en las verdades presentadas en la Biblia se encuentra en el buen comportamiento de los creyentes. Esta es una enseñanza difícil de aceptar, pero es la verdad de Dios. El capítulo nueve tratará este tema más a fondo.

Además, sería justo admitir que los cristianos son igualmente susceptibles a las debilidades descritas anteriormente. Es muy posible que nosotros mismos creamos lo que creemos por razones emocionales. Tal vez aquellos que quieren acusarnos de recurrir al cristianismo como una muleta para ayudarnos con nuestra inseguridad pueden tener en parte la razón. O tal vez sea posible que, para algunos de nosotros, nuestra convicción se base principalmente en una decisión que tomamos hace muchos años, a lo que en este momento nos aferramos tenazmente, como una forma de orgullo intelectual. ¿Has dejado de retar tus propias creencias, condenándote a una fe superficial?

Tal vez uno podría argumentar que es mejor creer en las cosas correctas por las razones equivocadas que creer en las cosas equivocadas por las razones correctas. Esto puede incluso ser un argumento válido hasta cierto punto, pero la fe basada en la emoción o el orgullo es como una casa construida sobre arena. Cuando las tormentas de las dificultades de la vida o de la persecución se estrellen contra una casa así, ¿se mantendrá? Cuando una persona experimenta mucho éxito en un sentido mundano, puede convertirse en una razón para el orgullo propio. En este caso, ¿será la fe basada en el orgullo intelectual capaz de resistir el orgullo mundano? Es muy probable que no.

Como se describió anteriormente, algunos son incapaces de aceptar la evidencia obvia para la Biblia debido a algún tipo de experiencia negativa que han tenido en torno al cristianismo. Por el contrario, algunos recurren a Cristo, al menos en gran medida, debido a algún tipo de experiencia espiritual positiva. La fe que se basa únicamente en la experiencia es necesariamente una fe débil. Una fe sólida construida sobre una base semejante a la de una casa sobre la roca incluirá elementos de experiencia, emoción, perspicacia espiritual y conocimiento intelectual. Este libro está destinado principalmente a abordar la última categoría. Es un buen consejo para cualquiera que llegue a la fe en Dios basado en una experiencia emocional, espiritual o intelectual, profundizar ampliamente en todas las categorías, poniendo un fundamento inamovible.

CONCLUSIÓN

La evidencia de que Jesús hizo los más sorprendentes "señales, prodigios [y] milagros" es abrumadora, tanto de la evidencia interna de la Biblia como de fuentes externas: incluso fuentes que eran abiertamente enemigas del cristianismo. Estos milagros no fueron del tipo del que uno oye hoy en día. Los milagros no implicaban trivialidades como conseguir un mejor trabajo o mejorar parcialmente la salud de alguien. Jesús resucitó a los muertos, dio vista a personas que habían nacido ciegas, creó comida de la nada, caminó sobre el agua... la lista podría seguir. Jesús a menudo hizo estas cosas en los espacios más abiertos posibles, frente a cientos o incluso miles de espectadores, algunos de los cuales eran sus enemigos declarados. Jesús realizó milagros para verificar sus afirmaciones, para ofrecer testimonio de su mensaje y, a menudo, simplemente para ayudar a una persona por la que sentía una profunda compasión.

Jesús, Hijo de Dios, obrador de milagros.

Para hoy

1. ¿Cuál crees que podría ser la diferencia entre estos tres términos: "milagros", "señales" y "prodigios"? (Hechos 2:22; Hebreos 2:4). Si eres de los que se esfuerza, puedes buscar las palabras griegas para las tres categorías y tratar de hacer algo más que solo adivinar.

2. Enumera dos milagros distintos de los mencionados en este capítulo que serían ejemplos de maravillas que Jesús realizó para verificar una afirmación. Además, encuentra dos ejemplos de un milagro que se realizó en gran parte debido a la fe de una persona que buscó la ayuda de Jesús. Por último, encuentra dos obras milagrosas de Jesús que parezcan haber sido hechas principalmente para ayudar a satisfacer una necesidad.

3. ¿Puedes pensar en un escenario razonable (ya sea que creas en el escenario o no) para explicar los relatos evangélicos y, aun así, concluir que Jesús no hizo milagros?

4. Suponiendo que tienes fe en Jesucristo y en la Biblia como la palabra de Dios, ¿en qué tipo de base (emocional, empírica, espiritual o intelectual) tiendes a apoyarte? ¿Cómo podrías ampliar la base de tu creencia?

5. ¿Qué mostró Jesús sobre sí mismo a través del milagro registrado en Mateo 17:25-27?

Nota del autor: Una excelente referencia sobre el tema de los milagros es el pequeño libro esclarecedor de C. S. Lewis, *Los Milagros* (HarperOne, San Francisco, California, 2006).

Capítulo Tres
El milagro definitivo

Afirmaciones extraordinarias requieren pruebas.

−David Hume

En el capítulo dos examinamos los milagros que Jesús realizó, examinamos la evidencia de que él realmente hizo estos milagros y consideramos lo que estos implican sobre el propio hacedor de milagros. Sin embargo, no consideramos el milagro final: la resurrección de Jesucristo de entre los muertos.

Espera un momento. ¿Jesús hizo este milagro? ¿Se levantó él mismo de entre los muertos, o el Padre resucitó a su Hijo de entre los muertos? Dejaremos que los teólogos resuelvan esta pregunta, porque realmente no importa quién lo hizo. Sin importar quién lo realizó, la resurrección de Jesucristo de entre los muertos es verdaderamente el milagro más grande e importante registrado en la Biblia.

Uno de los propósitos de este capítulo es mostrar por qué este evento en particular es tan central, tanto para el mensaje de la Biblia como para su fiabilidad e inspiración. Más importante aún, el propósito es considerar cuidadosamente si la resurrección de Jesucristo de entre los muertos, como se registra en el Nuevo Testamento, realmente sucedió. Veremos que hay mucho en juego con esta pregunta.

MÁS ALLÁ DE TODA DUDA RAZONABLE

Antes de intentar lograr estos objetivos, debemos considerar lo difícil que es esta tarea frente a nosotros. El caso de la resurrección de Jesucristo requiere el más alto nivel de prueba.

A modo de ilustración, considera cuatro escenarios. En cada caso, alguien hará una afirmación y nos preguntaremos qué nivel de prueba se requiere para creer dicha afirmación. Primero, imagina que estás en casa y tu compañero de cuarto o cónyuge, o quienquiera que sea, entra muy emocionado y afirma que él o ella recibió una factura por correo hoy. Hmm... probablemente te preguntarías por qué tanta emoción. Ciertamente no exigirías pruebas de la afirmación que hace.

El segundo escenario te involucra a ti y a la misma persona. Esta vez, tu emocionado amigo anuncia que él o ella ha encontrado una bolsa de dos libras de papas fritas por solo un dólar. ¡Guau! Vamos a decírselo a los vecinos de inmediato. ¿Esta afirmación te paralizaría del asombro? ¿Qué nivel de prueba requerirías?

El tercer escenario es un poco más interesante. Esta vez, imagina que tu pareja o compañero de cuarto afirma con entusiasmo que ha ganado $10,000,000 en la lotería. Esta vez, tu cabeza se activa un poco. Se activa bastante, de hecho. Revisarías su cara en busca de sinceridad y probablemente pedirías ver el boleto ganador, no necesariamente porque no confías en la persona, sino porque no quieres parecer tonto si admites que le crees y resulta que te estaba tomando el pelo. Querrías alguna prueba. En pocos segundos o tal vez unos minutos, estarías saltando arriba y abajo, o tal vez simplemente chocando los cinco, dependiendo de tu personalidad.

Es en el cuarto escenario en el que hay que centrarse. Esta vez, tu ser querido declara que ha visto una vaca con seis patas. En este escenario, le darías una mirada profundamente incrédula e inmediatamente exigiría pruebas. Si no exigieras pruebas, revelaría más sobre ti que sobre tu amigo. No exigir evidencia implicaría que eres una persona muy crédula.

Desafortunadamente (o tal vez afortunadamente) la resurrección de Jesús es más como el cuarto escenario. Solo un tonto simplemente creería que alguien ha sido resucitado de entre los muertos sin alguna evidencia muy fuerte que respalde la afirmación. El primer escenario representa una afirmación sobre algo que es tan mundano y se espera que no se requiera absolutamente ninguna prueba. Las facturas llegan por correo casi todos los días.

El segundo escenario, el de las papas fritas, requiere solo un poco más de prueba. Uno no ve una bolsa de dos libras de papas fritas por un dólar cada día. Es increíble (usando la palabra muy libremente) encontrar papas fritas tan baratas. Puede que no exijas pruebas exactamente, pero es tan sorprendente encontrar papas fritas tan baratas, que podrías echar un vistazo al recibo solo para asegurarte de que tu amigo no está equivocado. Si te convencieras, probablemente no bailarías por toda la calle, declarando el increíble descubrimiento a todos a tu alcance, pero seguramente le contarías a algunos amigos sobre el buen precio de las papas fritas en la tienda.

El escenario de la lotería es muy diferente. Las posibilidades de cobrar un pago tan alto en la lotería son seguramente menos de una en un millón. Este sería un resultado muy inesperado, especialmente si tu amigo tuviera el sentido común de no jugar a la lotería. Pero suponiendo que él compraba algunos boletos de lotería de vez en cuando, la afirmación sobre la lotería sigue siendo tan inesperada que definitivamente querrías pruebas antes de creerlo. Los bromistas crueles son conocidos por hacer esquemas elaborados para convencer a sus amigos de que ganaron la lotería, solo para decir que estaban bromeando. El punto es este: ganar la lotería es un evento muy improbable, pero no importa lo improbable que sea, todavía es definitivamente posible. Un evento posible pero muy improbable requiere una buena cantidad de pruebas para ser creído.

Sin embargo, el escenario de la vaca de seis patas es una cosa totalmente diferente. ¡Las vacas simplemente no tienen seis patas! En este caso, tu suposición sería que tu amigo cometió un error o ha sido engañado por algún tipo de ilusión óptica. Es imposible que las vacas tengan seis patas. Bueno, tal vez no es imposible, pero ciertamente es inaudito. Necesitarías una prueba bastante convincente. Una imagen puede ayudar, pero con la tecnología moderna, las imágenes pueden ser falsificadas. Algunos otros testigos ciertamente ayudarían, especialmente si sus descripciones se corroboran mutuamente. Sin embargo, solo hay una forma de evidencia completamente convincente. Si pudieras ver la vaca por ti mismo y pudieras caminar alrededor de ella y tocarla, estarías completamente convencido de que tu amigo realmente ha visto una vaca con seis patas.

Tal es el caso de la resurrección de Jesucristo de entre los muertos. De acuerdo con la experiencia común e incluso el sentido común, es simplemente increíble que Jesucristo haya resucitado de entre los muertos al tercer día. Las posibilidades de ganar la lotería pueden ser de uno entre diez millones. La proporción de la resurrección de una persona de entre los muertos es ciertamente mucho mayor que eso. Incluso se podría decir que es imposible, que es un milagro. En efecto, con el fin de convencer a los escépticos, se requieren pruebas muy sólidas. Citando a un conocido científico escéptico: "Si oímos los cascos de un animal golpeando contra el pavimento de una calle de Londres, podría tratarse de una cebra o incluso de un unicornio, pero, antes de aceptar otra explicación que no sea la de que se trata de un caballo, tendríamos que pedir cuando menos alguna evidencia".[1] Cuanto más improbable sea una afirmación, más fuerte será la evidencia necesaria para justificarla.

Además de esto, la carga de la prueba recae en el creyente, no en el escéptico. La razón nos diría que el escéptico no necesita probar su caso contra la resurrección de Jesús. Ya que una proclamación sobre la resurrección se encuentra tan alejada de la experiencia normal, es injusto exigirle al no creyente que demuestre que la historia de la resurrección es falsa. No está bien acusar al escéptico de haber sido cerrado de mente por no creer en la resurrección. El escéptico respondería: "Ser de mente abierta está bien, pero no quiero ser tan abierto de mente que mi cerebro se caiga. Dame alguna prueba".

Hay un factor adicional que vuelve pesada la carga de la prueba en el creyente. Esto sale a relucir en la ilustración utilizada anteriormente. En el cuarto escenario, cuando tu amigo afirmó haber visto una vaca con

---

1. Richard Dawkins, "La ciencia, el engaño y el deseo de ser maravillados", *El escéptico* (Número 5, Verano 1999), p. 15.

seis patas, tenías todas las razones para esperar pruebas sólidas. Una foto estaría bien, y los testigos podrían ser muy útiles, pero hay un tipo de evidencia que sería muy convincente. Si uno pudiera ir a ver la vaca de cerca y personalmente, esa sería, por mucho, la prueba más convincente para esta afirmación tan descabellada.

Desafortunadamente, en el caso de la resurrección de Jesús de entre los muertos, no tenemos acceso a tal prueba. Debido a que el evento (si efectivamente fue así) ocurrió hace casi dos mil años, no es posible volver a Israel para investigar la afirmación directamente. Además, todos los testigos están muertos desde hace mucho tiempo. A primera vista, esto podría parecer una carga abrumadora de la prueba. Al final, dejaremos que la evidencia hable por sí misma.

Así que, el trabajo que queda es demostrar más allá de una duda razonable que Jesucristo fue resucitado de entre los muertos al tercer día. Debido a la naturaleza de la afirmación, la tarea no es simplemente mostrar que esta es la explicación más probable de los hechos alrededor de su muerte. La resurrección de los muertos está tan lejos de la experiencia normal que uno debe probar sin lugar a duda que esa es la única explicación razonable de los hechos. Citando al filósofo y escéptico británico del siglo XVIII, David Hume: "Hay que preguntarse si la evidencia actual del supuesto acontecimiento es tan fuerte que cualquier otra explicación de la evidencia sería aún más milagrosa".

UN TRABAJO DIFÍCIL, PERO IMPORTANTE

La carga de la prueba para apoyar la creencia en la resurrección de Jesús es grande, pero la importancia de la tarea también lo es. De este asunto depende todo el cristianismo. Que se diga de nuevo: todo el cristianismo se basa en la cuestión de la resurrección de su fundador, Jesucristo. Esto no es una exageración. Consideremos la declaración radical del apóstol Pablo.

> Y si Cristo no ha resucitado, nuestra predicación no sirve para nada, como tampoco la fe de ustedes. Aún más, resultaríamos falsos testigos de Dios por haber testificado que Dios resucitó a Cristo, lo cual no habría sucedido, si en verdad los muertos no resucitan. Porque si los muertos no resucitan, tampoco Cristo ha resucitado. Y si Cristo no ha resucitado, la fe de ustedes es ilusoria y todavía están en sus pecados. En este caso, también están perdidos los que murieron en Cristo. Si la esperanza que tenemos en Cristo fuera solo para esta vida, seríamos los más desdichados de todos los mortales. (1 Corintios 15:14-19)

Según Pablo, si en realidad Jesucristo no resucitó de entre los muertos, entonces los apóstoles y los escritores de lo que ahora llamamos el Nuevo Testamento son mentirosos. En ese caso, todo el mensaje del evangelio, junto con los escritos del Nuevo Testamento, son una estafa. Pablo continúa diciendo que, si la resurrección es una mentira, entonces el cristianismo es una mentira, en cuyo caso cualquiera que ha estado viviendo la vida cristiana ha estado viviendo una mentira. Dado el increíble sacrificio y compromiso que se requiere de un verdadero discípulo de Jesús, Pablo concluye que, si la resurrección es una mentira, entonces los cristianos son "los más desdichados de todos los mortales". Si Cristo no resucitó, ¿por qué no "comamos y bebamos, que mañana moriremos"? (v. 32).

Tal vez al principio la declaración de Pablo parece un poco inverosímil, que los cristianos deben ser compadecidos más que todos los demás si la afirmación de la resurrección es un engaño. ¿No está Pablo exagerando un poco su caso?

La declaración de Pablo es ciertamente diametralmente opuesta a la afirmación del famoso filósofo y matemático Pascal, quien hizo lo que comúnmente se conoce como la apuesta de Pascal. Pascal hizo lo que, a primera vista, puede parecer un desafío perfectamente lógico para el incrédulo. En esencia, afirmaba que, aunque no se pudiera decidir con seguridad si existe o no un Creador, es mejor creer que no creer. El argumento es que, si el Creador existe y uno no cree, entonces uno puede estar en grandes problemas. El reverso del argumento, según Pascal, es que incluso si uno cree en Dios y resulta que no existe, nada se pierde. No hay nada que perder al creer, ya sea que esa creencia esté basada en la verdad o no, pero hay mucho que perder en la incredulidad si Dios realmente existe.

Típica tumba hebrea del primer siglo, Monte Carmelo, Israel (foto por Julie Geissler)

Ya sea que la lógica de Pascal se mantenga o no en los círculos escolásticos, Pablo, un supuesto testigo ocular de la resurrección, afirma claramente que la apuesta de Pascal es errónea, al menos en el caso del cristianismo. Dado el gran sacrificio de tiempo, energía física, fortuna, energía emocional y similares que se requiere de un discípulo, Pablo afirma que, si todo esto termina siendo una mentira, entonces debemos ser los más compadecidos de todos los mortales. Qué cruel destino sería dar toda la vida por un engaño.

La historia puede darnos muchos ejemplos de personas dándolo todo por algo que no existe. Coronado y otros gastaron la energía de sus vidas buscando El Dorado, la Ciudad de Oro, mientras que no existía tal ciudad. Henry Hudson y muchos otros dieron sus vidas buscando un paso del noroeste que no existía. Cientos de historias similares podrían ser citadas. Sin embargo, hay una diferencia clave entre estos ejemplos y la vida cristiana. Incluso en la búsqueda de una meta inexistente, Coronado y Hudson dieron algún tipo de significado a sus vidas. Ambos abrieron grandes áreas a la exploración. Al final, lo que lograron fue al menos tan significativo como lo que buscaban.

Uno podría argumentar de manera similar a favor del cristianismo. Aunque no sea verdad, al menos la vida cristiana es mejor que la alternativa. Incluso si uno no va al cielo, por lo menos la vida aquí fue mejor por haber creído; sin embargo, Pablo está diciendo que, si la resurrección es una mentira, entonces la proclamación cristiana es la más cruel de las mentiras.

Hay otros pasajes del Nuevo Testamento que respaldan esta afirmación. En 1 Pedro 1:3-4 se encuentra la declaración: "Por su gran misericordia, nos ha hecho nacer de nuevo mediante la resurrección de Jesucristo, para que tengamos una esperanza viva y recibamos una herencia indestructible, incontaminada e inmarchitable. Tal herencia está reservada en el cielo para ustedes". La esperanza está ciertamente en el corazón del cristianismo. La resurrección de Jesucristo provee esa esperanza. Sin embargo, si Jesucristo no resucitó, entonces es una falsa esperanza; de hecho, es una muy cruel. Cuanto más grande es el sacrificio para obtener algún tipo de esperanza, más cruel se vuelve si es falsa. El cristianismo es la ilustración definitiva de este principio.

Otro ejemplo de apoyo se encuentra en Hechos 17:31: "Él ha fijado un día en que juzgará al mundo con justicia, por medio del hombre que ha designado. De ello ha dado pruebas a todos al levantarlo de entre los muertos". Esto es claramente una referencia a Jesucristo. La vida cristiana se vive en el supuesto de que cada acción nuestra será llevada a un juicio final ante Dios. Según el pasaje al que acabamos de referirnos, la resurrección es la prueba definitiva de ello. De hecho, si Jesús no fue resucitado, entonces tampoco habrá un día de juicio, así que "comamos y bebamos, que mañana moriremos".

Para reiterar, en este capítulo examinaremos la validez de la afirmación de que Jesús resucitó de entre los muertos. Ten en cuenta lo que está en juego aquí. Si la afirmación es cierta, entonces sin duda, solo los peores tontos no aceptarán el mensaje del evangelio, con todo lo que está implícito en él. Si es una afirmación falsa, entonces el cristianismo no termina siendo una buena religión. No es "uno de los muchos caminos hacia el mismo fin", como algunos religiosos dicen. Si Jesucristo no resucitó de entre los muertos, entonces el cristianismo es una mentira y un cruel engaño. Sus seguidores son engañados y los más desdichados de todos los mortales.

"TODO LO QUE QUEREMOS SON LOS HECHOS"

TEl subtítulo anterior es una cita de uno de los programas de televisión antiguos favoritos del autor. Sin embargo, la referencia puede datarme un poco. Proviene del programa *Dragnet*, un docudrama policial de los años 1950 en el que su protagonista, el detective muy serio Joe Friday, a menudo les pedía a las víctimas de delitos que le dijeran solo los hechos, dejando de lado las emociones.

Es momento de considerar la cuestión de la validez de la resurrección, así que veamos algunos hechos históricos indiscutibles relacionados con esta. ¿Qué sabemos acerca de la resurrección que incluso los escépticos más obstinados tendrían que admitir que es verdad, a menos que simplemente no estuvieran conscientes de lo que se sabe de los registros históricos?

En primer lugar, se puede estar seguro de que, sin duda, Jesús es realmente una figura histórica. Algunos han querido mostrar a la persona de Jesús como un mito. Ya en el siglo XX, nada menos que el filósofo Bertrand Russell (un ateo estridente, por cierto) se atrevería a afirmarlo: "Históricamente, es muy dudoso el que Cristo existiera, y, si existió, no sabemos nada acerca de él".[2] En realidad, todo lo que hace esta cita es probar la fuerte predisposición de Bertrand Russell. Este sesgo está tan fuera de lugar que debería hacer que el lector inteligente cuestione la validez de cualquier cosa que Russell pueda decir.

Para una persona inculta, afirmar que la historicidad de Jesús como persona es un mito sería perdonable, pero para alguien tan estudiado como Bertrand Russell, hacer tal afirmación es extremadamente irresponsable. Russell sabía muy bien que ningún historiador de renombre dudaría de la existencia de Jesús más de lo que ellos cuestionarían la realidad de Julio César. Posiblemente haya tanta evidencia material de la existencia de Jesucristo como de cualquier otra figura histórica antigua. Se podría mencionar el gran número de palabras sobre Jesús en la Enciclopedia Británica o algunas de las docenas de historiadores de los dos primeros siglos d. C. que se refieren a su vida y a lo que hizo. No es exagerado aseverar que cualquiera que afirme no creer que Jesús existió sea

---

2. Bertrand Russell, *Why I Am Not a Christian and Other Essays on Religion and Related Subject*s, (Simon and Schuster, New York, 1957), p. 16.

extremadamente ignorante de la historia o tan parcializado que el oyente sabio haría bien en girar su oído en otra dirección.

Otro hecho de la historia que sería aceptado incluso por los escépticos más obstinados (suponiendo que no tengan el tipo de prejuicio extremo expuesto por Bertrand Russell) es que Jesucristo fue crucificado fuera de Jerusalén por las autoridades romanas bajo el mando de Poncio Pilato. Si Jesús no fue crucificado, entonces tampoco resucitó de entre los muertos, así que este es un punto importante.

Uno puede estar seguro de que Jesús fue crucificado tal y como está registrado en la Biblia porque los historiadores sin interés en creer esta afirmación han registrado el evento. Por ejemplo, se puede citar a Cornelio Tácito, que vivió entre los años 55 y 120 d. C. Tácito es considerado generalmente como uno de los historiadores más importantes y fiables de la antigua Roma. Además, en sus escritos que son relevantes para el cristianismo primitivo, Tácito no escribió sobre eventos de un pasado lejano. Él escribió acerca de eventos que habían ocurrido en su propia vida, o a lo sumo un par de generaciones antes de que él viviera. Tácito escribió dos extensas obras históricas: Anales, que abarca la historia política romana desde la muerte del emperador Agustín en el año 14 hasta el final del reinado de Nerón en el 68 d. C., e Historias, que comenzó con la muerte de Nerón y continuó hasta la muerte de Domiciano en el 96 d. C. Citando a Tácito acerca de Jesús:

> Sin embargo, ni por industria humana, ni por larguezas del emperador, ni por sacrificios a los dioses, se lograba alejar la mala fama de que el incendio había sido mandado. Así pues, con el fin de extirpar el rumor, Nerón se inventó unos culpables, y ejecutó con refinadísimos tormentos a los que, aborrecidos por sus infamias, llamaba el vulgo, cristianos. El autor de este nombre, Cristo, fue mandado ejecutar con el último suplicio por el procurador Poncio Pilato durante el Imperio de Tiberio, y reprimida, por de pronto, la perniciosa superstición; pero esta irrumpió de nuevo no sólo por Judea, origen de este mal, sino por la urbe misma [Roma].[3]

A pesar de su deseo de difamar la religión cristiana, Tácito, sin saberlo, proporcionó una fuerte evidencia histórica para apoyar las afirmaciones del cristianismo. Este enemigo pagano de los cristianos registró la crucifixión de Jesucristo bajo el mando de Poncio Pilato.

Otro escritor romano que relató algunos detalles sobre la iglesia primitiva fue Luciano de Samósata. Luciano fue un crítico social que escribió sarcásticamente sobre los cristianos. En uno de sus comentarios, dijo:

---

3. Cornelio Tácito, *Anales*, XV, 44.

El milagro definitivo

Los cristianos, ya sabes, adoran todavía hoy, a un hombre —un personaje distinguido que introdujo ritos originales y que fue crucificado por ello. Como ves, estas criaturas extraviadas tienen la convicción general de que son inmortales para siempre, lo que explica su desprecio a la muerte y su propia entrega voluntaria, cosas que son muy corrientes entre ellos; además, su legislador original les ha convencido de que todos serán hermanos a partir del momento en que se hayan convertido, hayan renegado de los dioses de Grecia y hayan adorado al sabio crucificado, y vivan bajo sus leyes.[4]

Obviamente, Luciano escribió con malicia hacia los cristianos en general, pero afortunadamente para nosotros, registró para generaciones futuras un comentario independiente sobre el carácter cristiano, además de relatar el evento de la crucifixión de Jesús.

Otros escritores paganos de los dos primeros siglos podrían ser llamados como testigos del hecho de que Jesucristo fue crucificado en Jerusalén. Otra fuente de evidencia para apoyar el hecho de la crucifixión son los escritos judíos de los dos primeros siglos d. C. El más famoso de ellos proviene del historiador judío Josefo, a quien se hizo referencia anteriormente. En su libro Antigüedades, Josefo registra sobre Jesús: "Cuando Pilato, a sugerencia de los hombres principales entre nosotros, le hubo condenado a la cruz, aquellos que lo amaban al principio no lo abandonaron".[5] Siendo judío, Josefo no tenía ningún motivo para apoyar la postura cristiana, pero sí informa fielmente que Jesús fue crucificado bajo las órdenes de Poncio Pilato, proporcionando la información adicional de que actuó bajo la presión de los líderes judíos.

Otra fuente de opinión judía se encuentra en el Talmud, una colección de comentarios sobre la Biblia hebrea escritos principalmente en los primeros dos siglos d. C. Por supuesto, Jesús no es el tema central del Talmud, pero en estos escritos se pueden encontrar algunas declaraciones que se refieren a él. Por ejemplo, considera un pasaje del Talmud babilónico:

En shabat y la víspera de la Pesaj, a Yeshu HaNotzrí fue colgado. Y un heraldo salió delante de él 40 días (anunciando): Yeshu HaNotzrí va a ser apedreado porque practicó la brujería

---

4. Luciano de Samósata, *La muerte de Peregrino*, citado en Bruno Bioul, *Los Evangelios a la luz de la historia: ¿Leyendas piadosas o relatos verídicos?* (Madrid: Edaf, 2019). Una lista más completa de autores paganos muy primitivos que se refirieron a Jesús y a su crucifixión se puede encontrar en Josh McDowell, Evidencia que exige un veredicto: *Evidencias históricas de la fe cristiana* (Deerfield, Florida: Vida, 1993).
5. Flavio Josefo, *Antigüedades* XVIII, 3.3.

e instigó y sedujo a Israel (a la idolatría). [6]

En este pasaje del Talmud está claro que Yeshu se refiere a Jesús y que "colgado" se refiere a la crucifixión (véase Gálatas 3:13). Además de esto, el autor judío proporciona una confirmación independiente de la afirmación bíblica de que Jesús fue crucificado en la víspera de la Pascua.

En resumen, el claro testimonio de la historia es que Jesucristo fue crucificado en Jerusalén bajo la autoridad del gobernador Poncio Pilato, en la víspera de la Pascua, como se registra en las Escrituras del Nuevo Testamento.

Hay un tercer hecho histórico que es relevante para la crucifixión. Este hecho, bastante significativo, es que la afirmación de que Jesucristo había sido resucitado de entre los muertos se hizo públicamente en Jerusalén casi inmediatamente después del evento. Los apóstoles y otros seguidores de Jesús declararon abiertamente la resurrección en la misma ciudad donde ocurrieron los hechos. Esto fue proclamado al mismo tiempo y en el mismo lugar donde los testigos oculares de los acontecimientos, incluidos los oficiales y soldados romanos, así como los judíos que no aceptaron la enseñanza de Jesús, tenían toda la oportunidad de aportar pruebas de refutación. Este hecho será muy importante para establecer la verdad de la resurrección.

La Biblia registra la primera vez que la resurrección fue declarada públicamente, frente a miles de personas. Este evento, que tuvo lugar siete semanas después de la ejecución de Jesús, está registrado en Hechos capítulo 2.

> "Este fue entregado según el determinado propósito y el previo conocimiento de Dios; y por medio de gente malvada, ustedes lo mataron, clavándolo en la cruz. Sin embargo, Dios lo resucitó, librándolo de las angustias de la muerte, porque era imposible que la muerte lo mantuviera bajo su dominio". (Hechos 2:23-24)

Para los escépticos, el simple hecho de que el sermón de Pedro esté registrado en la Biblia no proporciona pruebas suficientes de que la resurrección fue predicada abierta y públicamente en un tiempo muy corto del supuesto acontecimiento. Incluso ha habido algunos críticos del cristianismo que han argumentado, a pesar de lo que está escrito en Hechos 2, que la afirmación de la resurrección no se hizo durante varias generaciones después de la muerte de Jesús. Los argumentos de estos críticos es que un grupo de discípulos de Jesús que querían reforzar su reputación frente a aquellos a quienes estaban tratando de convertir crearon la historia de la resurrección. Desafortunadamente para el crítico de la Biblia, este escenario simplemente no se puede conciliar con los hechos.

---

6. Talmud Babilónico, *Sanedrín*, 43ª.

Simplemente nunca ha habido un momento en que la iglesia cristiana no haya tenido la resurrección como parte central del mensaje del evangelio. De hecho, un breve repaso del libro de Hechos le demostrará al lector que un relato de la resurrección es una parte significativa de cada sermón del evangelio registrado allí. El escéptico bien preparado podría argumentar que Hechos y los otros libros del Nuevo Testamento no fueron escritos hasta bien entrado el siglo II d. C., o que fueron cambiados para sustentar la nueva afirmación en desarrollo de la resurrección. Sin embargo, durante el siglo XX, esta acusación fue completamente desacreditada por descubrimientos de copias reales cada vez más antiguas de los documentos del Nuevo Testamento. El manuscrito parcial más antiguo del Nuevo Testamento datado de forma fiable, conocido como el papiro de Rylands, ha sido fechado en 130 d. C., cerca de cincuenta años desde la escritura del evangelio de Juan. Exploraremos la integridad del texto del Nuevo Testamento en el capítulo seis, pero basta con decir que, con la evidencia en la mano, es inconcebible para el erudito de la Biblia que una doctrina clave como la resurrección de Jesucristo de entre los muertos pueda haber sido añadida en una fecha posterior.

Hay referencias a la resurrección de fuentes extrabíblicas, tales como Josefo.

> Cuando Pilato, a sugerencia de los hombres principales entre nosotros, le hubo condenado a la cruz, aquellos que lo amaban al principio no lo abandonaron. Porque él les apareció vivo otra vez al tercer día, como los profetas divinos habían anticipado, estas y diez mil otras cosas maravillosas en cuanto a él; y el grupo de los cristianos, nombrados según él, no ha sido extinguido hasta el día de hoy.[7]

Además, los primeros escritos cristianos, algunos de ellos desde el final del primer siglo, prueban que la resurrección fue predicada desde el principio del cristianismo. Por ejemplo, se podría citar Ignacio (50-115 d. C.), obispo de Antioquía, discípulo del apóstol Juan, en su epístola a los tralianos: "Jesucristo, [...] fue ciertamente perseguido bajo Poncio Pilato, fue verdaderamente crucificado y murió a la vista de los que hay en el cielo y los que hay en la tierra y los que hay debajo de la tierra; el cual, además, verdaderamente resucitó de los muertos". ¿Alguien está dispuesto a apoyar la afirmación de que Ignacio esperó a que su maestro, Juan, muriera, y luego insinuó un relato falso de la resurrección, yendo contra todos los demás maestros de la iglesia primitiva?

Además de este hecho, uno puede tomar nota del día de la adoración cristiana. Desde el inicio de la iglesia del Nuevo Testamento, los discípulos comenzaron a reunirse el primer día de la semana, el domingo,

---

7. Josefo, *Antigüedades*, XVIII 3.3

para conmemorar la resurrección de Jesucristo. No hay evidencia creíble de que la iglesia primitiva se reuniera para su adoración principal en cualquier otro día de la semana. Si la resurrección no fue pronunciada por los testigos oculares desde el principio, ¿cómo se puede explicar el hecho de que la iglesia se ha reunido desde sus inicios el día domingo para conmemorar este mismo acontecimiento?[8]

Así que, no hay duda razonable de que la resurrección fue proclamada públicamente en Jerusalén inmediatamente después del acontecimiento. Las afirmaciones contrarias no se basan en una cuidadosa consideración de los hechos.

El último hecho histórico que consideraremos que es relevante para el asunto de la resurrección de Jesús es el más significativo de los cuatro. El hecho es que la tumba en la que Jesús fue enterrado estaba vacía al tercer día. Puede parecer audaz afirmar esto como un hecho histórico, pero dada la suposición de que Jesús fue crucificado en Jerusalén en la víspera de la Pascua, como se ha demostrado anteriormente, no hay alternativa lógica. La tumba donde se colocó el cuerpo de Jesús estaba vacía al tercer día.

¿Cómo se puede afirmar que esto es un hecho? Es fácil. Si la tumba no hubiera estado vacía, tan pronto como los discípulos comenzaran a proclamar la resurrección de Jesús, los judíos simplemente habrían escoltado a la gente a la tumba para mostrarles el cuerpo. Esto no sucedió, y la razón es simple: la tumba estaba vacía. De hecho, los judíos que tiempo después intentaron explicar la resurrección nunca plantearon la afirmación de que la tumba no estaba vacía.

¿Cómo se vació la tumba? Ese es el tema del resto de este capítulo, pero el hecho innegable (para aquellos dispuestos a considerar los hechos) es que la tumba donde se colocó el cuerpo de Jesús estaba vacía.

En resumen, los hechos históricos son estos: Jesús sí vivió, fue crucificado en Jerusalén bajo la autoridad de Poncio Pilato en la víspera de la Pascua, su resurrección fue declarada públicamente en Jerusalén casi inmediatamente después del evento, y la tumba donde su cuerpo fue puesto estaba vacía al tercer día.

TIENE QUE HABER OTRA EXPLICACIÓN

Ahora podemos proceder al meollo de la cuestión. ¿Cuál es la explicación más razonable de los hechos? Recuerda que la explicación de que Jesús resucitó requiere una medida extrafuerte de prueba, ya que tal explicación está fuera del rango de eventos normales.

---

8. Un breve repaso de los escritos de los padres de la iglesia primitiva sustentará esta afirmación. Varios libros sobre los escritos de la iglesia primitiva pueden ser citados para el lector interesado. En ellos se pueden incluir Cyril C. Richardson, *Early Christian Fathers* (padres cristianos primitivos) (New York: The Macmillan Company, 1970); y Maxwell Staniforth, *Early Christian Writtings* (escritos cristianos primitivos) (Penguin Books, 1968).

Procederemos considerando posibles explicaciones alternativas de los hechos. Históricamente, solo ha habido un número bastante pequeño de explicaciones alternativas que los escépticos del cristianismo han planteado. Cada una de estas explicaciones será considerada a su vez, pero, para resumir, los intentos de explicación de los hechos se enumeran a continuación.

1. La teoría del cuerpo robado
2. La teoría del desmayo
3. La teoría de la alucinación masiva

Se pueden mencionar otras explicaciones, pero son variaciones de las tres mencionadas anteriormente o son tan irrazonables que no merecen una consideración por separado.

¿Dónde se deben buscar los argumentos más cuidadosamente considerados en contra de la resurrección? Se podría considerar a los escritores judíos. Históricamente, los judíos son los que han tenido más en juego cuando se trata de refutar la resurrección de Jesucristo a su pueblo. Si Jesús realmente resucitó, entonces la única alternativa razonable para un judío sería aceptarlo como el Mesías que dijo ser. Por lo tanto, es una buena idea preguntarse cuál ha sido históricamente la respuesta judía a la resurrección.

La respuesta es que la contestación judía a la afirmación de la resurrección ha sido recurrir a la teoría del cuerpo robado. Por ejemplo, en la defensa al cristianismo de Justino Mártir en el siglo II d. C., él menciona a un oponente judío al que cita diciendo: "Un tal Jesús, un engañador galileo que fue crucificado, pero sus discípulos robaron su cuerpo de noche de la tumba donde fue colocado después que fue suelto de la cruz, y ahora engañan a los hombres declarando que él se levantó de los muertos y subió al cielo".[9] La literatura medieval judía repitió también la acusación de que los discípulos robaron el cuerpo de Jesús. Por esta razón, consideraremos primero esta alternativa.

ALTERNATIVA #1: LA TEORÍA DEL CUERPO ROBADO

Una vez más, la idea es explicar los hechos que casi cualquier persona de mente abierta reconocería que son verdaderos. Jesús fue crucificado en Jerusalén, y su cuerpo fue sepultado en una tumba, pero tres días después, ya no estaba allí. Casi inmediatamente después, los discípulos de Jesús declararon abiertamente que él había resucitado de entre los muertos. Un planteamiento obvio para una explicación de los hechos es que alguien robó el cuerpo de Jesús de la tumba. ¿Es esta una explicación razonable de los hechos?

---

9. Justino Mártir, *Diálogo con Trifón*, 108.

La respuesta a esta pregunta, por supuesto, dependería de a quién se esté acusando de arrebatar el cuerpo. ¿Fueron los soldados romanos? ¿Podrían haber sido los opositores judíos a Jesús? ¿O algunos de los seguidores de Jesús podrían haber robado el cuerpo? Para responder estas preguntas, algunos de los detalles que rodean la crucifixión y el entierro son importantes. Estos detalles se tomarán de los relatos evangélicos sobre los acontecimientos en cuestión.[10]

Una cantidad de hechos registrados en los Evangelios son relevantes para la teoría del cuerpo robado. En primer lugar, Jesús declaró públicamente que sería asesinado y resucitado al tercer día. Sus oponentes eran muy conscientes de este hecho, e hicieron todo lo posible para evitar una falsificada resurrección. Por ejemplo, Jesús dijo a las multitudes en Mateo 12:40: "Porque así como tres días y tres noches estuvo Jonás en el vientre de un gran pez, también tres días y tres noches estará el Hijo del hombre en las entrañas de la tierra". Se podría mencionar la discusión entre Jesús y sus discípulos en Mateo 16:21: "Desde entonces comenzó Jesús a advertir a sus discípulos que tenía que ir a Jerusalén y sufrir muchas cosas a manos de los ancianos, de los jefes de los sacerdotes y de los maestros de la ley, y que era necesario que lo mataran y que al tercer día resucitara" (véase también Mateo 17:22-23; Mateo 20:17-19; Marcos 10:32-34; Lucas 18:31-33; Juan 16:16).

Debido a que aquellos que conspiraron para que Jesús fuera asesinado eran muy conscientes de su predicción de que iba a resucitar de entre los muertos, hicieron todo lo humanamente posible para evitar que los discípulos de Jesús perpetraran algún tipo de engaño:

> Al día siguiente, después del día de la preparación, los jefes de los sacerdotes y los fariseos se presentaron ante Pilato.
>
> "Señor —le dijeron—, nosotros recordamos que mientras ese engañador aún vivía, dijo: 'A los tres días resucitaré'. Por eso, ordene usted que se selle el sepulcro hasta el tercer día, no sea que vengan sus discípulos, se roben el cuerpo y le digan al pueblo que ha resucitado. Ese último engaño sería peor que el primero".
>
> "Llévense una guardia de soldados —les ordenó Pilato—, y vayan a asegurar el sepulcro lo mejor que puedan".
>
> Así que ellos fueron, cerraron el sepulcro con una piedra, y lo sellaron; y dejaron puesta la guardia. (Mateo 27:62-66)

---

10. Es cierto que los hechos mencionados en esta sección no son tan fuertemente atestiguados en relatos históricos fuera de la Biblia como los mencionados anteriormente. En el capítulo seis de este libro, se mostrará que el Nuevo Testamento se erige como uno de los documentos históricos más confiables, si no el más confiable, que tenemos del mundo antiguo. En pocas palabras, los escritores de los Evangelios dan detalles tan específicos en sus relatos, y esos detalles se sostienen tan bien al escrutinio histórico, que uno haría bien en simplemente tomar los relatos de los acontecimientos que rodearon la crucifixión en sentido literal. El lector que se sienta incómodo con esta afirmación tal vez quiera leer primero el capítulo seis y luego volver a este capítulo.

El milagro definitivo

Poco sabían en ese momento que estarían ayudando a proporcionar un fuerte apoyo para la creencia en la resurrección. Es irónico que al intentar asegurar que el cuerpo no pudiera ser robado, los enemigos de Jesús proporcionaran una gran prueba de que el cuerpo de hecho no fue robado.

Además, no era una guardia ordinaria la que fue puesta frente a la tumba de José de Arimatea, donde se colocó el cuerpo de Jesús. Esta era una cohorte de los soldados más duros del mundo en ese momento: ¡legionarios romanos! Una piedra muy grande fue puesta frente a la tumba, y los soldados romanos fuertemente armados prestaban guardia las veinticuatro horas frente a ella.

¿Quién robó el cuerpo? ¿Fueron los judíos? ¿Qué posible motivo habrían tenido? Nadie ha propuesto nunca un motivo razonable para que los líderes judíos robaran el cuerpo de Jesús. Eran los mismos que pidieron que Pilato ordenara la vigilancia. Incluso si alguien pudiera encontrar algún tipo de motivo enrevesado para que los judíos robaran el cuerpo, tan pronto como la resurrección fue proclamada por los seguidores de Jesús, ellos seguramente habrían presentado rápidamente el cuerpo y habrían puesto de inmediato fin a la predicación pública de la resurrección.

¿Habrían robado el cuerpo los soldados romanos? Esta idea es aún más extravagante. ¿Cuál sería el motivo? Según relatos históricos de la disciplina militar romana, los propios soldados podían morir si fallaban en su cargo de proteger la tumba, por lo que ciertamente tenían un gran desincentivo para robar el cuerpo, o para dejar que cualquier otra persona lo hiciera, según fuera el caso. Los romanos ciertamente no querrían robar el cadáver de Jesús. Lo último que querían era otra historia del Mesías que incitara a los judíos en rebelión contra Roma. Ciertamente no fueron los opositores judíos de Jesús o los romanos quienes robaron el cuerpo, si en realidad el cuerpo fue robado.

El hecho es que las únicas personas concebibles con un motivo para robar el cuerpo de la tumba habrían sido los discípulos de Jesús. El escenario del cuerpo robado, entonces, se reduce a esto. ¿Los seguidores de Jesús robaron su cuerpo de la tumba? Vamos a desglosar esta pregunta en tres partes:

1. ¿Ellos habrían robado el cuerpo?
2. ¿Podrían ellos haber robado el cuerpo?
3. ¿Ellos robaron el cuerpo?

¿ELLOS HABRÍAN ROBADO EL CUERPO?

¿Habrían robado su cuerpo los seguidores de Jesús? Esa es una buena pregunta. Teniendo en cuenta lo difícil que habría sido robar el cuerpo de una tumba bien custodiada, los discípulos tendrían que haber tenido un motivo muy fuerte. José de Arimatea, un creyente en Jesús, eligió el lugar de sepultura, por lo que no pudo haber sido porque simplemente querían trasladarlo a otra tumba. La única motivación concebible para que los seguidores de Jesús robaran el cuerpo era permitirles engañar a la gente para que creyera en la resurrección. La razón por la que los principales sacerdotes y fariseos custodiaban la tumba de Jesús era para evitar tal engaño (Mateo 27:62-66).

Por lo que sabemos de los apóstoles, ¿hay alguna posibilidad de que hubieran decidido fingir una resurrección? Según los relatos evangélicos, es extremadamente dudoso que los apóstoles tuvieran en mente la resurrección cuando Jesús murió. Uno ve a los seguidores de Jesús esparciéndose y escondiéndose en lugares secretos después de la crucifixión. Los discípulos eran una banda de idealistas asustados y desmoralizados. Toda la idea de que un grupo de ellos se reúna y eclosione un complot para robar el cuerpo en estas circunstancias va absolutamente en contra de lo que sabemos de su estado psicológico, así como de su carácter. Por lo que sabemos de Pedro, es inconcebible pensar en él reuniendo a su alrededor a algunos de los apóstoles y proponiendo: "Oigan, chicos, tengo una idea. Ahora que han matado a Jesús, aprovechémonos de la situación y robemos su cuerpo. Luego fingiremos que resucitó de entre los muertos".

Incluso si hubiera alguna evidencia que apoyara la idea de que robaron el cuerpo (no hay absolutamente ninguna), sería casi imposible convencer a un jurado de que estos hombres habrían tramado tal conspiración. Aunque tanto Jesús como sus seguidores fueron acusados en diferentes ocasiones de mentir, nunca nadie pudo justificar una acusación de un engaño de esa naturaleza. Sea que uno acepte su enseñanza o no, una acusación de engaño simplemente no se mantendrá. No hay evidencia de que estos hombres y mujeres fueran engañosos.

Incluso si se reconociera la posibilidad de que estos seguidores, declaradamente honestos como eran en cualquier otra situación, hubieran, por alguna razón desconocida, eclosionado una trama engañosa, todavía podría preguntarse razonablemente si lo harían. ¿Cuál es el motivo? ¿Por qué querrían robar el cuerpo? ¿Qué podrían esperar ganar afirmando que Jesús resucitó de entre los muertos? Hacerlo obviamente habría ido en contra de la enseñanza clara de su líder, que ordenó escrupulosa honestidad. Además, incluso si pudieran llevar a cabo tal engaño, el único resultado posible para ellos sería finalmente la persecución, la tortura y la muerte.

Una vez más, incluso si uno pudiera aceptar, por muy improbable que sea, que los apóstoles hubieran fundado una conspiración engañosa para fingir que Jesús fue resucitado de entre los muertos, seguramente al menos uno de ellos habría cedido bajo la presión de la pena de muerte.

Muchos de los apóstoles también fueron martirizados. La tradición de la iglesia sostiene que todos los apóstoles murieron como mártires excepto Juan. Ninguno de los apóstoles se retractó de su historia. Se puede estar absolutamente seguro de que, si lo hubieran hecho, los líderes judíos habrían hecho desfilar a los renegados a través de Judea con el fin de desacreditar la afirmación de la resurrección. Esto sin siquiera contar los otros cientos de testigos de la resurrección, ninguno de los cuales se retractó, ni siquiera bajo pena de muerte. ¿Es incluso concebible que docenas de personas vayan a la tumba por una mentira flagrante? ¿Alguien puede creer algo así? No es posible.

ELLOS PODRÍAN HABER ROBADO EL CUERPO?

Dado lo anterior, se puede concluir que los seguidores ciertamente no habrían robado el cuerpo. Pero incluso si lo hubieran hecho ¿podrían haberlo llevado a cabo? Asumiendo lo imposible, que los apóstoles tramaron un complot para robar el cuerpo de Jesús, ¿podrían haberlo sacado? ¿A través de qué medios podrían haberse llevado el cuerpo?

Recuerda que había un guardia de legionarios romanos frente a la tumba. Además, había una gran piedra bloqueando la entrada. ¿Qué propone el escéptico? ¿Los apóstoles atacaron, junto con algunos aliados, a un grupo de soldados romanos, los combatientes mejor entrenados y equipados del mundo en ese momento? ¿Qué usarían para luchar contra estos hombres? ¿Piedras? ¿Palos? ¿Espadas? ¿Habrían hecho esto sin armadura? Además, aún si uno pudiera imaginar esta batalla por el cuerpo de Jesús, ¿dónde estaban los soldados romanos muertos? Seguramente habría habido alguna evidencia de esta feroz lucha. Seguramente también habrían tenido bajas entre los atacantes. Recuerda que estos son los mismos hombres que huyeron con miedo cuando Jesús fue arrestado. ¿Podría ocurrir una batalla campal entre un grupo de judíos mal armados y un grupo de soldados romanos en las afueras de Jerusalén sin que nadie se dé cuenta? La evidencia muestra claramente que los apóstoles eran incapaces de un ataque tan audaz y mortal.

La mayoría de los escépticos admitirán que esta idea es ridícula. Tal vez, argumentan, los discípulos sobornaron a los soldados para ayudarles a retirar el cuerpo y conspiraron con ellos para encubrir el acto. Al menos esto tiene una capa de credibilidad, pero veamos detenidamente este escenario.

Aquí está la historia que los líderes judíos intentaron promulgar, como se registra en Mateo 28:11-15:

> Mientras las mujeres iban de camino, algunos de los guardias entraron en la ciudad e informaron a los jefes de los sacerdotes de todo lo que había sucedido. Después de reunirse estos jefes con los ancianos y de trazar un plan, les dieron a los soldados una fuerte suma de dinero y les encargaron: "Digan que los discípulos de Jesús vinieron por la noche y

que, mientras ustedes dormían, se robaron el cuerpo. Y si el gobernador llega a enterarse de esto, nosotros responderemos por ustedes y les evitaremos cualquier problema".

Así que los soldados tomaron el dinero e hicieron como se les había instruido. Esta es la versión de los sucesos que hasta el día de hoy ha circulado entre los judíos.

¿Cuánto dinero se necesitaría para sobornar a una compañía de soldados romanos? La pena de muerte estaba en juego aquí. Justino Mártir registró todas las ofensas por las que los soldados romanos eran condenados a pena de muerte. Estas incluían la deserción, incitar a un motín, abandonar la guardia nocturna y abandonar el puesto, entre otras ofensas similares. Para aceptar que este escenario es cierto, uno debe creer que los discípulos fueron capaces de obtener suficiente dinero como para sobornar a todo un grupo de soldados que estarían dispuestos a arriesgarse al menos a ser encarcelados, o posiblemente a la muerte. ¿Sería suficiente alguna cantidad de dinero para tal fin? ¿Los seguidores de Jesús tenían una cantidad tan grande de dinero? Además, ¿harían los seguidores de Jesús algo así? Claro que no. Esto iría absolutamente en contra de todo lo que les enseñó su amado líder, Jesucristo.

Por el contrario, la versión de la historia registrada en el Nuevo Testamento como se cita anteriormente es mucho más creíble. En primer lugar, los líderes políticos judíos tuvieron suficiente influencia política con el gobierno romano como para proteger a los soldados del castigo por el crimen de quedarse dormidos en su puesto. Ciertamente los soldados romanos eran muy conscientes de esta situación, y del hecho de que los seguidores de Jesús no tenían tal influencia con los romanos. En segundo lugar, tenían acceso a abundantes recursos monetarios para hacer un soborno exitoso. En tercer lugar, la historia registra que el liderazgo judío no hacía más que usar el engaño, el soborno y la intimidación para lograr sus metas deseadas. Nada de eso es cierto en cuanto a los seguidores de Jesús. ¿Cuál historia as más creíble?

¿ELLOS ROBARON EL CUERPO?

Por lo tanto, los discípulos no habrían robado el cuerpo, e incluso si de alguna manera querían hacerlo, no podrían haberlo logrado. La tercera pregunta es, incluso si lo hubieran hecho (ya se ha probado que es imposible) e incluso si hubieran podido (también se ha probado que es imposible), ¿lo hicieron? ¿Los seguidores de Jesús robaron su cuerpo? La respuesta, de nuevo, es un enfático ¡no! Incluso si, contra todo pronóstico, uno pueda estar lógicamente convencido de que los discípulos eclosionaron una conspiración sobre la resurrección, e incluso suponiendo que pudieran derrotar militarmente a la guardia romana y mover la piedra, o tal vez reunir suficiente dinero como para sobornar a

El milagro definitivo

los soldados para que arriesgaran sus vidas y formaran una conspiración en conjunto; aun así, uno puede probar que no lo hicieron.

¿Cuáles son las pruebas que podrían respaldar esta afirmación? Primero está la aparición de la tumba en ese fatídico domingo. ¿Qué quedó en la tumba? El libro de Juan registra que cuando Pedro y Juan llegaron a la tumba, encontraron la piedra removida y las tiras de lino dobladas allí. La única razón concebible para que Juan registre tal detalle es porque realmente eso fue lo que sucedió. Según la costumbre judía, cuando un cuerpo era preparado para el entierro, era envuelto en tiras de lino. Cuando se descubrió la tumba vacía, las tiras de lino yacían allí, pero el cuerpo no.

Cuando robaron el cuerpo, ¿se habrían tomado el tiempo los discípulos de quitar las tiras de lino? ¿Por qué harían esto? El cuerpo tendría una descomposición significativa para ese entonces, y, además, todos estos hombres habían huido por miedo a la muerte. ¿Estarían dispuestos a arriesgarse a morir solo para robar un cuerpo? Miembros del jurado, ¿creen en esta historia? ¿Un grupo de conspiradores inseguros y nerviosos se tomaría el tiempo para desenvolver un cuerpo, especialmente teniendo en cuenta que ya se estaría descomponiendo? ¿Querrían transportar el cuerpo expuesto de la persona más reconocible en Jerusalén solo para perpetrar un fraude?

Hay un argumento aún más fuerte para probar que los discípulos no robaron el cuerpo. Jesús estaba vivo después del evento. La prueba más fuerte de que su cuerpo no fue robado es que Jesús ni siquiera estaba muerto. Más de quinientos testigos pudieron ver a Jesús y muchos pudieron hablar con él, vivo, durante las semanas posteriores a su muerte. ¿No es esta la evidencia más fuerte posible? No solo unas pocas personas, sino más de 500 testigos oculares.

> Porque ante todo les transmití a ustedes lo que yo mismo recibí: que Cristo murió por nuestros pecados según las Escrituras, que fue sepultado, que resucitó al tercer día según las Escrituras, y que se apareció a Cefas, y luego a los doce. Después se apareció a más de quinientos hermanos a la vez, la mayoría de los cuales vive todavía, aunque algunos han muerto. Luego se apareció a Jacobo, más tarde a todos los apóstoles, y por último, como a uno nacido fuera de tiempo, se me apareció también a mí. (1 Corintios 15:3-8)

En su carta a la iglesia corintia, escrita a la primera generación posterior a la muerte de Jesús, Pablo habló de la existencia de cientos de testigos de la resurrección como un hecho sabido por todos. En efecto, les dijo a los escépticos: "Verifiquen por ustedes mismos preguntando a los testigos si no me creen". Recuerda que Pablo hizo esta declaración en el mismo contexto de su declaración citada anteriormente de que si Jesús no fue resucitado, entonces la fe del creyente es en vano.

¿Qué puede hacer el escéptico con más de quinientos testigos oculares? El número de testigos oculares es un dato tan convincente que un Jesús vivo después de la crucifixión fácilmente podría haber sido incluido anteriormente en la lista de "hechos" de este capítulo. Se dejó aparte porque ninguna fuente extrabíblica menciona específicamente el número de testigos oculares.

Además, generalmente, estos testigos son de la más alta calidad posible. No son reclusos de prisión buscando sentencias más leves a cambio de un trato compasivo. ¡Nada de eso! Por el contrario, estos testigos son la semilla de la iglesia del Nuevo Testamento: el pueblo más honesto, respetuoso de la ley, sacrificado y desinteresado que el Imperio Romano haya atestiguado jamás. La mayoría de ellos temían por sus vidas debido a una posible persecución. Los perseguidores atacaron especialmente a los testigos oculares; sin embargo, no hay registro de ni un solo testigo que se retracte de su historia. Si incluso un solo testigo hubiera aparecido más adelante y hubiera admitido que las supuestas apariciones de Jesús después de su muerte eran todo un engaño, uno puede estar absolutamente seguro de que los enemigos de la iglesia primitiva habrían hecho desfilar a esa persona por toda Judea. No hay registro de tal persona o de cualquier oponente judío del cristianismo que incluso afirmara que existió tal persona. Esto a pesar del hecho de que algunos de los testigos fueron asesinados debido a su fe.

¿Moriría alguien por algo que sabe que es una mentira? ¿Cientos de personas harían lo mismo? ¿Hay alguna respuesta a este argumento?

En la desesperación, el escéptico podría argumentar que Pablo es el único que afirmó la existencia de todos estos testigos oculares. Podría argumentar que Pablo inventó la existencia de cientos de testigos. Este argumento no funciona. Obviamente, Pablo estaba haciendo tal afirmación ante personas que tenían acceso, al menos, a alguno de los testigos que él mencionó. ¿De qué otra manera podría haber desafiado a sus lectores a comprobarlo por sí mismos? Además, Pablo no fue el único escritor bíblico que registró estos eventos. Se podría mencionar a Mateo, Marcos, Lucas, Juan y Pedro. Cualquiera que afirme que Pablo inventó la historia de los cientos de testigos oculares simplemente debe ignorar los hechos del caso. Sería como si alguien leyera en un libro de historia sobre el genocidio en Camboya bajo el régimen de Pol Pot y afirmara que la historia fue inventada.

Cualquiera que sea la opinión respecto al relato de la resurrección, la afirmación de que el cuerpo de Jesús fue robado es insostenible. Intentar explicar el hecho de la tumba vacía invocando la afirmación de que los discípulos robaron el cuerpo inevitablemente se encuentra con el hecho de que no hay manera de que estos seguidores de Jesús hubieran robado el cuerpo. Además, incluso si quisieran, habría sido muy improbable que lo lograran. E incluso si hubieran querido y si hubieran podido hacerlo, el hecho es que no lo hicieron. Jesús estaba vivo y compareció ante testigos en los días inmediatamente posteriores a su crucifixión. Los escépticos pueden escribir libros o producir películas basadas en la teoría del cuerpo robado, pero una fábula repetida mil veces sigue siendo una fábula.

ALTERNATIVA #2: LA TEORÍA DEL DESMAYO

Pasemos a la segunda explicación alternativa de la resurrección más comúnmente mencionada. Es a lo que a menudo se refieren como la teoría del desmayo. Históricamente, los antagonistas judíos del cristianismo no han mencionado esta alternativa por razones que se verán en breve, pero los escépticos han intentado sacar a la luz esta "teoría" en ocasiones desde los tiempos de la Ilustración. J. N. D. Anderson, profesor de Leyes Orientales en la Universidad de Londres y experto en estudios de la resurrección, ha afirmado que la primera mención registrada de esta teoría es de Karl Venturini en el siglo XVIII. También menciona que algunos grupos musulmanes han creado el hábito de usar este argumento.

Hay algunas variantes en las versiones de la teoría, pero la esencia de estos argumentos se puede resumir de la siguiente manera: Sí, Jesús fue crucificado fuera de Jerusalén bajo las órdenes de Poncio Pilato. Sin embargo, después de seis horas en la cruz, perdió el conocimiento (se desmayó). Aunque había quedado inconsciente, los soldados romanos a cargo de la ejecución lo creyeron muerto y lo bajaron de la cruz. Sus discípulos lo arrastraron, aún inconsciente, sin darse cuenta de que en realidad todavía respiraba, y lo pusieron en la tumba de José de Arimatea. Al ser acostado en la tumba fría, Jesús despertó. Después de reunir fuerza durante varias horas, Jesús se quitó la ropa de tumba, movió la piedra y, sin ser detectado por los soldados que custodiaban la tumba, se escabulló. Más tarde, encontró a algunos de sus discípulos escondidos y afirmó haber sido resucitado de entre los muertos.

Tal vez el lector ya se está diciendo: "Vamos, dame un respiro", pero hay que tener en cuenta que algunos se han tomado en serio esta teoría. De hecho, Hugh Schonfield escribió un libro titulado El complot de Pascua que propone una variante de esta teoría. Este libro ha rondado entre ciertos escépticos del cristianismo. En este libro, Schonfield afirma que toda la escena de la crucifixión fue una conspiración por parte de Jesús para afirmar falsamente haber sido resucitado de entre los muertos y, por lo tanto, ser el Mesías. Según el autor, el vinagre de vino ofrecido a Jesús mientras estaba en la cruz contenía una droga que le haría quedar temporalmente inconsciente. El propósito de la droga era permitirle fingir su propia muerte y, en última instancia, fingir su resurrección. Al final de El complot de Pascua, la bien planeada conspiración de Jesús se vio frustrada cuando, contrariamente a su plan, un soldado introdujo una espada en su costado, poniendo fin a su vida. Esto podría ser una novela interesante si no fuera escrita con intención deliberada de engañar al crítico mal informado y crédulo. Es un intento obvio de hacer encajar una opinión preconcebida en un conjunto de hechos históricos con los que es completamente inconsistente.

¿Es creíble la teoría del desmayo? Consideremos los hechos. Se invita

---

11. J.N.D. Anderson, *Christianity, The Witness of History* (*el cristianismo: el testigo de la historia*) (Londres: Tyndale Press, 1969).

al lector a leer uno de los relatos de la resurrección de los Evangelios, registrado en Mateo, Marcos, Lucas o Juan. Antes de su crucifixión, Jesús fue golpeado severamente frente al Sanedrín (Mateo 26:67) y azotado por la guardia romana (Mateo 27:26). Es bien sabido que el ser azotado a manos de los romanos podría dejar a la víctima cerca de la muerte. Después de la flagelación, Jesús fue severamente golpeado en la cabeza con una caña (Mateo 27:30). Aunque los documentos externos a la Biblia no registran estos acontecimientos, los detalles cuidadosos y específicos de los relatos evangélicos, tan fácilmente refutables para cualquiera de los primeros lectores de Mateo y los otros, solo pueden explicarse como una versión precisa de los acontecimientos. Después de someterse a estas torturas, Jesús estaba demasiado débil como para llevar la barra transversal sobre la que iba a ser clavado. Un transeúnte fue llamado para que la llevara al lugar de la ejecución. ¿Realmente cree Schoenfeld que Jesús estaría dispuesto a someterse a todo esto con tal de fingir su propia resurrección?

Es de suponer que Jesús no estaba lejos de la muerte cuando fue crucificado, lo que explica el hecho de que solo sufrió en la cruz durante seis horas, en comparación con la típica duración de doce a veinticuatro horas de una crucifixión, antes de que ocurriera la muerte. Así que, aquí tenemos a Jesús, ya muerto en la cruz, pero los escritores de los Evangelios proporcionan más detalles de la escena.

> Era el día de la preparación para la Pascua. Los judíos no querían que los cuerpos permanecieran en la cruz en sábado, por ser este un día muy solemne. Así que le pidieron a Pilato ordenar que les quebraran las piernas a los crucificados y bajaran sus cuerpos. Fueron entonces los soldados y le quebraron las piernas al primer hombre que había sido crucificado con Jesús, y luego al otro. Pero cuando se acercaron a Jesús y vieron que ya estaba muerto, no le quebraron las piernas, sino que uno de los soldados le abrió el costado con una lanza, y al instante le brotó sangre y agua. El que lo vio ha dado testimonio de ello, y su testimonio es verídico. Él sabe que dice la verdad, para que también ustedes crean. (Juan 19:31-35)

Los soldados romanos a cargo de la ejecución estaban bien familiarizados con la muerte por crucifixión. Cuando los judíos pidieron que las crucifixiones terminaran rápidamente por reverencia a la próxima Pascua, los guardias acordaron ponerles fin rompiendo las piernas de los prisioneros. Aparentemente, era de conocimiento común que, si las piernas de alguien siendo crucificado eran fracturadas, ya no sería capaz de levantarse, y pronto moriría de asfixia. Cuando los soldados llegaron a Jesús, vieron que ya estaba muerto. Una persona sin apoyo colgada flojamente de una cruz moriría de asfixia en pocos minutos. En

El milagro definitivo

otras palabras, una persona que se desmayó mientras se sometía a una crucifixión moriría en muy poco tiempo, a menos de que reviviera del desmayo lo suficiente como para levantarse con los pies clavados, con el fin de recuperar un respiro. ¿Alguien dudaría del testimonio de estos soldados que eran expertos en la muerte por crucifixión?

No importa lo que uno opine respecto de la capacidad de los soldados para diferenciar entre personas vivas y muertas, uno de ellos introdujo una lanza en el costado de Jesús. Antes de la crucifixión, Jesús ya estaba cerca de la muerte. Luego fue colgado y asesinado en la cruz, y ahora recibió, para rematar, una herida que, de no ser tratada, casi con seguridad lo habría matado.

Juan proporciona un detalle adicional significativo que sella el caso. Cuando la espada fue introducida en el costado de Jesús, una mezcla de sangre y agua salió. De acuerdo con las autoridades médicas, esto es una señal segura de que su suero sanguíneo ya había comenzado a separarse. Aparentemente, Jesús fue apuñalado en el corazón o al menos en la región alrededor del corazón. La separación de "sangre y agua" es algo que ocurre poco después de la muerte. Juan proporcionó un detalle médico, de cuyo significado probablemente ni siquiera era consciente. ¿Alguien ha salido a afirmar que el relato de Juan es algo más que veraz? ¿Por qué Juan habría registrado un detalle tan minucioso si no fuera cierto? ¿Por qué incluir detalles en un relato que otros testigos oculares que aún estaban vivos podrían refutar?

Jesús ya había sido asesinado, por así decirlo, dos veces. Cualquier pequeña cantidad de sangre que quedara en circulación al momento de su muerte ya había salido de su cuerpo debido a la herida de la espada. A continuación, el cuerpo de Jesús fue envuelto varias veces en tiras de lino que lo cubrieron de pies a cabeza. Por supuesto, según los teóricos del desmayo, las mujeres que realizaron amorosamente este rito fúnebre no se dieron cuenta de que Jesús todavía estaba vivo, a pesar del hecho de que su cuerpo seguramente estaba siendo sometido a rígor mortis. La teoría del desmayo sostiene que Jesús, ya casi muerto debido a las palizas más graves, luego asesinado en la cruz, después herido de muerte nuevamente, luego siendo vendado con telas que le cubrieron por completo su rostro y finalmente reviviendo de ser doblemente asesinado. Por supuesto, esto sucedió después de que su cuerpo fue puesto en la tumba durante más de un día, después de haber estado sin agua durante más de cuarenta y ocho horas.

Después de todo esto, según la teoría del desmayo, Jesús tuvo la fuerza para quitar una piedra que tres mujeres adultas sanas no pudieron mover (Marcos 16:3), y logró escabullirse entre una cohorte armada de guardias romanos. ¡Nadie puede tomar esta teoría en serio!

Considere las palabras de una autoridad médica:

> Está claro que el peso de las evidencias históricas y médicas indican que Jesús estaba muerto antes de producirle la herida en su costado, y soporta el punto de vista tradicional que la lanza clavada entre sus costillas derechas perforó no solo el pulmón derecho sino también el pericardio y el corazón, asegurando así su muerte. Por consiguiente, las interpretaciones basadas en la suposición de que Jesús no murió en la cruz parecen estar en contraposición con los conocimientos médicos modernos.[12]

Parece que la única manera de refutar esta declaración es asumir que los escritores de los Evangelios estaban mintiendo cuando reportaron detalles como el estallido de sangre y agua de la herida en el costado de Jesús. Sin embargo, esto inevitablemente nos trae de nuevo a la pregunta, ¿por qué Juan y otros informarían deliberadamente un detalle específico que podría ser refutado tan fácilmente? Normalmente, cuando un engañador crea una mentira, proporciona el menor número de detalles posible para que los hechos no puedan ser corroborados.

La teoría del desmayo simplemente no parece razonable. Es fácil ver por qué los críticos más cuidadosos del cristianismo no han utilizado esta idea para desacreditar la resurrección. Solo es eficaz cuando se usa con personas que están predispuestas a no creer en la resurrección o que ignoran los acontecimientos registrados que la rodean.

ARGUMENTO #3: LA TEORÍA DE LA ALUCINACIÓN MASIVA

Ha habido otros intentos de refutar la afirmación de la resurrección de Jesucristo de entre los muertos. Sin embargo, la calidad de estos argumentos disminuye rápidamente. Consideremos, por ejemplo, la teoría de la alucinación masiva. Según esta teoría, todas las apariciones de Jesús después de su muerte en la cruz fueron visiones. En otras palabras, Jesús no compareció ante los supuestos testigos de la resurrección; ellos solo imaginaron que él lo había hecho. Según la teoría de la alucinación masiva, estas visiones fueron una especie de efecto psicológico. Las personas que han propuesto esta idea han asumido que, por algún tipo de pensamiento esperanzado, y bajo la extrema presión de la persecución, los seguidores de Jesús tuvieron lo que, en efecto, era una alucinación o una visión de Jesús resucitado.

Para ser honesto, esta idea tiene tan poca credibilidad que

---

12. William D. Edwards MD, et al, "Sobre la muerte física de Jesucristo", trad. Luis Simpson. *Journal of the American Medical Association*, 255:11, 1986.

probablemente no merece mucha atención. Sin embargo, definamos los términos. Se podría definir una visión como un efecto en el que el cerebro de un individuo recibe una señal de una imagen para la que no hay un objeto físico correspondiente que produzca esa imagen. ¿Es esto lo que les sucedió a los testigos de la resurrección? ¿Es esta una explicación razonable de los hechos de la resurrección?

Considera lo que sucedió durante una de esas "visiones", como se registra en el evangelio de Lucas.

> Todavía estaban ellos hablando acerca de esto, cuando Jesús mismo se puso en medio de ellos y les dijo:
> "Paz a ustedes".
> Aterrorizados, creyeron que veían a un espíritu.
> "¿Por qué se asustan tanto? —les preguntó—. ¿Por qué les vienen dudas? Miren mis manos y mis pies. ¡Soy yo mismo! Tóquenme y vean; un espíritu no tiene carne ni huesos, como ven que los tengo yo".
> Dicho esto, les mostró las manos y los pies. Como ellos no acababan de creerlo a causa de la alegría y del asombro, les preguntó:
> "¿Tienen aquí algo de comer?"
> Le dieron un pedazo de pescado asado, así que lo tomó y se lo comió delante de ellos. (Lucas 24:36-43)

¿Es posible tocar una visión? ¿Las visiones comen pescado? A menos que los que registraron los relatos evangélicos estuvieran simplemente mintiendo, estos detalles hacen que la teoría de la alucinación masiva se desmorone por su propio peso. Sin embargo, la idea de la teoría de la alucinación es que se equivocaron, pero no mintieron. E incluso si uno pudiera, de alguna manera, estar convencido de que aquellos que registraron a Jesús comiendo pescado y siendo tocado por los discípulos estaban mintiendo, la teoría de la alucinación masiva todavía no funcionaría, porque esta teoría presupone que los escritores en realidad creían que Jesús apareció ante ellos. Además, ¿qué se puede hacer con la tumba vacía? Si cientos alucinaban simultáneamente la resurrección de Jesús, todavía hay una tumba vacía por explicar.

Se puede decir más en contra de la teoría de la alucinación masiva. Dejando de lado por un momento el contacto físico que algunos tuvieron con Jesús resucitado o la afirmación de que comió pescado delante de los discípulos, tal vez uno podría estar convencido de que una sola persona, bajo el estrés extremo de la muerte de su líder, de alguna manera podría tener una alucinación visual de Jesús. Sin embargo, ¿es incluso remotamente creíble que dos personas puedan tener la misma alucinación visual al mismo tiempo? ¿Hay ejemplos de este tipo de eventos en la historia? ¿Qué pasa con todos los apóstoles que tienen más o menos una alucinación idéntica al mismo tiempo? ¿Hay un precedente para un evento de este tipo? Lo más decisivo de todo, ¿hay alguna forma de concebir a más de quinientas personas teniendo visiones idénticas de Jesús después de su muerte? Seguramente estas personas compararon versiones después de ver a Jesús. ¿Más de quinientas personas con perfiles psicológicos muy diferentes han tenido simultáneamente la misma visión?

Como se mencionó anteriormente, se han propuesto otras teorías para explicar la resurrección, pero estas son tan descabelladas como para no ser consideradas, o son esencialmente versiones reutilizadas de las teorías ya mencionadas. Para aquel que desee investigar esto más a fondo, el autor recomienda el libro *Nueva evidencia que demanda un veredicto*.[13]

RESUMEN

Es cierto que el deber de hallar las pruebas de la resurrección recae en el creyente. Además, el nivel requerido de la prueba es alto, porque la resurrección de una persona que está muerta ciertamente no está dentro de la gama de eventos que normalmente se considerarían posibles. Sin embargo, hay una serie de hechos históricos fiables y objetivos en este caso. Estos incluirían la crucifixión de Jesús, el hecho de que la resurrección fue predicada por los testigos originales en Jerusalén casi inmediatamente después del acontecimiento, y el hecho de que su tumba estuviera vacía al tercer día. Dados los hechos que se conocen, uno se queda con una sola explicación legítima. Jesucristo fue resucitado de entre los muertos al tercer día.

Los hechos gritan esta conclusión, pero también lo hacen las vidas de los testigos originales. Un día Pedro se acobardó en un patio por miedo a un sirviente, negando que incluso conocía a Jesucristo. Unas semanas más tarde se pronunció en los términos más audaces posibles ante el consejo del gobierno judío: "¿Es justo delante de Dios obedecerlos a ustedes en vez de obedecerlo a él? ¡Júzguenlo ustedes mismos! Nosotros no podemos dejar de hablar de lo que hemos visto y oído" (Hechos 4:19-20). El único acontecimiento que puede explicar esta transformación radical es la resurrección de Jesús de entre los muertos. ¿Hay alguna otra manera concebible de explicar la vida de los apóstoles después de la muerte de Jesús si no se asume que estaban completamente convencidos de que había sido resucitado de entre los muertos? Y ellos debieron saberlo, porque fueron testigos oculares del hecho.

---

13. Josh McDowell, *Nueva evidencia que demanda un veredicto*. (Nashville: Thomas Nelson Publishers, 1999). Este libro representa una mejora significativa en las dos ediciones anteriores de *Evidencia que exige un veredicto, con la que algunos lectores pueden estar familiarizados. Es también de interés El factor de la resurrección,* por McDowell (Barcelona: CLIE, 1988). El autor reconoce ayuda en esta sección proveniente de estas fuentes.

El milagro definitivo

A pesar de las referencias enumeradas anteriormente, es extremadamente difícil encontrar a alguien dispuesto a presentar un argumento cuidadosamente razonado en contra la resurrección de Jesucristo. Parece que el mismo Dios que resucitó a su Hijo de entre los muertos hizo un muy buen trabajo al crear un caso para que lo creamos.

Sería difícil mejorar la declaración de Thomas Arnold, un ex profesor de historia en Oxford y famoso autor del conjunto de tres volúmenes, *Historia de Roma*:

> Me he acostumbrado por muchos años a estudiar las historias de otras épocas y a examinar y sopesar la evidencia de aquellos que han escrito acerca de ellas, y no conozco ningún hecho en la historia de la humanidad que se haya probado con la mejor y más plena evidencia de todo tipo, para la comprensión de un investigador justo, que la gran señal que Dios nos ha dado de que Cristo murió y resucitó de entre los muertos.

En resumen, la única conclusión razonable para este asunto es que Jesucristo resucitó de entre los muertos. ¿Qué harás en respuesta a este hecho?

Para hoy

1. ¿Por qué la resurrección de Jesucristo debería requerir pruebas de apoyo tan sólidas?

2. ¿Puedes pensar en, o has oído hablar de, otros argumentos razonables contra el hecho de la resurrección corporal de Jesús de entre los muertos? ¿Cómo responderías a esos argumentos?

3. Si has llegado a creer en la resurrección, ¿qué significa este acontecimiento para ti?

4. Si no has llegado a creer en la resurrección, ¿qué tipo de evidencia sería suficiente para que puedas aceptar la verdad de la afirmación bíblica?

⊙ Capítulo Cuatro ⊙
Debimos haber sabido que se acercaba

> *Tenía que cumplirse todo lo que está escrito acerca de mí en la ley de Moisés, en los profetas y en los salmos.*
>
> *— Jesucristo*

Durante su ministerio en Palestina, Jesús fue a menudo desafiado en cuanto a su autoridad. Los líderes religiosos exigieron que Jesús declarara sobre qué autoridad basaba sus enseñanzas. Por lo general, él dejaba que la evidencia de los milagros hablara por sí misma, pero en una ocasión les respondió a sus oyentes respecto a su autoridad: "Ustedes estudian con diligencia las Escrituras porque piensan que en ellas hallan la vida eterna. ¡Y son ellas las que dan testimonio en mi favor! Sin embargo, ustedes no quieren venir a mí para tener esa vida" (Juan 5:39-40).

En este pasaje, cuando Jesús habló de las Escrituras, obviamente se refería al Antiguo Testamento. Afirmó que cuando los judíos leían las Escrituras del Antiguo Testamento, estaban leyendo sobre él. Estaba diciendo, en efecto: "Al leer las Escrituras, debieron haber sabido que venía, y deberían haberme reconocido cuando vine". ¿Sobre qué base podría Jesús hacer tal afirmación?

Un pasaje relacionado se encuentra en Lucas 24:44, en el que Jesús hablaba a sus discípulos: "Cuando todavía estaba yo con ustedes, les decía que tenía que cumplirse todo lo que está escrito acerca de mí en la ley de Moisés, en los profetas y en los salmos". Esta es una afirmación increíble. Las tres divisiones de toda la Biblia hebrea fueron la Ley de Moisés, los libros de los profetas y Salmos. Por lo tanto, Jesús les estaba diciendo a sus seguidores que, cuando leían el Antiguo Testamento, estaban leyendo en detalle sobre él. Afirmó con valentía haber cumplido todas las profecías del Antiguo Testamento concernientes al Mesías.[1]

No es como si los judíos en la época de Jesús no fueran conscientes de que sus Escrituras predijeron la venida de un Mesías. La mayoría de los judíos entendían que Dios había predicho el envío de un salvador para su pueblo. Había muchas ideas diferentes sobre el Mesías: que sería un gobernante militar, algo así como David, o un "salvador sufriente" como lo implican pasajes como Isaías 53, o un salvador sacerdotal. Algunos

---

1. Además de las profecías mesiánicas históricas discutidas en este capítulo, se podrían mencionar cientos de prefiguras históricas, anticipos, tipos y antitipos relacionados con Jesucristo en el Antiguo y Nuevo Testamento. Estos se discuten en detalle en el libro, *De la sombra a la realidad* (Spring, Texas: Illumination Publishers, de próxima publicación).

tenían su propio concepto único del Mesías. En Lucas 24:44, Jesús afirmaba que cumplía cada una de las profecías mesiánicas.

Entonces, ¿cuáles son estas profecías? ¿Cómo sabemos que eran verdaderamente profecías acerca del Mesías? ¿Cómo sabemos que Jesús realmente las cumplió? Si cumplió o no estas profecías, ¿qué dice eso de Jesucristo? Estas preguntas son el tema de este capítulo.

Sería útil contextualizar históricamente las profecías del Antiguo Testamento. ¿Cuál es la historia de la profecía? Los "profetas" han sido conocidos en todas las épocas de la historia. En el contexto de las culturas antiguas, un profeta era aquel que proclamaba la voluntad de "los dioses" al pueblo. A menudo, esos profetas intentaban verificar sus enseñanzas haciendo algún tipo de predicción verificable del futuro. Si las predicciones del profeta se hacían realidad o no, eso era una indicación de su fiabilidad. Este aspecto predictivo de la profecía es la connotación más familiar para la mente occidental.

En su tiempo, los profetas de Israel fueron vistos principalmente como portavoces de Dios: oradores del presente, no adivinos. Su mensaje principal era "así dice el Señor". Sin embargo, también se encuentra un elemento de profecía predictiva en todos los profetas importantes de Israel.

Los profetas de Israel no eran exclusivos en este rol. Se podría usar el ejemplo de los profetas de Baal, como se menciona a menudo en el Antiguo Testamento. Tal vez los profetas más famosos del mundo antiguo fueron los oráculos de Delfos. Los oráculos eran mujeres que vivían en el templo griego dedicado a Apolo en la ciudad de Delfos. El templo fue construido en los alrededores de una cueva de la que emanaban humos sulfurosos. Era en esta cueva en la que los oráculos realizaban sus ritos. Aquellos que buscaran guía en un proyecto personal, cívico o militar viajaban a Delfos en busca de una profecía. Los eruditos señalan que las ceremonias de las sacerdotisas podrían haber incluido expresiones no inteligibles, no completamente diferentes del "habla en lenguas" moderno.

La profecía más famosa de las sacerdotisas de Delfos fue la que le hicieron a Creso, el rey de Lidia. Creso acudió al oráculo para pedir consejo sobre si debía atacar a los ejércitos de Persia. La sacerdotisa dio una respuesta típicamente enigmática: "Creso destruirá un gran imperio". Desafortunadamente para Creso, el imperio destruido en la guerra fue Lidia, no Persia. Alejandro Magno también consultó a las profetisas de Delfos antes de su cruce épico del estrecho de Dardanelos, lo que finalmente condujo a sus conquistas de casi todo el mundo conocido. En este caso, los oráculos parecían haber predicho correctamente el éxito para Alejandro.

Cuando se observa el consejo/profecía dado por los oráculos de Delfos, surge un patrón familiar. Estas profecías parecen haber sido vagas en lo que predijeron, o parecen haber implicado predicciones que no eran de ninguna manera sorpresas asombrosas. La declaración de la sacerdotisa a Creso podría haber sido tomada de cualquier manera. Predecir el éxito para Alejandro no fue exactamente una suposición muy arriesgada, ya que era el hijo del mayor líder militar de su época.

Otros profetas a lo largo de la historia han sido proclamados como adivinos. Se podría mencionar al francés Nostradamus, místico, astrólogo y practicante de magia negra. Nostradamus es, probablemente, el supuesto profeta más conocido del mundo moderno. Vivió desde 1503-1566 d. C. Como astrólogo del rey de Francia, una vez emitió una profecía que parecía predecir con precisión la muerte del rey en un concurso de justas. Esto cimentó la reputación de Nostradamus como pronosticador. Publicó una larga serie de cuartetos en rima que han sido interpretados como la predicción de una amplia gama de eventos, incluyendo la Revolución Francesa, el ascenso de Hitler, el asesinato de John F. Kennedy y el intento de asesinato del Papa Juan Pablo I en 1978. Sin embargo, una simple revisión de estos poemas hace que las interpretaciones que se han leído en ellos sean dudosas. Por ejemplo, consideremos el cuarteto que ha sido citado como la predicción de Nostradamus del asesinato de John F. Kennedy:

El gran rayo cae durante la hora diurna.
El mal fue previsto por un portador postulado:
El siguiente presagio cae durante la hora nocturna,
Conflictos Reims, Londres; Etruria apestada.
(Cuarteto XXVI, Centuria 1)

Después del hecho, los creyentes en Nostradamus han visto detalles en común con el asesinato de JFK. Una bala golpeó a JFK, Jean Dixon predijo el asesinato de JFK ("previsto por un portador postulado"), y también alguien asesinó al hermano de JFK la noche de su victoria principal en California. Sin embargo, no sería difícil para los historiadores encontrar docenas de acontecimientos históricos que encajarían en este poema algo vago.

Aquellos que quieren ver a Nostradamus como un profeta pueden encontrar suficiente evidencia escaneando sus cientos de cuartetos y tratando de encajarlos en acontecimientos actuales. Como ejemplo más reciente, casi inmediatamente después de la destrucción de las torres gemelas en Nueva York el 11 de septiembre de 2001, un correo electrónico rondó pretendiendo mostrar que Nostradamus había profetizado el evento. El supuesto cuarteto de Nostradamus es el siguiente:

En el año del nuevo siglo y nueve meses,
Del cielo vendrá un gran Rey de terror...
El cielo arderá a cuarenta y cinco grados.
Fuego se acerca a la gran nueva ciudad...

En la ciudad de York habrá un gran colapso,
2 hermanos gemelos destrozados por el caos
Mientras la fortaleza cae el gran líder sucumbirá
La tercera gran guerra comenzará cuando la gran ciudad esté ardiendo.

El problema con este engaño es que este "cuarteto" fue en realidad formado al sacar dos pasajes separados de Nostradamus fuera de contexto y uniéndolos. La primera línea se basa libremente en el texto:

El año 1999, siete meses
Desde el cielo vendrá el gran rey del terror.
Para resucitar al gran rey de Algolmois.
Antes y después de Marte reinará por fortuna.
(Cuarteto X, Centuria 72)

La sección que sigue se toma de un cuarteto que se aplica a un siglo completamente diferente, que dice:

Cinco y cuarenta grados cielos arderá,
Fuego acercándose a gran ciudad nueva,
Al instante gran llama esparcida saltará,
Cuando se quiera de Normandos hacer prueba.

El resto del "cuarteto" que rondó probablemente fue completado por el que creó el correo electrónico. El punto al mencionar este engaño no es tanto desacreditar la afirmación, sino mostrar que las "profecías" de Nostradamus son lo suficientemente vagas como para que, si se sacan de contexto, se puedan utilizar para "predecir" casi cualquier evento mundial. El astrólogo francés Nostradamus parece encajar en un patrón. Hizo una predicción exitosa muy famosa, pero que en realidad era bastante fácil de prever. El rey Enrique II de Francia asesinado en una justa como fue predicho por Nostradamus. Ten en cuenta, sin embargo, que Enrique II ya era conocido por las justas y que las justas eran un deporte extremadamente peligroso. Más allá de eso, Nostradamus hizo predicciones extremadamente vagas que podrían ser interpretadas de diversas maneras. Veremos que las declaraciones de los profetas del Antiguo Testamento concernientes al Mesías son radicalmente diferentes de este patrón.

El asesinato de JFK nos lleva a la persona que es probablemente la "profetiza" más conocida del siglo XX, al menos en América del Norte: Jean Dixon. En 1963, Dixon predijo con éxito que a John Kennedy le dispararían. Esta sola predicción construyó su reputación y su carrera como psíquica. ¿Hay alguna posibilidad de que Jean Dixon hiciera una conjetura afortunada? Dados los hechos de la crisis de los misiles cubanos, los intentos de asesinato contra Castro patrocinados por el régimen de Kennedy y el compromiso público bajo el liderazgo de Robert Kennedy para derribar a los líderes del crimen organizado estadounidense, esta predicción no fue exactamente una suposición arriesgada. Después de esta predicción dramática (es cierto, fue bastante dramática), Dixon nunca hizo otra gran predicción exitosa. Sin embargo, siguió siendo la profetiza más famosa de Estados Unidos durante una generación. El patrón se repite: una conjetura exitosa pero fácilmente predecible, seguida de una serie de predicciones muy vagas o que cualquiera podría adivinar de todos modos, como "Pronostico que habrá un gran escándalo en el gobierno nacional el próximo año". Como veremos, este modelo no tiene ninguna relación con las predicciones de los profetas del Antiguo Testamento.

Se podría pasar a los profetas actuales. Los "profetas" empleados por el National Enquirer y publicaciones similares hacen sus predicciones anualmente. Habrá escándalo en el gobierno nacional estadounidense y disturbios en el Oriente Medio. El mercado de valores subirá. Este material debe ser tomado tan en serio como el Farmers' Almanac (almanaque de los agricultores) y su "profecía" del clima para el próximo año.

Comparar las profecías modernas con las de la Biblia, especialmente con las profecías del Antiguo Testamento, es una cuestión completamente diferente. Considere el mandamiento dado a Israel en cuanto a los profetas:

> "Tal vez te preguntes: '¿Cómo podré reconocer un mensaje que no provenga del SEÑOR?' Si lo que el profeta proclame en nombre del Señor no se cumple ni se realiza, será señal de que su mensaje no proviene del SEÑOR. Ese profeta habrá hablado con presunción. No le temas". (Deuteronomio 18:21-22)

Los profetas del Antiguo Testamento hicieron predicciones, tanto de acontecimientos a corto plazo, como a un futuro lejano. Por lo general, sus profecías a corto plazo no llegaron al texto bíblico. Aquellos que constantemente fueron capaces de predecir correctamente los acontecimientos en su propio tiempo fueron aceptados como verdaderos profetas. ¿Hay algún "profeta" moderno que sea capaz de cumplir con este estándar? ¿Publica el National Enquirer las predicciones del año pasado al comienzo del nuevo año y evalúa su exactitud? ¿Despiden a alguien que haga una predicción falsa? ¿Qué creerías?

Pero esto nos lleva de nuevo al tema en cuestión. Jesús afirmó abiertamente al pueblo judío que el Antiguo Testamento fue escrito acerca de él. Afirmó abierta y audazmente que todas las profecías escritas sobre el Mesías estaban escritas sobre él, y que cumplió esas profecías en su propia vida. La veracidad de esta afirmación es bastante comprobable. Es verdad o no lo es. Al afirmar ser el cumplimiento de los pasajes del Antiguo Testamento sobre el Mesías, Jesús planteó un desafío. Si su afirmación era verdadera, sin duda también es verdad que:

1. Jesús es el Mesías.
2. Dios inspiró el Antiguo Testamento.

La pregunta es, ¿las afirmaciones de Jesús de haber cumplido todas las profecías del Mesías se mantendrán frente a un escrutinio objetivo?

NUESTRO ENFOQUE

Para abordar esta pregunta, consideraremos los tipos de preguntas que un investigador escéptico podría hacer, que incluirían lo siguiente:

1. ¿Hay profecías específicas sobre el Mesías venidero en la Biblia, o simplemente estamos leyendo lo que le sucedió a Jesús en pasajes vagos del Antiguo Testamento que en realidad no son profecías en absoluto?

2. Si en realidad hay algunas profecías del Antiguo Testamento de buena fe de un Mesías venidero, ¿cuándo fueron escritas?

3. ¿Realmente cumplió Jesús estas profecías? ¿Cómo lo sabemos? ¿Hay una confirmación independiente aparte del texto bíblico?

4. ¿Hay alguna posibilidad de que Jesús estuviera al tanto de las profecías mesiánicas y simplemente se aseguró de que las cumpliera para dar crédito a sus afirmaciones?

La primera pregunta es muy importante. Usando como ejemplo las "profecías" vagas como las que se encuentran en los escritos de Nostradamus, es legítimo para un escéptico hacer esta pregunta respecto a las profecías bíblicas. ¿Cómo sabemos que un profeta del Antiguo Testamento está haciendo realmente una declaración sobre el futuro? ¿Cómo sabemos que no estamos simplemente repasando las Escrituras en busca de algún pasaje que podamos moldear e interpretar convenientemente para que se adapte a nuestra intención preconcebida, que es afirmar que Jesús cumplió todas las profecías del Mesías?

Puede ser bastante fácil convencer a los que ya creen, pero si el argumento no es lo suficientemente fuerte como para convencer a un escéptico cabeza dura, pero de mente justa, en realidad no es un buen argumento. Examinaremos detenidamente el contexto de unos pasajes del Antiguo Testamento, preguntándonos si claramente son o no profecías mesiánicas. El método que utilizaremos es preguntarnos si un judío que vivió antes de la época de Jesús probablemente habría interpretado la escritura en cuestión como una profecía del Mesías. Hay algunos pasajes en el Antiguo Testamento que la mayoría de los cristianos interpretarían como profecía mesiánica, pero que no aprobarían este método. Intentaremos restringir sistemáticamente nuestro estudio a pasajes que incluso los escépticos a lo mejor reconocerían que serían naturalmente interpretados por la audiencia judía como mesiánicos.

Otro aspecto de esta primera pregunta que un escéptico podría plantear es el cuestionamiento de si podría ser posible que la iglesia primitiva haya cambiado ciertos pasajes del Antiguo Testamento sutilmente para favorecer la afirmación de que esos versículos eran profecías del Mesías. La respuesta a esta pregunta es bastante simple. Los judíos han tenido la posesión definitiva de los manuscritos hebreos originales del Antiguo Testamento. El Antiguo Testamento es la Biblia Hebrea. La meticulosidad casi increíble de los escribas judíos a lo largo de los siglos al mantener la integridad del texto hebreo del Antiguo Testamento es legendaria, como se mostrará en detalle en el capítulo seis. No hay absolutamente ninguna manera de que los eruditos judíos hubieran permitido que el texto de la Biblia hebrea se cambiara para adaptarse a algún tipo de agenda cristiana. Tanto los judíos como los gentiles leyeron las mismas profecías, incluso hasta el día de hoy.

La siguiente pregunta también es crucial para el argumento. ¿Cuándo se escribieron estas supuestas profecías bíblicas? Si Jean Dixon hubiera predicho en 1945 que John Kennedy eventualmente se convertiría en presidente y sería asesinado en 1963, ¡habría sido realmente una profecía espectacular! Si Nostradamus hubiera declarado en el siglo XVI que un país en el continente recién descubierto de América del Norte eventualmente se independizaría, que se convertiría en un estado democrático, que elige a su líder nacional, y que uno de sus líderes, llamado Kennedy, sería asesinado en algún momento cerca de mediados del siglo XX, ¡eso sí sería una profecía para erizarte los pelos!

Como se ilustró anteriormente, es claro que la fecha de autoría de estas profecías es importante. Asumiendo que la fecha de escritura pueda establecerse claramente, una declaración específica sobre una persona hecha cientos de años antes de su nacimiento sería una fuerte evidencia de que algo inusual está pasando, incluso para el escéptico más obstinado.

Abordemos inmediatamente la cuestión de la fecha de autoría. ¿Cuándo se escribió el Antiguo Testamento? ¿Cuándo se escribieron los libros específicos que se utilizarán en esta sección, como Isaías, Salmos y Miqueas? En general, esa es una pregunta difícil, ya que claramente no tenemos los manuscritos originales. Los detalles de esta pregunta se tratarán cuidadosamente en el capítulo seis de este libro. Sin embargo, para responder a la segunda pregunta planteada anteriormente, solo es necesario probar que, cualesquiera que sean las fechas reales de la autoría, los pasajes mesiánicos tenían al menos unos cientos de años de antigüedad en el momento en que Jesús hizo la afirmación de haber cumplido todas las profecías del Mesías. Resulta ser una tarea simple.

La tarea se hizo fácil, en parte, por el descubrimiento de lo que comúnmente se conoce como los Manuscritos del Mar Muerto, en la década de los 1940. Estos pergaminos fueron descubiertos originalmente por unos muchachos pastores en unas cuevas en el desierto, al oeste del Mar Muerto. Finalmente, cientos de manuscritos fueron descubiertos en grandes vasijas de arcilla esparcidas en una serie de cuevas. Muchos de los pergaminos eran de escritores judíos de la secta de los esenios, pero un número significativo eran manuscritos del Antiguo Testamento. Estos pergaminos han sido fechados entre el 250 a. C. y el 50 d. C. Se descubrió que un pergamino, conocido como Isaías A, contiene todo el libro de Isaías, excepto por unas pocas palabras. Ha sido fechado del 100 a. C. Un fragmento de Éxodo ha sido fechado a principios del siglo II a. C. Basado en la evidencia de los Manuscritos del Mar Muerto, uno puede afirmar de manera concluyente que todo o casi todo el Antiguo Testamento fue escrito mucho antes del 100 a. C.

Está bien, pero se puede ir más allá. Sucede que todo el Antiguo Testamento fue traducido al griego, en una traducción conocida como la versión Septuaginta, en algún momento a finales del tercer y principios del segundo siglo a. C. Este fue el Antiguo Testamento griego usado en la época de Cristo. Usando este hecho, uno puede estar seguro de que el Antiguo Testamento estaba más o menos completo en su forma actual para el 200 a. C. Dar tiempo suficiente para que los libros del Antiguo Testamento fueran distribuidos y evaluados por los rabinos judíos de manera tan cuidadosa como para que fueran aceptados por el consenso como libros inspirados, atrasaría la fecha de la autoría aún más.

En resumen, dada la evidencia de los Manuscritos del Mar Muerto y la traducción Septuaginta de la Biblia hebrea, se puede afirmar con certeza que el Antiguo Testamento ha existido más o menos en su forma actual al menos desde el 300 a. C. Atrasar la fecha de autoría al tiempo real de la escritura de cada uno de los libros del Antiguo Testamento es una tarea más difícil, de la cual una parte quedará para el capítulo seis. Sin embargo, para el propósito de este capítulo, el caso es suficiente. Si Isaías fue escrito en el 750 a. C. o en el 400 a. C., eso no cambia el argumento que se presentará aquí. Todo el Antiguo Testamento fue escrito cientos de años antes del ministerio de Jesucristo.

La tercera pregunta también es esencial para el argumento. ¿Cómo se puede estar seguro de que las profecías realmente fueron cumplidas en la vida de Jesucristo? ¿Es posible que los escritores del Nuevo Testamento simplemente leyeran el Antiguo Testamento, descubrieran el aparente presagio de un Mesías y escribieran los Evangelios para que pareciera como si Jesús hubiera cumplido las profecías? Para el creyente de la Biblia, esa es una pregunta fácil. Los actos de Jesús están registrados en el Nuevo Testamento. Basta con leer en el Nuevo Testamento sobre lo que hizo y los acontecimientos que ocurrieron a su alrededor para comprobar si Jesús cumplió las profecías del Mesías que se encuentran en el Antiguo Testamento. Pero, de nuevo, el creyente de la Biblia probablemente ya cree que Jesús es el Mesías de todos modos, pero ¿cómo se puede convencer al escéptico?

El escéptico (muy razonablemente) pregunta: "¿Cómo puedo estar seguro de que Jesús realmente cumplió las supuestas profecías en la Biblia hebrea?" La respuesta simple es que muchos de los cumplimientos proféticos son una cuestión de registro histórico. Algunos, pero no todos, de los acontecimientos concernientes al Mesías, tal como se profetizan en la Escritura del Antiguo Testamento, se cumplieron en la vida de Jesucristo, tal como se registra en numerosas historias, tanto de cristianos como de no cristianos. En general, las profecías específicas elegidas para su consideración en este capítulo se ajustarán a este modelo. A medida que pasemos por las diversas profecías mesiánicas, se tendrá cuidado de señalar si los acontecimientos relevantes están registrados en fuentes históricas externas, o si uno debe contar con relatos bíblicos para confirmar que Jesús de hecho cumplió "todo lo que está escrito acerca de [él] en la ley de Moisés, en los profetas y en los salmos" (Lucas 24:44).

Jesús cumplió muchas de las profecías sobre el Mesías, como confirman los antiguos registros históricos. Otros solo se confirman como se registra en el Nuevo Testamento. En estos últimos casos, los lectores deben decidir por sí mismos. Con el tiempo, la evidencia de la fiabilidad histórica de los escritores del Nuevo Testamento se vuelve contundente (véase el capítulo siete). En algún momento, solo aquellos que simplemente no están dispuestos a aceptar los hechos obvios seguirían albergando dudas significativas sobre la fiabilidad histórica de los relatos evangélicos. Con el peso acumulado de la evidencia tal como se presenta en este libro, el caso de aceptar como un hecho que Jesús cumplió las profecías mesiánicas debe hablar por sí mismo. Una vez más, se deja que el lector decida.

La última pregunta mencionada anteriormente que un escéptico podría hacer es interesante. Ciertamente es una pregunta lógica, y es una de las que los críticos de la Biblia a través de los siglos han planteado a menudo. Si uno está dispuesto a admitir que los escritos del Antiguo Testamento anteceden por muchos años la vida de Jesús, y que, efectivamente, Jesús hizo muchas de las cosas que el Mesías debía hacer, ¿no es posible que Jesús fingiera más o menos todo el asunto? Asumiendo que Jesús quería afirmar ser el Mesías, y que era un estudiante cuidadoso de la Biblia hebrea, ¿podría haber mantenido una lista mental de profecías requeridas para afirmar ser el Mesías y comprobarlas una por una a medida que avanzaba? Imagínate a Jesús diciéndose a sí mismo: "Está bien, se supone que el Mesías debe entrar en Jerusalén montado en un burro. Será mejor que me ocupe de eso en este viaje". O imagínate a Jesús diciendo a Pedro: "Pedro, ¿podrías salir a buscar un burro para mí? ¿Por qué, me preguntas? Por favor, solo haz lo que te pido, ¿está bien?" Para un investigador que no conoce bien el carácter de Jesús o la naturaleza de la profecía del Antiguo Testamento, esto podría parecer una alternativa perfectamente lógica. Sin embargo, este punto de vista se volverá rápidamente insostenible a medida que se consideren profecías específicas. Veremos que este desafío a las afirmaciones mesiánicas de Jesús es absolutamente ilógico frente a estas profecías. Para algunas de las profecías mesiánicas, simplemente no hay manera de que Jesús pudiera haber manipulado los acontecimientos para sustentar la afirmación de ser el Mesías.

En resumen, si se puede demostrar con cuidado que la mayor parte o la totalidad del Antiguo Testamento fue escrito antes del 300 a. C., que los registros históricos externos confirman la afirmación de Jesús de haber cumplido las profecías encontradas en el Antiguo Testamento, y que no hay forma de que Jesús pudiera haber manipulado la situación para hacerse parecer el Mesías, el lector se quedará con una sola conclusión razonable: Jesús es el Mesías y la Biblia está inspirada por Dios. Procederemos ahora a observar punto por punto algunas profecías mesiánicas específicas.

EL DIARIO DEL DESTINO

Hace algunos años hubo un programa de drama muy optimista titulado El diario del destino. Esta serie tiene una línea argumental interesante. Al personaje principal, Gary Hobson, cada mañana se le entrega en su puerta la edición del día siguiente del periódico de su ciudad, antes de que los eventos descritos en el diario sucedan. Él tiene la opción de usar la información para apostar en las carreras de caballos o eventos deportivos y hacerse inmensamente rico, o de ayudar a la gente a evitar las tragedias en sus vidas reportadas en el periódico. Por supuesto, el compañero de Hobson lo está instando a comprometerse "un poco" e ir por los dólares, pero el humilde y noble personaje principal se adhiere a sus principios y utiliza su diario milagroso para ayudar a la gente.

En la Biblia, tenemos un "Diario del destino" aún más dramático. No estamos hablando de predecir lo que sucederá mañana. Tampoco estamos hablando de que Jean Dixon prediga el resultado de las elecciones del próximo año. ¡Estamos hablando del equivalente de una edición de un periódico del año 2525 o más allá! Y esto no es una predicción vaga, semejante a "el mercado de valores subirá el próximo año". Es como encontrarse un periódico de una fecha setecientos años en el futuro, lleno de detalles minuciosos. Estamos hablando de cosas muy específicas y muy lejos en el futuro. Sería como si alguien predijera hoy que en el año 2735 el país de Guatemala se convertirá en la potencia mundial dominante, y que se hiciera realidad. No hay absolutamente nada con lo que se pueda comparar esto dentro de la experiencia humana, ni siquiera en la más descabellada de las fantasías humanas.

ISAÍAS 53:1-12

Como primer ejemplo de una profecía específica que veía un futuro lejano, considera Isaías 53:1-12.

> ¿Quién ha creído a nuestro mensaje
>   y a quién se le ha revelado el poder del SEÑOR?
> Creció en su presencia como vástago tierno,
>   como raíz de tierra seca.
> No había en él belleza ni majestad alguna;
>   su aspecto no era atractivo
>   y nada en su apariencia lo hacía deseable.
> Despreciado y rechazado por los hombres,
>   varón de dolores, hecho para el sufrimiento.
> Todos evitaban mirarlo;
>   fue despreciado, y no lo estimamos.
> Ciertamente él cargó con nuestras enfermedades
>   y soportó nuestros dolores,
> pero nosotros lo consideramos herido,
>   golpeado por Dios, y humillado.
> Él fue traspasado por nuestras rebeliones,
>   y molido por nuestras iniquidades;
> sobre él recayó el castigo, precio de nuestra paz,
>   y gracias a sus heridas fuimos sanados.
> Todos andábamos perdidos, como ovejas;
>   cada uno seguía su propio camino,
> pero el SEÑOR hizo recaer sobre él
>   la iniquidad de todos nosotros.
> Maltratado y humillado,
>   ni siquiera abrió su boca;
>   como cordero, fue llevado al matadero;
> como oveja, enmudeció ante su trasquilador;
>   y ni siquiera abrió su boca.
> Después de aprehenderlo y juzgarlo, le dieron muerte;
>   nadie se preocupó de su descendencia.
> Fue arrancado de la tierra de los vivientes,
>   y golpeado por la transgresión de mi pueblo.
> Se le asignó un sepulcro con los malvados,

y murió entre los malhechores,
aunque nunca cometió violencia alguna,
ni hubo engaño en su boca.
Pero el SEÑOR quiso quebrantarlo y hacerlo sufrir,
y como él ofreció su vida en expiación,
verá su descendencia y prolongará sus días,
y llevará a cabo la voluntad del SEÑOR.
Después de su sufrimiento,
verá la luz y quedará satisfecho;
por su conocimiento
mi siervo justo justificará a muchos,
y cargará con las iniquidades de ellos.
Por lo tanto, le daré un puesto entre los grandes,
y repartirá el botín con los fuertes,
porque derramó su vida hasta la muerte,
y fue contado entre los transgresores.
Cargó con el pecado de muchos,
e intercedió por los pecadores.

Puesto que esta es de las profecías mesiánicas más conocidas, consideremos primero cómo uno puede estar seguro de que es una profecía sobre el Mesías. Sucede que muchos de los propios judíos, incluso antes de la época de Jesús, consideraban que este pasaje era una profecía sobre el Mesías. A veces se le conoce como la descripción del Mesías sufriente. No todos los judíos estuvieron de acuerdo en que se trataba de una profecía mesiánica, pero eso fue principalmente porque veían que era incompatible con su propia visión equivocada del Mesías. Algunos vieron al Mesías como un general conquistador que sería enviado por Dios para establecer su reino físico, trayendo de vuelta los días de gloria del rey David. No podían concebir un Mesías humilde y sufriente. De hecho, algunos grupos, los esenios entre ellos,[2] en realidad creían en dos "Mesías", uno siendo el general conquistador, y el otro el Salvador que sufre.

Debido a que muchos judíos consideraron Isaías 53 como una profecía del Mesías incluso antes del ministerio de Jesús, es difícil sustentar la

---

2. Los esenios fueron una secta conservadora y ascética del judaísmo que floreció principalmente en Judea desde el siglo I a. C. hasta el siglo I d. C. Se apartaron de la sociedad general de sus conciudadanos judíos para vivir en comunas bajo condiciones muy duras. Fueron los esenios quienes preservaron muchos de sus propios escritos, así como un buen número de manuscritos del Antiguo Testamento, que finalmente fueron descubiertos en las cuevas donde fueron almacenados. Estos son los Manuscritos del Mar Muerto. Algunos de los escritos extrabíblicos de los esenios parecen indicar una creencia en dos figuras mesiánicas diferentes, una de las cuales podría ser descrita como un salvador sufriente, como se encuentra en Isaías 53, y la otra como un Mesías rey. Algunos incluso ven un tercer Mesías sacerdotal, en los escritos de los esenios. Para más estudios sobre este tema, véase William Sanford LaSor, *The Dead Sea Scrolls and the New Testament* (*Los manuscritos del Mar Muerto y el Nuevo Testamento*) (Grand Rapids, Michigan: William Eerdmans, 1972).

afirmación de que los cristianos simplemente vieron los detalles de su vida en las Escrituras, para poder afirmar que Jesús era el Mesías.

Además, aún si no tuviéramos un registro de maestros judíos refiriéndose a esta escritura como mesiánica, esta todavía lleva las marcas de una profecía del Mesías por sí sola. Considere frases tales como "mi siervo justo" (v. 11), "el Señor hizo recaer sobre él la iniquidad de todos nosotros" (v. 6), y "gracias a sus heridas fuimos sanados" (v. 5).

La frase posiblemente más reveladora es "Creció en su presencia como vástago tierno, como raíz de tierra seca". Se puede entender esta frase a la luz de Isaías 11:10:

> En aquel día se alzará la raíz de Isaí
> como estandarte de los pueblos;
> hacia él correrán las naciones,
> y glorioso será el lugar donde repose.

En Isaías 11, "la raíz de Isaí" es una referencia al rey David, hijo de Isaí. Este pasaje trata claramente sobre el Mesías, ya que implica que una futura "raíz de Isaí" (es decir, el Mesías) se levantará de nuevo para izar la bandera de Israel, devolviendo la gloria a Jerusalén, el "lugar donde repose" el rey David. La raíz en Isaías 11 es la raíz en Isaías 53.

Al hablar de "la raíz", se podría mencionar el Salmo 80:14-15: "¡Brinda tus cuidados a esta vid! ¡Es la raíz que plantaste con tu diestra!". Una vez más, uno ve al Mesías al que se hace referencia en el Antiguo Testamento como "la raíz". Es interesante que algunos judíos hayan visto dos Mesías diferentes en Isaías 53 (el Mesías que sufre) y en Isaías 11:10 (el general salvador), ya que a ambos se les conoce como "la raíz". Por supuesto, cuando estas diversas profecías se cumplieron en Jesús, el significado de estas escrituras del Antiguo Testamento se hizo evidente.

Volvamos a Isaías 53. Este pasaje es ciertamente sobre el Mesías. No lo estamos sacando de su contexto. ¿Cuándo se escribió este pasaje? Isaías fue un profeta de Israel durante los reinados de estos reyes de Judá: Uzías, Jotam, Acaz y Ezequías. Una fecha aproximada de escritura para Isaías 53 es el 730 a. C. Recuerda que, si uno no está dispuesto a aceptar la fecha conservadora del libro, incluso la mayoría de los eruditos liberales deben aceptar que fue escrito al menos trescientos años antes de la vida de Cristo. Cuando Isaías escribió el pasaje, no era una profecía sobre el futuro cercano, por decir lo menos. Para ponerlo en contexto, hace 750 años, las cruzadas estaban en pleno apogeo. El viaje de Colón todavía era casi doscientos cincuenta años en el futuro.

Considere ahora algunas de las predicciones específicas sobre la vida y la muerte del Mesías como se describe en Isaías 53. Según esta profecía, el Mesías iba a:

1. Ser despreciado y rechazado por los hombres (v. 3)
2. Ser traspasado por el pecado de la humanidad (v. 5)
3. Guardar silencio ante sus acusadores (v. 7)

4. Ser arrancado: no tener descendientes (v. 8)
5. Ser enterrado con los malvados (v. 9) y con los ricos (v. 9 NBLA)
6. Ver su descendencia (a pesar de v. 8) y prolongar sus días (v. 10)

Para cumplir todas las profecías sobre el Mesías, Jesús tuvo que ser despreciado y rechazado por los hombres. Bueno, eso ciertamente fue cierto. El hecho de que Jesús fue despreciado y rechazado es una cuestión de conocimiento común, tanto en las Escrituras como en el registro histórico. Tal vez el ejemplo más revelador de esto se encuentra en Lucas 23:18-24, en el que la turba judía gritó: "¡Crucifícalo! ¡Crucifícalo!". La multitud prefirió que Pilato liberara a un criminal violento en lugar de dejar libre a Jesús. Jesús ciertamente cumplió esta predicción sobre el Mesías.

Además, el Mesías tenía que ser traspasado. Esta es una clara (y futura) referencia al conmovedor acontecimiento registrado en Juan 19:34, cuando el soldado atravesó el costado de Jesús con la lanza. ¿Fue Jesús el único judío en ser despreciado y rechazado, así como "traspasado"? Probablemente no lo era, pero según Isaías 53, el Mesías también debía guardar silencio mientras era oprimido y afligido, similar a la forma en que un cordero es dócil ante sus trasquiladores. Se puede suponer que sería casi imposible encontrar a un solo judío que haya sido despreciado, rechazado, traspasado y, sin embargo, haya guardado silencio ante sus perseguidores. Es bien sabido, por supuesto, que Jesús se negó a defenderse cuando fue juzgado ante el Sanedrín. Aquellos que no estaban familiarizados con este episodio pueden encontrar un relato en Marcos 14:55-65, que describe cómo el sumo sacerdote exigió que Jesús respondiera a los cargos falsos que se le presentaron. "Pero Jesús se quedó callado y no contestó nada".

Además de esto, el Mesías no podía tener descendientes humanos. Por supuesto, Jesús nunca se casó ni tuvo hijos, como la historia puede confirmar (dejando a un lado las afirmaciones muy dudosas de Dan Brown en El Código de Da Vinci). Además, el Mesías tenía que ser enterrado con los ricos. Esto ciertamente aplicaría a Jesús, que fue enterrado en la tumba tallada de José de Arimatea, un judío rico (Juan 19:38). Al mismo tiempo, Jesús fue asesinado junto con dos hombres malvados, cumpliendo sorprendentemente ambos aspectos de la frase "Se dispuso con los impíos Su sepultura, pero con el rico fue en Su muerte" (v. 9 NBLA). En el mundo antiguo, esta aparente paradoja habría sido particularmente llamativa.

Por último, según Isaías, el Mesías "verá su descendencia y prolongará sus días". A primera vista, podría parecer que Isaías se estaba contradiciendo a sí mismo, porque ya había dicho que el Mesías sería arrancado, sin descendientes. Sin embargo, si uno considera la resurrección de Jesús de entre los muertos, el significado es claro. Los descendientes a los que se refiere Isaías son los hermanos y hermanas espirituales que se unirían a Jesús en el reino de Dios (Marcos 3:34-35).

¿Es esto suerte? ¿Es posible que sea coincidencia? Isaías predijo que el Mesías sería despreciado y rechazado, traspasado, que guardaría silencio ante sus acusadores, que no tendría descendientes humanos, y que sería enterrado con los ricos. Además, Isaías predijo todo esto casi ochocientos años antes de los acontecimientos. Es dudoso que cualquier judío en toda la historia (que no sea Jesucristo) haya cumplido todas estas condiciones.

El escéptico debe tener su oportunidad de refutar. ¿Cómo sabemos que Jesús realmente hizo todas estas cosas? El hecho de que Jesús fuera despreciado y rechazado, así como el hecho de que fuera enterrado con los ricos y asesinado antes de tener hijos es una cuestión de registros históricos. En este caso no se deja que la Biblia se pruebe por sí sola. Además, ¿hay alguna razón para cuestionar la exactitud del relato de Juan de la perforación del costado de Jesús? ¿Por qué Juan habría incluido un detalle tan específico en su relato si no fuera cierto? Los enemigos de la iglesia que fueron testigos oculares de la crucifixión fácilmente habrían demostrado que tal detalle era incorrecto.

El escéptico no termina de hacer preguntas. Tal vez Jesús leyó Isaías 53, y, queriendo fingir ser el Mesías, se aseguró de cumplir todas las profecías que allí se encuentran. ¿Podría Jesús haber planeado ser despreciado y rechazado? Jesús una vez llamó a los fariseos y maestros de la Ley "hipócritas", "sepulcros blanqueados", e incluso una "camada de víboras". Para el observador informal, sin duda, se podría afirmar que Jesús hizo todo lo posible para ser despreciado y rechazado. Además, conociendo la profecía, ¿podría Jesús haber elegido guardar silencio cuando se le acusaba para poder hacer una afirmación falsa de ser el Mesías? Dado que su vida estaba en juego, la acusación es concebible, pero extremadamente difícil de creer.

Cuando uno considera la profecía acerca de que el Mesías sería traspasado, la acusación de que Jesús pudo haber arreglado todo para cumplir las profecías se vuelve absurda. ¿Es posible imaginarse a Jesús asegurándose de morir rápidamente en la cruz para poder ser apuñalado, en lugar de que sus piernas fueran fracturadas en el momento en que los judíos pidieron que las víctimas fueran asesinadas rápidamente? ¿Propondría alguien que, mientras estaba en la cruz, Jesús podría haberle dicho a uno de los soldados: "Por favor, asegúrese de apuñalarme después de morir pues quiero cumplir las profecías"?

Hemos visto que Isaías 53 es una profecía mesiánica de buena fe, que fue escrita cientos de años antes de que ocurrieran los acontecimientos, que algunos de los cumplimientos son cuestión de registro histórico y que Jesús no podría haber arreglado el hacer todas estas cosas. Isaías 53 por sí solo podría comprobar el caso; sin embargo, aún hay mucho más.

PSALM 22:15-18

El mayor número de profecías del Mesías está registrado en los Salmos. Podría decirse que el mejor ejemplo se encuentra en el Salmo 22.

> Se ha secado mi vigor como una teja;
> la lengua se me pega al paladar.

> ¡Me has hundido en el polvo de la muerte!
> Como perros de presa, me han rodeado;
> me ha cercado una banda de malvados;
> me han traspasado las manos y los pies.
> Puedo contar todos mis huesos;
> con satisfacción perversa
> la gente se detiene a mirarme.
> Se reparten entre ellos mis vestidos
> y sobre mi ropa echan suertes. (Salmo 22:15-18)

Según el manuscrito hebreo, David escribió el vigésimo segundo salmo. Este sería el rey David, quien gobernó el reino unido de Israel desde el 1010-970 a. C, aproximadamente. Es imposible probar que David sea el verdadero autor, pero no hay ninguna razón en particular para dudar de la afirmación bíblica. Si se asume que él fue el escritor del salmo, entonces este fue escrito más de mil años antes de la época de Jesucristo. En cualquier caso, ciertamente fue escrito cientos de años antes de que Jesús fuera asesinado. Nuevamente, ¡no estamos hablando de una predicción del año que viene! Además, como veremos, esta profecía involucra los más minuciosos detalles de los acontecimientos que ocurrieron alrededor de la muerte de Jesucristo. Sería algo así como que uno de nosotros predijera con éxito lo que una persona en particular comerá algún día del año 3060. A diferencia de los cuartetos de Nostradamus, este no es un poema velado, vago y oscuro que pueda ser aplicado a cualquier acontecimiento histórico mediante la imaginación.

¿Cómo se puede estar seguro de que se trata de una profecía del Mesías? A diferencia de la mayoría de las escrituras que vamos a ver, este pasaje no contiene ninguna referencia clara al Mesías que hubiera sido inconfundible para los judíos antes del hecho. Son los detalles de los acontecimientos mismos los que demuestran que esto es una declaración profética sobre el Salvador.

Pasemos, entonces, directamente a los detalles. Primero, en el Salmo 22:15, David describe que su fuerza se seca, y que su boca está extremadamente seca. Si esta fuera toda la historia, uno podría afirmar que David estaba escribiendo sobre sí mismo. Ciertamente David se sintió así en un momento u otro al huir de las persecuciones del rey Saúl. Sin embargo, sucede que la descripción también podría aplicarse a Jesús mientras estaba en la cruz.

> Después de esto, como Jesús sabía que ya todo había terminado, y para que se cumpliera la Escritura, dijo:
> "Tengo sed".
> Había allí una vasija llena de vinagre; así que empaparon una esponja en el vinagre, la pusieron en una caña y se la acercaron a la boca. (Juan 19:28-29)

Los paralelos entre el Salmo 22:15 y los acontecimientos de la muerte de Jesús son interesantes, pero si esa fuera toda la historia no se probaría nada. Sin embargo, considera el Salmo 22:16. Aquí, David describe estar rodeado de hombres malvados y tener sus manos y pies perforados. ¿Alguna vez le pasó algo así a David? Eso sería difícil de creer. Imagínate cómo debió haberse sentido David cuando escribió estas palabras. ¡Debe haberse preguntado de qué rayos estaba hablando! A la luz de la historia, no hay absolutamente ninguna duda de a qué se refería Dios a través de David. ¿Hay alguna duda de que la profecía se refiere a la crucifixión?

Es muy interesante notar que cuando el rey David vivió, aún no se había inventado la crucifixión. El primer registro histórico de un estilo de ejecución similar a la crucifixión se encuentra en los escritos de los persas alrededor del año 400 a. C. Fue más de seiscientos años después de que David viviera. Incluso, en ese entonces, la ejecución no implicaba clavar a la persona en una cruz, sino en una estaca. Fueron solo los romanos los que crearon el moderno (según ellos) método de crucifixión clavando las manos y los pies a la cruz.

¿Cómo supo el escritor del Salmo 22 sobre la crucifixión cientos de años antes de que existiera? El escéptico debe responder esta pregunta. ¿Y cómo sabía uno de los escritores del Antiguo Testamento que el Mesías sería crucificado? ¿Deja este pasaje alguna duda sobre si Jesús era quien decía ser? Tal vez el escéptico se resista a la idea de que este salmo se refiere al Mesías, pero para cuando terminemos, esta postura se volverá absolutamente insostenible. ¡Esta es una escritura arrasadora! El escéptico simplemente no puede negar racionalmente que se refiere a la crucifixión. "Han traspasado las manos y los pies". El escéptico recurre reflexivamente a la idea de que el salmo fue escrito después del evento, pero inmediatamente se le recuerda que no hay duda de que fue escrito al menos trescientos años antes de Cristo, y probablemente cientos de años más.

Para enfatizar este punto, continuemos hasta el Salmo 22:17. Aquí el escritor declara enigmáticamente:

> Puedo contar todos mis huesos;
>   con satisfacción perversa
>   la gente se detiene a mirarme.

Nuevamente, no hay ningún evento en particular en la vida del rey David que parezca aplicar a esta descripción. Sin embargo, un vistazo a los relatos evangélicos deja clara la interpretación. Aquellos que estaban alrededor de la cruz durante la crucifixión contemplaban y se burlaban frente a Jesús. "Tú, que destruyes el templo y en tres días lo reconstruyes, ¡sálvate a ti mismo! ¡Si eres el Hijo de Dios, baja de la cruz!" (Mateo 27:40). Sin embargo, ¿qué hay de la referencia de contar todos sus huesos? Una vez más, una búsqueda en los relatos evangélicos responde esta pregunta.

Como se mencionó anteriormente, los escritores de los Evangelios de forma unánime describen a Jesús muriendo relativamente rápido en la crucifixión (por una buena razón). Jesús fue crucificado alrededor de la hora tercera y murió alrededor de la hora novena del día. Poco después, los líderes judíos pidieron que las ejecuciones terminaran por respeto a la fiesta judía de la Pascua. Los soldados rompieron las piernas de los dos ladrones que fueron crucificados junto con Jesús. Hicieron esto sabiendo que una persona crucificada que ya no podía usar sus pies perforados moriría de asfixia en cuestión de minutos. Cuando llegaron a Jesús, ya estaba muerto, así que no le rompieron las piernas. Esto debe ser a lo que el profeta se refería cuando declaró: "Puedo contar todos mis huesos". Una vez más, el profeta del Antiguo Testamento hizo una predicción correcta, exacta y muy específica, cientos de años antes del evento. ¿Podría ser suerte o coincidencia?

Si crees que es impresionante que David registrara correctamente el modo específico de la muerte del Mesías, ¡prepárate para impresionarte aún más! Considera el versículo 18: "Se reparten entre ellos mis vestidos y sobre mi ropa echan suertes". Según el profeta, las vestiduras del Mesías serán repartidas. No, en realidad, apostarán por ellas ¿Cuál de las dos acciones? ¿Dijeron "una para mí, una para ti, otra para ti", o apostaron y el ganador se llevó todo? Casi parece que el escritor se está contradiciendo. Un vistazo a Juan 19:23-24 resolverá el dilema.

> Cuando los soldados crucificaron a Jesús, tomaron su manto y lo partieron en cuatro partes, una para cada uno de ellos. Tomaron también la túnica, la cual no tenía costura, sino que era de una sola pieza, tejida de arriba abajo.
> "No la dividamos —se dijeron unos a otros—. Echemos suertes para ver a quién le toca".
> Y así lo hicieron los soldados.

Sí, los soldados dividieron sus ropas, y sí, ellos apostaron (echaron suertes) por la más valiosa de sus prendas, porque dividirla habría sido reducir su valor.

¿Cómo supo esto David? Uno podría preguntarse si en toda la historia ha habido alguna otra situación para la cual aplicaran todos los atributos descritos en el Salmo 22. El salmista predijo correctamente el detalle más minucioso de la muerte del Mesías más de mil años antes de que ocurriera. No hay comparación con el "profeta" moderno que predice que el mercado de valores bajará el próximo año, o con Nostradamus y sus versos muy vagos.

Una vez más, el escéptico debe tener su oportunidad de hablar. Sabemos que el Salmo 22 fue escrito cientos de años antes de que estos acontecimientos sucedieran en la vida de Jesús. ¿Cómo sabemos con certeza que estas cosas realmente le pasaron a Jesús? ¿Podrían los escritores del Nuevo Testamento simplemente haber inventado una historia que convenientemente coincidiera con el Salmo 22? La respuesta simple es no. La crucifixión de Jesús es uno de los acontecimientos mejor documentados de la historia antigua. Se podría argumentar que los detalles sobre los huesos que no son fracturados y las prendas por las que se echan suertes solo están registrados en el Nuevo Testamento. Sin embargo, David predijo correctamente que el Mesías iba a ser crucificado. No es un gran paso aceptar la veracidad de los testigos oculares en cuanto a la fractura de las piernas de los dos ladrones y las suertes que echaban los soldados por la ropa de Jesús.

A la luz de estas profecías, ¿podría Jesús haber fingido ser el Mesías? ¿Podría haber arreglado todo para cumplir con estas profecías? Jesús ciertamente no tenía control sobre si lo apedreaban o crucificaban (a menos que, por supuesto, Jesús fuera Dios). Suponiendo que Jesús fuera consciente del Salmo 22, aun así, sería difícil imaginar que aconsejara a los soldados sobre cómo dividir su ropa. Lo que podemos asegurar es que Jesús definitivamente no planeó que dejaran sus piernas intactas. ¡Él ya estaba muerto! Abandonemos ya la idea de que Jesús pudo haber organizado las circunstancias para aparentar haber cumplido las profecías del Mesías. Simplemente no funciona.

Hasta ahora, el Mesías debe ser despreciado y rechazado, traspasado, silencioso cuando se le acusa, sin descendientes humanos, enterrado con los ricos, y sus días deben ser prolongados, a pesar de haber sido arrancado. Además de esto, debe estar muy sediento justo antes de morir, debe ser crucificado, y sus perseguidores deben dividir y apostar por su ropa. También debe ser capaz de contar todos sus huesos. La afirmación de Jesús de haber cumplido todo lo que se escribió sobre el Mesías parece viable.

ZACARÍAS 11:10-13

Ahora examinaremos una profecía dada por Zacarías a Israel. Zacarías fue un sacerdote y profeta que ministró al pueblo de Dios durante e inmediatamente después de su exilio en Babilonia. La profecía en sí fue escrita en 520-518 a. C. El crítico de la Biblia puede no aceptar esta fecha, pero sabemos con certeza que fue escrita más de trescientos años antes de la muerte de Cristo, lo que es suficiente para el caso en cuestión. En realidad, hay varias profecías mesiánicas en Zacarías, pero nos centraremos en Zacarías 11:10-13.

> Tomé entonces la vara a la que había llamado Gracia, y la quebré. De ese modo anulé el pacto que había hecho con todas las naciones. Ese mismo día quedó anulado, y los mercaderes de ovejas que me observaban supieron que se trataba de la palabra del SEÑOR.
>
> Les dije: "Si les parece bien, páguenme mi jornal; de lo contrario, quédense con él". Y me pagaron solo treinta monedas de plata. ¡Valiente precio el que me pusieron!

Entonces el SEÑOR me dijo: "Entrégaselas al fundidor". Así que tomé las treinta monedas de plata y se las di al fundidor del templo del SEÑOR.

Es divertido especular lo que Zacarías debe haber pensado sobre lo que estaba escribiendo. Seguramente debe haberse preguntado cuál era el significado de este pasaje que escribió, muy críptico aparentemente. A la luz de los relatos evangélicos, todo está claro.

Sin embargo, según nuestro esquema, debemos primero preguntarnos cómo se puede estar seguro de que esta es una profecía concerniente al Mesías. Considera la frase inicial del pasaje citado: "Tomé entonces la vara a la que había llamado Gracia, y la quebré. De ese modo anulé el pacto que había hecho con todas las naciones". Esto implica que el pasaje se refiere a un acontecimiento a través del cual el antiguo pacto (es decir, la Ley de Moisés) sería sustituido por un nuevo pacto. Hay varios pasajes del Antiguo Testamento que parecen conectar la revocación del antiguo pacto y la introducción de un nuevo pacto con el Mesías.[3] Además, al describir el acontecimiento, se cita a Dios diciendo que él fue vendido por treinta piezas de plata. Con retrospectiva histórica, se puede ver que Dios se estaba describiendo a sí mismo como el salvador que era vendido por una miseria. Esta es sin duda una profecía del Mesías.

Zacarías 11 describe una situación interesante. Se puede detectar a alguien aceptando algún pago, pero solo a regañadientes. ("Si les parece bien, páguenme mi jornal; de lo contrario, quédense con él"). ¿Y cuál era su paga? Su paga era de treinta monedas de plata, para ser exactos. ¿Para qué era el pago? Aparentemente, fue usado, en cierto sentido, ¡para comprar a Dios! ¿La persona aceptó el pago? No, este fue arrojado al templo. ¿Hay algún detalle específico aquí?

Cuando se observa el Nuevo Testamento para ver cómo esta profecía mesiánica se cumplió, los acontecimientos en Zacarías se describen con tal exactitud que se le debe recordar al lector que esta profecía y su cumplimiento están separados por unos quinientos cincuenta años. Algunos de los detalles relacionados con el cumplimiento de la profecía se encuentran en Mateo 26:14-16.

Uno de los doce, el que se llamaba Judas Iscariote, fue a ver a los jefes de los sacerdotes.
"¿Cuánto me dan, y yo les entrego a Jesús?" —les propuso.
Decidieron pagarle treinta monedas de plata. Y desde entonces Judas buscaba una oportunidad para entregarlo.

Jesús fue traicionado por treinta monedas de plata. No veintinueve, no treinta y una, sino treinta. De inmediato, el escéptico reclamará esto

---

3. Por ejemplo, Jeremías 31:27-37.

como una falta. ¿Cómo sabemos que eran realmente treinta piezas? Si no fueran realmente treinta piezas, ¿qué posible motivación tendría el escritor del Evangelio para inventar este detalle? Había docenas de testigos de este evento. Si los escritores de los Evangelios mintieran sobre este detalle, se habrían estado preparando para ser desacreditados. Nadie se presentó a negar esta declaración. Solo hay una explicación razonable: Jesús fue vendido por treinta piezas de plata. Simplemente no hay ninguna otra acreditación para este hecho. Dios inspiró la Biblia. ¿Qué más se puede concluir?

¿Judas tomó felizmente su dinero y huyó? No exactamente. Después de que Jesús fue arrestado, Judas regresó a los jefes de los sacerdotes.

> Cuando Judas, el que lo había traicionado, vio que habían condenado a Jesús, sintió remordimiento y devolvió las treinta monedas de plata a los jefes de los sacerdotes y a los ancianos.
> "He pecado —les dijo— porque he entregado sangre inocente".
> "¿Y eso a nosotros qué nos importa? —respondieron—. ¡Allá tú!"
> Entonces Judas arrojó el dinero en el santuario y salió de allí. Luego fue y se ahorcó.
> Los jefes de los sacerdotes recogieron las monedas y dijeron: "La ley no permite echar esto al tesoro, porque es precio de sangre". Así que resolvieron comprar con ese dinero un terreno conocido como Campo del Alfarero, para sepultar allí a los extranjeros. Por eso se le ha llamado Campo de Sangre hasta el día de hoy. (Mateo 27:3-8)

¿Dónde tiró Judas las monedas? Los arrojó al templo, exactamente como fue profetizado por Zacarías. Ahora bien, eso es espectacular. ¿Cómo supo eso Zacarías? La respuesta es simple: Dios se lo dijo. No hay otra respuesta concebible, a menos que uno esté dispuesto a acusar a Mateo de mentir. Pero de nuevo, ¿cuál es la motivación de Mateo al proporcionar una evidencia tan detallada y acusable si se trata de una mentira?

En Zacarías 11, según la versión NBLA, "fundidor" se traduce como "alfarero": "Tomé pues, las treinta monedas de plata y las arrojé al alfarero". Esta parte no parece ser muy clara hasta que uno observa Mateo 27. Debido a una regulación relativa al "precio de sangre", los funcionarios del templo judío se negaron a tomar el dinero de la traición y ponerlo de nuevo en el tesoro. ¿Es solo una coincidencia que hayan comprado el Campo del Alfarero con el dinero? Si estás dispuesto a aceptar que esto es solo una coincidencia, entonces no hay una cantidad de evidencia que sea capaz de convencerte.

¿Podría Jesús haber planeado el cumplimiento de estas profecías? Si él era Dios, podía, pero como hombre, ni siquiera estaba presente cuando estas transacciones estaban teniendo lugar. ¿Qué poseían los jefes de los sacerdotes para poner treinta monedas de plata como precio? ¡Ciertamente no estaban motivados en ayudar a Jesús a cumplir la profecía de Zacarías! En este punto, es posible imaginar al escéptico bíblico guardar silencio. ¿Utilizaron los funcionarios del templo el dinero para el Campo del Alfarero para ayudar a Jesús a cumplir las profecías mesiánicas? Lo último en el mundo que ellos querían era que los seguidores de Jesús pudieran afirmar que él era el Mesías.

¿DE DÓNDE VENDRÁ EL MESÍAS?

El Antiguo Testamento proporcionó información muy específica sobre el origen del Mesías. De hecho, en un momento de su ministerio, algunos de los enemigos de Jesús atacaron a los que decían que Jesús era el Mesías, señalando que Jesús venía de Galilea, cuando todos sabían que el Mesías debía ser de Belén (Juan 7:41-42).

Resulta que el crítico, cuyas palabras quedaron registradas en Juan capítulo 7, no estaba exactamente en lo correcto, como veremos. Sin embargo, el pasaje del Antiguo Testamento al que él se refería es Miqueas 5:2.

> Pero de ti, Belén Efrata,
>   pequeña entre los clanes de Judá,
> saldrá el que gobernará a Israel;
>   sus orígenes se remontan hasta la antigüedad,
> hasta tiempos inmemoriales.

TPara poner este pasaje en una perspectiva histórica, Miqueas fue contemporáneo de Isaías. Esta profecía se registró alrededor del 750 a. C. No hay duda de que los judíos consideraron esto como una profecía mesiánica. Claramente se refiere al momento en que Dios llega a su pueblo.

Es interesante notar que en realidad había dos pueblos con el nombre de Belén en Palestina. Sucede que Jesús nació en Belén Efrata, el que se menciona en la profecía. Según esta profecía, aparentemente el Mesías debe nacer en Belén. Jesús ciertamente cumplió con esto. Esto es cuestión de registro histórico. No es necesario confiar simplemente en la Biblia para confirmar que Jesús cumplió esta predicción.

¿Logró Jesús arreglar esto? Humm... ¿podemos imaginar a María diciendo: "Mi hijo podría ser el Mesías, así que debo ir a Belén para su nacimiento"? No, en realidad, fue Augusto César quien arregló que Jesús cumpliera esta profecía. Fue él quien pidió un censo en esa parte del Imperio Romano en el momento en que María estaba embarazada de Jesús. A propósito, el llamamiento de este censo también tiene registro histórico.

Hay una razón por la que el Mesías iba a ser de Belén. La familia del rey David era del pueblo de Belén. Hay varias profecías del Antiguo Testamento que afirman que el Mesías iba a ser descendiente directo de

David.[4] En realidad, Jesús fue descendiente directo de David, tanto a través de su madre como de José. Fue por eso que María y José estaban en Belén en primer lugar. Cuando Augusto llamó al censo, se les pidió a todos que fueran a su hogar ancestral. El ateo puede encontrar esto difícil de tragar, pero parece que, a través de su soberanía, Dios inspiró a Augusto a pedir un censo en sus reinos orientales en el momento justo para hacer que Jesús naciera en Belén.

Esta no es toda la historia sobre el lugar donde el Mesías iba a nacer y criarse. El crítico mencionado anteriormente en Juan capítulo 7 solo estaba parcialmente en lo cierto acerca de la procedencia del Mesías. Más de esto se encuentra en Isaías 9:1.

> A pesar de todo, no habrá más penumbra para la que estuvo angustiada. En el pasado Dios humilló a la tierra de Zabulón y a la tierra de Neftalí; pero en el futuro honrará a Galilea, tierra de paganos, en el camino del mar, al otro lado del Jordán.

Obviamente, al principio, esto no es una profecía sobre el Mesías, pero cuando se mira unas líneas más abajo, todo queda explicado.

> Porque nos ha nacido un niño,
>   se nos ha concedido un hijo;
> la soberanía reposará sobre sus hombros,
>   y se le darán estos nombres:
> Consejero admirable, Dios fuerte,
>   Padre eterno, Príncipe de paz.
> Se extenderán su soberanía y su paz,
>   y no tendrán fin.
> Gobernará sobre el trono de David
>   y sobre su reino,
> para establecerlo y sostenerlo
>   con justicia y rectitud
>   desde ahora y para siempre.
> Esto lo llevará a cabo
>   el celo del SEÑOR Todopoderoso. (Isaías 9:6-7)

Probablemente no hay ningún pasaje en todo el Antiguo Testamento que sea más obvio sobre el Mesías que Isaías 9. Dios va a honrar la tierra de Zabulón y la tierra de Neftalí. ¿A qué se refiere esto? Zabulón y Neftalí son dos de las doce tribus originales de Israel a las que se les fueron asignadas tierras después de las conquistas a cargo de Josué. Si se

---

4. Por ejemplo, Isaías 9:7, Jeremías 23:5, Jeremías 33:15 y Ezequiel 34:22-23.

compara un mapa que muestre los límites aproximados entre estas dos tribus (muchas Biblias tienen un mapa de los territorios aproximados de las tribus al final) con un mapa que muestra la ubicación de Nazaret, se descubrirá que la pequeña ciudad de Nazaret está justo en la frontera entre estos dos territorios.

Según Isaías 9, el Mesías sería de Galilea, en la región alrededor de Nazaret. ¿Cuántas personas cumplirían ambos requisitos: haber nacido en Belén Efrata (Miqueas 5:2), pero en realidad provenir de Galilea, en la región alrededor de Nazaret? (Isaías 9:1). Probablemente solo un número muy pequeño de personas en toda la historia cumpliría con estos dos requisitos simultáneamente. Jesús era uno de ellos. ¿Hizo Jesús los arreglos para que sus padres lo criaran en Nazaret? ¿Cuestiona alguien el hecho histórico de que Jesús era galileo? ¿Cómo sabía Isaías que el Mesías sería de la región alrededor de Nazaret? ¿Cómo, en aparente contradicción, Miqueas sabía que sería de Belén? ¿Cómo puede el escéptico explicar esta profecía?[6]

¿CUÁNDO VIVIRÁ EL MESÍAS?

Hay algunos pasajes en el Antiguo Testamento que predicen la verdadera fecha de la venida del Mesías al pueblo de Dios. Para que Jesús cumpliera con su afirmación de haber cumplido todo lo que estaba escrito sobre el Mesías, también tuvo que ocuparse de estos detalles. Tenía que nacer en el lugar y el momento correctos. Consideremos dos profecías concernientes al momento de la venida del Mesías.

Ambas profecías se encuentran en Daniel. Este libro fue escrito a lo largo de la vida de Daniel, en algún momento entre 600 a. C. y 530 a. C. La fecha de escritura de Daniel es quizás la más controvertida de todos los libros del Antiguo Testamento, pero basta con decir que, debido a que el libro se encuentra en la traducción de la Septuaginta, es fácil mostrar que fue escrito unos cientos de años antes de la época de Cristo.

La primera profecía que veremos se encuentra en Daniel 2:36-45. El contexto de este pasaje en particular es importante. Puede ser útil para el lector leer todo el segundo capítulo de Daniel. Para resumir, Nabucodonosor, el rey de Babilonia, tuvo un sueño muy vívido y aterrador. Amenazó con matar a todos sus sabios y hechiceros a menos que pudieran interpretar su sueño. Desafortunadamente para los hechiceros y los sabios, el rey se negó a contarles el sueño, ¡lo que dificultó su interpretación! Después de orar a Dios, Daniel le dijo a Nabucodonosor exactamente lo que había soñado. Al mismo tiempo, Daniel le dio la interpretación del sueño que había recibido de Dios.

---

5. Otra profecía, Oseas 11:1, también ubica al Mesías en Egipto cuando era niño (véase Mateo 2:13-15). Este pasaje no es tan claro sobre el Mesías, por lo que no se trata en detalle aquí.

La visión de Nabucodonosor era de una estatua gigante dividida en cuatro partes. Había una cabeza de oro, brazos y un torso superior de plata, un torso inferior de bronce y patas de hierro. Después de ver esta impresionante estatua, Nabucodonosor había visto "una roca que nadie desprendió". Esta roca golpeó la estatua, destrozándola hasta hacerla polvo. Debido a que Daniel fue capaz de revelar con precisión el sueño que había tenido Nabucodonosor, el rey estaba bien preparado para aceptar la interpretación que siguió. Daniel le dio a Nabucodonosor la interpretación del sueño:

> "¡Su Majestad es la cabeza de oro!
> "Después de Su Majestad surgirá otro reino de menor importancia. Luego vendrá un tercer reino, que será de bronce, y dominará sobre toda la tierra. Finalmente, vendrá un cuarto reino, sólido como el hierro. Y así como el hierro todo lo rompe, destroza y pulveriza, este cuarto reino hará polvo a los otros reinos. [...]
> "En los días de estos reyes el Dios del cielo establecerá un reino que jamás será destruido ni entregado a otro pueblo, sino que permanecerá para siempre y hará pedazos a todos estos reinos. Tal es el sentido del sueño donde la roca se desprendía de una montaña; roca que, sin la intervención de nadie, hizo añicos al hierro, al bronce, al barro, a la plata y al oro".

Daniel afirmó que Dios le había dado la interpretación del sueño. La historia del mundo en los siglos posteriores a Daniel terminó demostrando que esta afirmación era verdadera. Daniel le dijo a Nabucodonosor que las cuatro partes de la estatua representaban cuatro grandes reinos que gobernarían el mundo. Examinaremos esta profecía con más detalle en el capítulo cinco, pero, para resumir, los cuatro reinos fueron Babilonia (la cabeza de oro), Persia (el pecho y los brazos de plata), Grecia (el vientre y los muslos de bronce) y Roma (las piernas de hierro).[6]

La profecía predice que "en los días de estos reyes", en otras palabras, durante la época de la dominación del Imperio Romano, Dios establecerá un reino que nunca será destruido. Se puede suponer que los lectores judíos eran muy conscientes de qué reino estaba hablando Dios (a través de Daniel). Este es el reino de Dios, el que debe ser inaugurado por el Mesías. Para simplificar esta larga explicación, se puede decir que Daniel profetizó que el Mesías vendría a Israel durante la época de Roma. Daniel no lo dijo con estas palabras exactamente. Probablemente ni siquiera sabía de Roma (aunque en el siglo VI a. C., Roma ya existía como una ciudad-estado muy pequeña en una Italia relativamente primitiva). Sin

---

6. Este sueño y su interpretación están descritos más detalladamente en mi libro, *Daniel: Un profeta para las naciones* (Spring, Texas: Illumination Publishers, de próxima publicación).

embargo, eso es esencialmente lo que se puede inferir de lo que Daniel dijo cuando se lee Daniel 2 con retrospectiva histórica. En la época de esos reyes (romanos), Dios establecerá un reino.

Jesús dijo que en él debía "cumplirse todo lo que está escrito" sobre el Mesías. Daniel profetizó que el Mesías vendría durante la época de Roma. Jesús obviamente cumplió con este requisito. El hecho de que Jesús llegara a Israel durante dicha época es, sin duda, una cuestión de hechos históricos. ¿Y qué hay de la pregunta del escéptico acerca de si Jesús podría simplemente haber planeado cumplir tantas profecías como fuera posible para poder sustentar la afirmación de ser el Mesías? Si Jesús fuera solo un hombre tratando de afirmar ser el Mesías, no habría sido capaz de planificar el cumplimiento de esto. ¡Es muy difícil llegar a afectar la fecha de tu nacimiento!

El capítulo 2 de Daniel trae a la mente la duda de qué es lo que el pueblo judío está esperando hasta el día de hoy. Aún si ellos rechazan a Jesús, el Antiguo Testamento declaró enfáticamente que el reino de Dios revivido sería establecido durante la época del Imperio Romano. Si alguien llegara hoy a Israel y afirmara, como lo hizo Jesús, ser el cumplimiento de todas las profecías del Mesías, sería imposible comprobar tal afirmación.

En realidad, hay una profecía en Daniel que es mucho más exacta sobre la fecha de la venida del Mesías. Daniel 2 nos dice que el Mesías debe aparecer en Israel durante la época de la ascendencia de Roma. ¿Sabías que Dios, a través de Daniel, profetizó el año real de la venida del Mesías a Jerusalén?

La profecía mencionada se encuentra en Daniel 9:24-25. Para establecer el contexto de esta profecía sería útil leer todo el capítulo 9 de Daniel. En este capítulo, Daniel había estado leyendo al profeta Jeremías, cuando descubrió que el período del cautiverio del pueblo de Dios en Babilonia debía perdurar setenta años. Mientras Daniel leía a Jeremías, se dio cuenta de que los setenta años estaban a punto de terminar. Luego, él oró a Dios, pidiéndole que ayudara a su pueblo. Daniel registró que después de esta oración, se le concedió una visión del ángel Gabriel, que le dijo:

> "Setenta semanas han sido decretadas para que tu pueblo y tu santa ciudad pongan fin a sus transgresiones y pecados, pidan perdón por su maldad, establezcan para siempre la justicia, sellen la visión y la profecía, y consagren el lugar santísimo.
>
> "Entiende bien lo siguiente: Habrá siete semanas desde la promulgación del decreto que ordena la reconstrucción de Jerusalén hasta la llegada del príncipe elegido. Después de eso, habrá sesenta y dos semanas más. Entonces será reconstruida Jerusalén, con sus calles y murallas". (Daniel 9:24-25)

No hay duda de que esta es una profecía del Mesías. De hecho, la palabra hebrea Mesías significa literalmente "el Ungido", y algunas versiones contienen la frase "príncipe ungido". Muy seguramente el lector judío veía al Mesías en el "príncipe ungido", que iba a llegar a reconstruir Jerusalén. En esta visión dada a Daniel cientos de años antes del hecho, Dios reveló que el Mesías iba a llegar a Jerusalén. En la primera lectura, esta profecía puede parecer un poco oscura, pero una lectura cuidadosa combinada con unos pocos antecedentes históricos hace que la interpretación sea sencilla.

Hay dos aspectos cruciales para entender esta profecía. En primer lugar, hay que entender el significado de las "setenta semanas". En segundo lugar, debe explicarse el significado exacto de la frase "decreto que ordena la reconstrucción de Jerusalén".

¿A qué se refiere la frase "setenta semanas"? Primero, setenta veces siete es cuatrocientos noventa. En segundo lugar, las frases, "setenta semanas han sido decretadas para que [...] pongan fin" y en Daniel 9:26, "después de las sesenta y dos semanas, se le quitará la vida al príncipe", implican claramente que las semanas son períodos de tiempo. ¿Podrían ser literalmente 490 semanas? ¿490 meses? ¿490 días? ¿490 años? ¿O puede ser algún tipo de lenguaje simbólico para un período de tiempo indefinido? Sería justo decir que esta pregunta es difícil de responder con certeza, si solo nos basamos en el contexto de este pasaje de las Escrituras. Sin embargo, si uno considera que el capítulo 2 de Daniel ya nos informó que el Mesías llegaría a Israel durante la época de Roma, solo una posibilidad parece razonable: el Mesías llegará a Jerusalén 490 años después del decreto de restaurar y reconstruir Jerusalén. Cuatrocientos noventa meses son unos cuarenta y un años, y la época de Roma estaba mucho más lejos que eso de los tiempos de Daniel.[7]

Lo siguiente, entonces, es establecer la fecha del decreto para restaurar y reconstruir Jerusalén. Ciro "el Grande" de Persia derrotó a Babilonia en el año 539 a. C., permitiendo que el cautiverio de Israel terminara. Los persas emitieron una serie de decretos en los años siguientes que podrían describirse como la restauración de Israel para Jerusalén (véase mi libro sobre Daniel para más detalles al respecto). De aquellos, el que más exactamente podría describirse como un decreto para restaurar y reconstruir la ciudad de Jerusalén fue el emitido por el gobernante persa Artajerjes en 458 a. C. Tal vez quieras sacar tu calculadora aquí. Si calculas cuándo es 490 años después del año 458 a. C., obtendrás como respuesta 32 d. C. En realidad, tu calculadora estará equivocada por un año porque no hubo año 0 d. C. Por lo tanto, la respuesta correcta es 33 d. C. No se requiere a un experto en la Biblia para darse cuenta de la importancia de esta respuesta. Parece que Daniel predijo cuándo sería crucificado

---

7. Es cierto que este argumento está un poco simplificado. Para ver el argumento más completo, véase John Oakes, *Daniel: Un profeta para las naciones* (Spring, Texas: Illumination Publishers, de próxima publicación).

Jesucristo. Daniel predijo que en algún lugar alrededor del 33 d. C., Dios proporcionaría una manera de poner "fin a sus transgresiones" para que pidieran "perdón por su maldad" y para consagrar "el lugar santísimo". Aquí no hay trampa ni engaño. El autor no ha completado la parte sobre el decreto para restaurar y reconstruir Jerusalén que se emitiría en el 458 a. C. De hecho, este se encuentra en Esdras 7:12-26. En Esdras 7 se indica claramente el año del reinado de Artajerjes.[8]

Recuerda nuestro esquema. Una profecía demostrará ser genuina, incluso para los escépticos, si cumple cuatro criterios. El pasaje del Antiguo Testamento debe ser claramente acerca del Mesías, y debe haber sido escrito cientos de años antes del acontecimiento profetizado. Ambos criterios son certeros en Daniel 9. Además, el cumplimiento del evento debe ser cuestión de registro histórico, es decir, que se encuentre en textos antiguos que no sean la Biblia. Aunque se podría discutir por más o menos dos o tres años la fecha de su muerte, el hecho de que Jesús vivió y murió casi exactamente 490 años después del decreto de restaurar y reconstruir Jerusalén es un hecho histórico. Por último, uno puede preguntarse si hay alguna manera de que Jesús, conociendo el Antiguo Testamento, haya dispuesto todo para cumplir la profecía con el fin de poder afirmar falsamente ser el Mesías. Si Jesús fuera solo un hombre, habría sido muy difícil para él planificar estar vivo en el momento adecuado para cumplir esta profecía. A riesgo de ser redundante, parece justo preguntar al escéptico cómo puede explicar Daniel capítulo 9.

El hecho es que hay docenas de otras profecías del Mesías esparcidas por todo el Antiguo Testamento que se cumplieron en la vida de Jesucristo. Se invita al lector interesado a buscar parcial o totalmente en la lista de la tabla presentada a continuación. Esta lista representa solo una fracción de las profecías que podrían mencionarse. Sin embargo, seguramente los ejemplos ya utilizados son suficientes para el caso.

Resumamos las profecías mencionadas en este capítulo. Para que cualquiera pueda afirmar ser la realización de todo lo escrito en las Escrituras hebreas sobre el Mesías, como Jesús lo hizo, esta persona debe:

Ser despreciado y rechazado por los hombres
Ser traspasado
Guardar silencio cuando se le acuse
Have no physical descendants
No tener descendientes físicos
Ser enterrado con los ricos
Estar extremadamente sediento en el momento de su muerte
Ser crucificado
Tener personas que dividan sus ropas entre sí
Tener gente que apueste por su ropa

---

8. En realidad, hay un poco de espacio entre las fechas, ya que el contexto de Esdras 7 permite una fecha de 459 o 458 a. C. para el decreto. Además, es difícil establecer el año exacto de la muerte de Jesucristo. Se puede estimar conservadoramente la fecha de la crucifixión en algún lugar entre el 29 y el 32 d. C. Más detalles sobre esto se pueden encontrar en mi libro sobre Daniel.

Ser vendido por treinta monedas de plata
Cumplir que el precio de sangre sea devuelto y que se use para el alfarero
Nacer en Belén
Ser criado en Galilea en algún lugar cerca de Nazaret
Nacer en la época de Roma
Morir en algún lugar alrededor del 33 d. C.

    Uno puede elegir cinco de estos requisitos aleatoriamente para crear una lista mediante la cual solo una persona en toda la historia del mundo haya experimentado los cinco en su propia vida. Sorprendentemente, varios escritores diferentes que registraron sus profecías durante cientos de años hicieron estas predicciones. Cada una fue escrita cientos de años antes de que Jesucristo naciera. Simplemente no hay otra explicación posible. Jesucristo es el Mesías y el Antiguo Testamento contiene escritos inspirados por Dios.

    En mi experiencia, he escuchado a algunas personas dispuestas a debatir el argumento de Señor, mentiroso o lunático. Conocí personas que, por lo menos, construirían algún tipo de argumento razonable en contra de los milagros bíblicos o en contra de la resurrección de Jesús, pero hasta ahora, no he conocido a nadie que esté dispuesto a tomar parte en un debate razonado en contra de las profecías del Mesías. No hay base alguna para que el argumento se sostenga. Lo único que le queda al escéptico es la opción de aceptar la verdad o de cerrar su mente y simplemente negarse a aceptar la verdad obvia y las implicaciones que esta conlleva.

    ¿Cómo podría pasar esto? ¿Cómo podría alguien negarse rotundamente a aceptar algo que se ha demostrado más allá de una duda razonable? ¿Cómo pueden los teólogos presentarse ante sus estudiantes indefensos y decir tonterías acerca de que la Biblia es una obra de mano humana? También es posible preguntarse por qué alguien que está muriendo de cáncer rechaza el tratamiento. De la misma manera podría preguntarse por qué ese loco de Harry Truman (no es pariente del expresidente de EE. UU.) se negó a dejar Mount St. Helens cuando este se encontraba a punto de explotar. Es posible preguntarse cómo es que el público general en Alemania podía ignorar la extinción masiva de los judíos que estaban entre ellos.

    En general, lo que creemos tiene más que ver con emociones que con la lógica fría. Cuando algo que es verdadero amenaza nuestro sentimiento de autoestima o de autopreservación, es ignorado con facilidad. Aquellos que creen en la Biblia deben ser pacientes con aquellos que no aceptan las implicaciones aparentemente obvias de las Escrituras. Nosotros también hemos sido culpables de aceptar como verdadero ideas que ahora nos parecen tonterías. Probablemente estamos cometiendo un error similar en algún área de nuestras vidas actualmente. Se requiere paciencia y compasión.

    En este capítulo, hemos analizado varias profecías del Mesías que encontraron su cumplimiento en Jesucristo. En la siguiente sección, veremos otras profecías que se encuentran en toda la Biblia. Prepárate para ser asombrado con la palabra de Dios.

PROFECÍAS DEL MESÍAS EN EL A.T ESTAMENTO

Génesis 3:15	Salmo 78:2	Isaías 49:6
Génesis 12:3	Salmo 110:1	Isaías 55:4
Génesis 49:10	Salmo 132:11	Jeremías 23:5,6
Deuteronomio 18:15	Salmo 2:3,4	Daniel 7:13,14
Deuteronomio 21:23	Salmo 7:14	Zacarías 3:8-10
Salmo 2:2	Isaías 9:6	Zacarías 6:12
Salmo 16:8-10	Isaías 11:10,11	Zacarías 9:9,10
Salmo 31:5	Isaías 25:6-9	Zacarías 13:1
Salmo 68:18	Isaías 28:16	Malaquías 3:1
Salmo 69:21	Isaías 40:10-11	

Para hoy

1. Parece que la cuestión ha sido argumentada a favor del Antiguo Testamento. ¿Hay algo remotamente equivalente a la profecía cumplida en la Biblia que se encuentre en las escrituras de otras religiones del mundo? (Tal vez tengas que meditar en este asunto o preguntarle a alguien).

2. Teniendo en cuenta tu respuesta a la primera pregunta, ¿puede mantenerse la creencia de que la variedad de religiones del mundo son solo caminos diferentes hacia la misma verdad?

3. ¿Puedes pensar en algo que, en algún momento del curso de tu vida, te resististe fuertemente a creer a pesar de que había una montaña de evidencia a su favor? ¿Por qué no estabas dispuesto en ese momento a aceptar lo que ahora parece dolorosamente obvio?

4. En esta sección, se evitaron argumentos basados en la probabilidad, ya que pueden ser muy subjetivos. Sin embargo, si te gustan las matemáticas, puedes intentar este ejercicio. Trata de obtener una estimación muy aproximada de la fracción de personas en la historia del mundo que han sido crucificadas. Luego trata de estimar la fracción de todas las personas en el mundo que han vivido en el área alrededor de Galilea cerca de la frontera entre Zabulón y Neftalí. Por último, intenta estimar la fracción de todas las personas que no han tenido descendientes a pesar de llegar a la edad adulta. Multiplica estas fracciones. ¿Ya tienes un número lo suficientemente pequeño como para que por casualidad ni a una sola persona en la historia del mundo le hubieran pasado las tres cosas?

Desafío: Elige otras tres profecías mesiánicas en el Antiguo Testamento de la tabla dada en este capítulo. Encuentra su cumplimiento en el Nuevo Testamento y analízalas con los mismos criterios que se usan en este capítulo (cuándo fueron escritas, por qué son mesiánicas, si son históricas y si Jesús pudiera haber planificado su cumplimiento).

Capítulo Cinco
Visiones del futuro

> *Si lo que el profeta proclame*
> *en nombre del Señor no se cumple ni*
> *se realiza, será señal de que su*
> *mensaje no proviene del Señor*
>
> *—Deuteronomy 18:21*

Visualiza por un minuto la época del primer siglo. ¿Cómo crees que era un típico sermón del evangelio? ¿Los primeros evangelistas principalmente apelaban a las emociones de sus oyentes? ¿Era el mensaje de los apóstoles un ataque a la religión pagana de la época? El libro de Hechos es la fuente más fiable disponible de la historia temprana de la iglesia cristiana. Una breve visión general de varios de los sermones registrados en Hechos dará un esquema como este:

1. Jesucristo cumplió las profecías del Mesías que se encuentran en las Escrituras (en el Antiguo Testamento, por supuesto, que eran las únicas "Escrituras" en ese entonces).
2. Jesús demostró ser el Hijo de Dios mediante los milagros que obraba, y especialmente por haber sido resucitado de entre los muertos.
3. A través de la muerte de Jesús en la cruz, Dios proporciona un camino para que los pecados de ustedes sean perdonados.
4. Por lo tanto, arrepiéntanse y pongan su fe en Jesucristo.

Es interesante considerar que los primeros evangelistas destacaron evidencia para la fe en Jesucristo en sus sermones públicos. Lo hicieron mucho más de lo que se suele hacer hoy en día. ¿Por qué podría ser eso?

Un concepto erróneo muy común es que la persona promedio en la época de Cristo era extremadamente emocional y supersticiosa, mucho más que hoy. Algunos escépticos incluso argumentarían que la extrema tendencia hacia la superstición de los pueblos antiguos explicaría cómo la iglesia primitiva fue capaz de convencer a la gente de que Jesús fue resucitado de entre los muertos. Es interesante notar que los primeros predicadores del Evangelio se basaron más en la razón y la evidencia en sus llamamientos evangelísticos que la mayoría de sus contrapartes del siglo XXI. Tal vez tengamos que reconsiderar nuestro estereotipo de que la gente en el mundo antiguo, especialmente en la época de Roma, era más propensa a argumentos emocionales y cargados de supersticiones que nosotros. Dada la influencia de la cultura griega, con su énfasis en la razón y la lógica, quizás las cosas son al revés. ¿Apoyan los hechos la afirmación de que los primeros creyentes en Jesucristo eran crédulos y fáciles de persuadir? La respuesta, en general, es no.

¿Qué hay de aquellos a quienes eran dirigidos los escritos del Antiguo Testamento originalmente? ¿Eran ellos un grupo de personas extremadamente emocionales y supersticiosas que fácilmente creían en cualquier chiflado que llegaba con una nueva teoría religiosa? Desde la perspectiva moderna, las culturas en el antiguo Oriente Próximo pueden parecer más propensas a la superstición y al emocionalismo, al menos antes de la influencia de los griegos, con su énfasis en el argumento lógico y la retórica. Sin embargo, es interesante que, al leer el Antiguo Testamento, se encuentre a un Dios que tiene cuidado de proporcionar pruebas sólidas a su pueblo con respecto a la fiabilidad de las revelaciones que les estaba llevando. Considera, por ejemplo, Deuteronomio 18:21-22:

> "Tal vez te preguntes: '¿Cómo podré reconocer un mensaje que no provenga del SEÑOR?' Si lo que el profeta proclame en nombre del SEÑOR no se cumple ni se realiza, será señal de que su mensaje no proviene del SEÑOR. Ese profeta habrá hablado con presunción. No le temas".

En este pasaje, Dios estaba diciéndole a su pueblo, a través de Moisés, cómo probar la validez del mensaje que proviene de un profeta. Los dichos de un profeta debían considerarse provenientes de Dios si las cosas que predecía realmente llegaban a suceder. Evidentemente, se esperaba que los judíos consideraran cuidadosamente la validez de cualquier mensaje que escucharan, para decidir si era de Dios o no. Aunque describir los acontecimientos futuros no era la función principal de los profetas de Israel, aparentemente era algo que hacían ocasionalmente; en parte para preparar al pueblo de Dios para eventos futuros, pero también para proporcionar evidencia que apoyara la creencia de que el profeta estaba hablando en nombre de Dios. Con algunas excepciones,[1] las predicciones a corto plazo de los profetas del Antiguo Testamento generalmente no fueron registradas en la Biblia. Sin embargo, Dios decretó a través de Moisés que aquellos que iban a ser aceptados como profetas de Dios tenían que pasar una prueba muy rigurosa. El ciento por ciento de sus predicciones a corto plazo tenían que hacerse realidad para que fueran aceptados como verdaderos mensajeros de Dios. Si predijeron que llovería y en su lugar se produjo una sequía, o si predijeron la victoria

---

1. 2 Crónicas 18:9-27 puede ser un ejemplo.

militar y se produjo una derrota, el supuesto profeta debía ser ignorado. ¡Seguramente ninguno de los supuestos profetas modernos sería capaz de pasar esta prueba!

En este capítulo, observaremos pasajes proféticos tanto en el Antiguo como en el Nuevo Testamento. Estas serán profecías de cosas que no están directamente relacionadas con la venida del Mesías, ya que las profecías mesiánicas han sido abarcadas en la sección anterior. Algunas serán profecías de un futuro lejano, mientras que otras serán de cosas que se cumplieron una generación después del mensaje. Algunas de estas cumplirán con las rigurosas normas descritas en el capítulo anterior (definitivamente escritas cientos de años antes del evento, ciertamente proféticas, confirmadas por relatos históricos aparte de la Biblia), mientras que otras se basarán solo en acontecimientos registrados en la Biblia. Todas contribuirán a la creciente convicción de que toda la Biblia es la palabra inspirada de Dios.

PROFECÍAS DEL ANTIGUO TESTAMENTO QUE SE CUMPLIERON DURANTE LOS TIEMPOS ANTIGUOS

Varios libros sobre la apologética cristiana abarcan profecías del Mesías. Pocos cubren profecías del Antiguo Testamento que se cumplieron durante los tiempos del Antiguo Testamento. Esto se debe, en parte, a que las profecías mesiánicas proporcionan pruebas muy convincentes. Otro factor es que las profecías del Mesías implican acontecimientos históricos con los que muchos lectores están, por lo menos, algo familiarizados. Las profecías incluidas en esta sección bien pueden involucrar acontecimientos históricos sobre los que el lector no está familiarizado. Sin embargo, proporcionan más pruebas convincentes de la inspiración de la Biblia. Además, ofrecen una visión útil de cómo los lectores judíos del Antiguo Testamento estaban convencidos de que Dios inspiró los escritos de los profetas.

Aunque no tenemos acceso a las conversaciones en las que los antiguos eruditos hebreos discutieron qué escritos incluir en su Biblia (el Antiguo Testamento), es fácil imaginarlos tomando nota en sus discusiones de algunas de las profecías cumplidas que serán mencionadas aquí. Casi con toda seguridad, aquellos que discutieron qué escritos debían ser considerados inspirados por Dios tuvieron en mente el estándar de Deuteronomio 18:21-22. ¿Todas las predicciones de este profeta se hicieron realidad, hasta donde sabemos?

LA DESTRUCCIÓN DE ISRAEL Y JERUSALÉN

En el libro de Deuteronomio, uno puede encontrar severas advertencias a los israelitas a no apartarse del único Dios verdadero y volverse hacia los ídolos. En el capítulo 28 de Deuteronomio, Dios advirtió a su pueblo que si eran desobedientes a la ley que Moisés les había entregado:

> "El SEÑOR hará que tú y el rey que hayas elegido para gobernarte sean deportados a un país que ni tú ni tus antepasados conocieron. Allí adorarás a otros dioses, dioses de madera y de piedra. Serás motivo de horror y objeto de burla y de ridículo en todas las naciones a las que el SEÑOR te conduzca". (Deuteronomio 28:36-37)

Luego Dios, a través de Moisés, enumeró una serie de consecuencias de la desobediencia. Más adelante continúa diciendo:

> "El SEÑOR levantará contra ti una nación muy lejana, cuyo idioma no podrás entender; vendrá de los confines de la tierra, veloz como un águila. Esta nación tendrá un aspecto feroz y no respetará a los viejos ni se compadecerá de los jóvenes. Devorará las crías de tu ganado y las cosechas de tu tierra, hasta aniquilarte. No te dejará trigo, ni mosto ni aceite, ni terneras en las manadas, ni corderos en los rebaños. ¡Te dejará completamente arruinado! Te acorralará en todas las ciudades de tu tierra; te sitiará hasta que se derrumben esas murallas fortificadas en las que has confiado. ¡Te asediará en toda la tierra y en las ciudades que el SEÑOR tu Dios te ha dado!
> "Tal será tu sufrimiento durante el sitio de la ciudad, que acabarás comiéndote el fruto de tu vientre, ¡la carne misma de los hijos y las hijas que el SEÑOR tu Dios te ha dado!". (Deuteronomio 28:49-53)

> "Y aunque el SEÑOR te prometió que jamás volverías por el camino de Egipto, te hará volver en barcos. Allá te ofrecerás a tus enemigos como esclavo, y no habrá nadie que quiera comprarte". (Deuteronomio 28:68)

El cumplimiento de las palabras proféticas de Moisés en la historia es algo familiar para aquellos que están bien versados en la historia bíblica del Antiguo Testamento. Para algunos, el hecho de que las palabras de Moisés se hayan cumplido al pie de la letra es tan familiar que fácilmente puede perderse la naturaleza asombrosa de la profecía y su cumplimiento exacto. Para aquellos menos conocedores de la historia relevante del Oriente Próximo, algo de información de trasfondo será útil.

Los acontecimientos registrados en Deuteronomio ocurrieron alrededor del 1400 a. C. Para los detalles de la historia, dependemos del registro de la Biblia, pero al menos el amplio esquema de los acontecimientos concernientes a los hebreos entrando y conquistando partes significativas de Palestina es confirmado por el registro arqueológico (véase el capítulo siete para saber más). Después de entrar en la tierra prometida, el pueblo hebreo no estaba políticamente unido. Principalmente estaban organizados de forma similar a las doce tribus, con períodos ocasionales de unidad parcial bajo el mando de los jueces. Sin embargo, como lo profetizó Moisés, finalmente los israelitas pusieron un rey sobre sí mismos. El primer rey fue Saúl el Benjamita. A su muerte, el rey David llegó al poder, estableciendo una dinastía que duró más de cuatrocientos años. David construyó una nación poderosa, sobre la cual gobernó personalmente aproximadamente desde el 1010 al 970 a. C. Esta unidad política y espiritual resultó ser efímera. Por el reinado de Roboán, nieto de David, la corrupción tanto en el gobierno como en la religión condujo a la división del reino en el reino del norte (conocido como Israel, Samaria o Efraín) con su capital en Samaria, bajo el rey Jeroboam y sus sucesores, y el reino del sur (Judá), con su capital en Jerusalén, bajo los reyes davídicos.

El reino del norte era espiritualmente más corrupto que el del sur. Nunca aceptó completamente la adoración a Jehová, sino más bien la adoración mixta a Jehová Dios con reverencia a Baal y otros dioses paganos. Por esta razón (al menos desde la perspectiva bíblica), el reino del norte fue completamente destruido en el año 722 a. C. por los ejércitos asirios bajo el mando de Salmanasar. Samaria fue destruida, y miles de cautivos fueron tomados como esclavos y esparcidos a varios puntos del vasto Imperio Asirio. Estos eventos se registran en 2 Reyes 17 y son confirmados por hallazgos arqueológicos en Nínive, la capital de Asiria.

Aunque la idolatría también era un problema significativo en Judá, el reino del sur al menos mantuvo la forma de adoración correcta más fielmente que Efraín. Sin embargo, como los judíos de Judá se adentraban cada vez más en la idolatría, los babilonios bajo el mando del rey Nabucodonosor terminaron conquistándolos. Jerusalén fue derrotada en el año 605 a. C., y muchos fueron llevados como esclavos al cautiverio. En ese momento, Jerusalén comenzó a pagar tributo a Babilonia. Sin embargo, en 597 a. C., el rey se rebeló y la ciudad fue nuevamente atacada y sitiada por Nabucodonosor. Esta vez, el rey fue llevado al cautiverio junto con miles de israelitas. Un rey "títere" quedó en su lugar. Cuando este rey se rebeló, Nabucodonosor atacó de nuevo. Esta vez, el templo fue destruido y Jerusalén fue finalmente devastada en 586 a. C.

Sin embargo, un pequeño remanente de judíos permaneció bajo el mando de un gobernador que no era de la dinastía davídica. Tontamente, una minoría del remanente se rebeló incluso contra esta autoridad establecida por Nabucodonosor. Por temor a los ejércitos que regresaban, la mayoría de los remanentes huyeron en la dirección opuesta, a Egipto, con la esperanza de encontrar refugio seguro allí. Estos eventos se registran en 2 Reyes 25 y Jeremías 52. Los registros babilónicos independientes confirman sustancialmente el registro bíblico.

Imagina a uno de los refugiados israelitas en Egipto sacando un manuscrito que incluye lo que ahora llamamos Deuteronomio 28 y considerando el destino de Israel. Imagínate que piensa: "Si tan solo hubiéramos escuchado las advertencias de Moisés". La profecía de Deuteronomio 28 se había cumplido de forma detallada. Como se profetizó, los israelitas pusieron un rey sobre sí mismos ("y el rey que hayas elegido para gobernarte" v. 36). Además, exactamente como lo profetizó, Dios los envió a ellos y a su rey al exilio en un país con el que ni siquiera estaban familiarizados. En el momento de la conquista de Canaán bajo el mando de Josué, los israelitas estaban muy familiarizados con Egipto, pero en ese momento el Imperio Asirio ni siquiera existía, y Babilonia era una ciudad lejana y al menos temporalmente insignificante. Más tarde, sin embargo, el nombre de Asiria se convirtió en sinónimo de ferocidad y crueldad ("Esta nación tendrá un aspecto feroz y no respetará a los viejos ni se compadecerá de los jóvenes" v. 50). Tanto los asirios como los babilonios conquistaron Israel mediante una estrategia de sitio a las ciudades principales ("Te acorralará en todas las ciudades de tu tierra" v. 52). Durante el sitio de Samaria, la hambruna se volvió tan extrema que algunos de los judíos recurrieron al canibalismo de sus propios hijos. Este hecho espantoso se registra en 2 Reyes 6:24-31 ("Tal será tu sufrimiento durante el sitio de la ciudad, que acabarás comiéndote el fruto de tu vientre, ¡la carne misma de los hijos y las hijas que el Señor tu Dios te ha dado!" v. 53). Tal vez lo más sorprendente de todo es que Moisés profetizó con precisión acerca del último remanente que huía a Egipto ("Y aunque el Señor te prometió que jamás volverías por el camino de Egipto, te hará volver en barcos" v. 68).

Afortunadamente para Israel y para el plan de Dios de bendecir a su pueblo, la profecía no terminó con Deuteronomio 28:68.

> "Cuando recibas todas estas bendiciones o sufras estas maldiciones de las que te he hablado, y las recuerdes en cualquier nación por donde el SEÑOR tu Dios te haya dispersado; cuando tú y tus hijos se vuelvan al SEÑOR tu Dios y le obedezcan con todo el corazón y con toda el alma, tal como hoy te lo ordeno, entonces el SEÑOR tu Dios restaurará tu buena fortuna y se compadecerá de ti. ¡Volverá a reunirte de todas las naciones por donde te haya dispersado! Aunque te encuentres desterrado en el lugar más distante de la tierra, desde allá el SEÑOR tu Dios te traerá de vuelta, y volverá a reunirte. Te hará volver a la tierra que perteneció a tus antepasados, y tomarás posesión de ella. Te hará prosperar, y tendrás más descendientes que los que tuvieron tus antepasados". (Deuteronomio 30:1-5)

Por supuesto, la promesa profética de Dios de bendecir a su pueblo por su arrepentimiento también se cumplió, incluso después de que habían sido dispersados por todo el Oriente Próximo. Después de un período de setenta años de exilio para el pueblo de Dios gobernados por los babilonios, Dios permitió que Ciro, el general persa, conquistara Babilonia. Casi inmediatamente después de sus victorias, Ciro decretó un regreso general de los judíos a su patria con el fin de reconstruir su nación (véase Esdras 1:2-4 para un fragmento de ese decreto). Con el apoyo y la ayuda de Ciro y sus sucesores, miles de israelitas regresaron a la tierra prometida, reconstruyendo el templo y la ciudad de Jerusalén. La profecía se cumplió al pie de la letra. Si examinamos el espectro de la historia humana, ¿encontraremos más ejemplos de un pueblo que haya sido conquistado y totalmente dispersado, pero que más tarde haya regresado en masa a su patria bajo la protección de un nuevo poder conquistador?

El autor no puede pensar en ninguno.[2] La profecía en Deuteronomio 30 es muy específica, como también muy poco probable, según el estándar de la historia humana. Sin embargo, Dios la llevó a cabo. Buen trabajo, Dios. Vale la pena tener en cuenta que aproximadamente 900 años separaron la profecía de Deuteronomio 28-30 con su cumplimiento completo. Eso sería equivalente a que una predicción hecha en algún lugar alrededor del 1100 d. C. se cumpliera hoy.

RECONSTRUYENDO JERICÓ

En el libro de Josué hay otra interesante profecía del Antiguo Testamento. Tal vez esta profecía no haya tenido un gran protagonismo en la historia mundial, pero es un ejemplo asombroso de un cumplimiento profético específico. En el momento de la destrucción de Jericó, el líder del pueblo de Dios, Josué, hizo la siguiente declaración:

> "¡Maldito sea en la presencia del SEÑOR
>   el que se atreva a reconstruir esta ciudad!
> Que eche los cimientos
>   a costa de la vida de su hijo mayor.
> Que ponga las puertas
>   a costa de la vida de su hijo menor". (Josué 6:26)

Se podría leer el libro de Josué y pasar por esta profecía sin prestar mucha atención. Desafortunadamente, unos cientos de años después, un israelita cometió el mismo error. En 1 Reyes 16:26 hay registro de un hombre llamado Jiel de Betel que, en la época del rey Acab (alrededor del 860 a. C.), reconstruyó la ciudad de Jericó. Esto fue unos quinientos años después de la profecía de Josué. Tal vez Hiel no estaba al tanto de la profecía, o tal vez pensó que quinientos años era suficiente tiempo

---

2. Con la posible excepción del regreso de los judíos a su antigua patria en Palestina en el siglo pasado.

como para que Dios olvidara la advertencia que había hecho a través de Josué. Cualquiera que fuera la razón por la que Jiel no prestó atención al juramento solemne de Josué, la Biblia registra que, en el momento de poner los cimientos de Jericó, el desafortunado hombre perdió a su primogénito, Abirán. A pesar de esta trágica pérdida, Jiel continuó construyendo Jericó, "y puso las puertas al precio de la vida de Segub, su hijo menor" (1 Reyes 16:34). ¿Cometeremos el mismo error que Jiel, o haremos caso a la palabra de Dios?

LA GRANDEZA DE BABILONIA

Otra profecía muy interesante que fue registrada y se cumplió durante los tiempos del Antiguo Testamento se encuentra en el libro de Isaías, capítulo 39. Aquí uno encuentra registrada la visita de un enviado de la ciudad de Babilonia al rey Ezequías en Jerusalén. Ezequías reinó en Jerusalén del 716 al 687 a. C. En el momento de la visita del enviado, Babilonia era una ciudad importante, pero no tenía ningún poder político independiente. Estaba sujeto al poderoso Imperio Asirio. Ezequías llevó a los enviados en un recorrido por su palacio, mostrándoles su almacén de oro, plata, especias y otros tesoros. A pesar del hecho de que Babilonia era políticamente impotente en ese momento, Isaías hizo lo que debió parecer una profecía increíble a Ezequías en ese momento.

> Entonces Isaías le dijo:
> "Oye la palabra del SEÑOR Todopoderoso: 'Sin duda vendrán días en que todo lo que hay en tu palacio, y todo lo que tus antepasados atesoraron hasta el día de hoy, será llevado a Babilonia. No quedará nada —dice el SEÑOR—. Y algunos de tus hijos y de tus descendientes serán llevados para servir como eunucos en el palacio del rey de Babilonia".
> (Isaías 39:5-7)

Esta profecía/predicción de Isaías sería más o menos equivalente, en el contexto moderno, a alguien que prediga que, dentro de cien años, la ciudad de Houston y el estado de Texas se levantarán y se rebelarán contra los Estados Unidos, formarán su propio poder independiente, y conquistarán México. ¿Alguien creería una predicción como esta? Sin embargo, esto es esencialmente lo que sucedió. Sin duda, en el año 612 a. C., unos cien años después de la declaración profética de Isaías, Nabopolasar, un general babilónico, y Ciáxares, el líder de los medos, se rebelaron contra Asiria y destruyeron su capital, Nínive. Siete años más tarde, el sucesor de Nabopolasar, Nabucodonosor, conquistó Judá, llevándose a Babilonia el tesoro que había sido exhibido con tanto orgullo por Ezequías.

Hay más sobre el cumplimiento específico de esta profecía. Recuerda que Isaías había dicho que algunos de los descendientes de la propia carne y sangre de Ezequías serían exiliados y se convertirían en eunucos en el palacio del rey de Babilonia. Desafortunadamente, esto fue exactamente lo que pasó. En el 605 a. C., el bisnieto de Ezequías, el rey Joacim, pagó tributo a Nabucodonosor, y varios cautivos/rehenes fueron llevados a Babilonia. Más tarde, Joacim se rebeló contra Babilonia. Poco después, murió y fue sucedido por su hijo, el tataranieto de Ezequías, Joaquín. Nabucodonosor regresó y sitió Jerusalén. La muralla de la ciudad fue atravesada, Joaquín huyó, y fue capturado. Él y muchos de su familia junto con eunucos del palacio fueron llevados al cautiverio en Babilonia. Esta tragedia ocurrió en el 597 a. C. en cumplimiento dramático y específico de la profecía de Isaías. Estos eventos se registran en 2 Reyes 24-25, así como en 2 Crónicas 36.

Isaías escribió la profecía de estos eventos más de cien años antes de que ocurrieran. Añadiendo un poco más a la ilustración usada anteriormente, esto sería como si un profeta moderno agregara a su predicción sobre Texas que en el momento en que este estado conquiste México, el tataranieto de Vincente Fox (el expresidente de México) estará en el poder, que será llevado a Houston y se mantendrá en cautiverio allí, junto con su familia. Ahora, confrontemos los hechos. Esta increíble profecía muestra que Dios habló a través de Isaías.

SETENTA AÑOS DE CAUTIVIDAD

El profeta Isaías predijo la destrucción de Jerusalén. Su sucesor, Jeremías, vivió los trágicos acontecimientos proclamados por Isaías. Dios le dio a Jeremías la tarea poco envidiable de profetizar la destrucción de Jerusalén mientras la ciudad estaba rodeada por las tropas de Nabucodonosor. Por decir lo menos, los líderes de Jerusalén no estaban muy complacidos cuando Jeremías aconsejó al pueblo que se rindieran y se entregara a sus odiados enemigos, los babilonios. Con el fin de callarlo, lo arrojaron al fondo de un pozo profundo para dejarlo morir allí.

Jeremías profetizó a Jerusalén su perdición diciendo: "Así dice el Señor Todopoderoso". En realidad, Jeremías no requería una habilidad profética milagrosa para predecir que el final estaba cerca de Jerusalén, cuando un ejército aparentemente insuperable rodeaba la ciudad. Probablemente hasta Jean Dixon podría haber acertado en esta ocasión. Sin embargo, durante esta crisis, Jeremías pudo profetizar un regreso a la grandeza para el pueblo de Dios.

> "Por eso, así dice el SEÑOR Todopoderoso: 'Por cuanto no han obedecido mis palabras, yo haré que vengan todos los pueblos del norte,

y también mi siervo Nabucodonosor, rey de Babilonia. Los traeré contra este país, contra sus habitantes y contra todas las naciones vecinas, y los destruiré por completo: ¡los convertiré en objeto de horror, de burla y de eterna desolación! —afirma el SEÑOR—. Haré que desaparezcan entre ellos los gritos de gozo y alegría, los cantos de bodas, el ruido del molino y la luz de la lámpara. Todo este país quedará reducido a horror y desolación, y estas naciones servirán al rey de Babilonia durante setenta años'.

'Pero, cuando se hayan cumplido los setenta años, yo castigaré por su iniquidad al rey de Babilonia y a aquella nación, país de los caldeos, y los convertiré en desolación perpetua' —afirma el SEÑOR". (Jeremías 25:8-12, énfasis agregado).

Dios hizo que esta profecía se cumpliera al pie de la letra. En el año 605 a. C. la primera parte de esta profecía se cumplió (mientras Jeremías aún vivía) cuando Nabucodonosor rodeó la ciudad y Joacim se vio obligado a rendirse. Los setenta años de cautiverio habían comenzado. Casi setenta años más tarde, mientras leía a Jeremías en la ciudad de Babilonia, Daniel, uno de los cautivos originales tomados en el año 605 a. C., leyó este pasaje.[3] Él estaba en la ciudad que había sido capturada por Ciro, el general persa, justo ese año. Hizo unos pequeños cálculos matemáticos y se dio cuenta de que la restauración de Israel era inminente. Daniel comenzó a orar.

Por supuesto, tal como Isaías había profetizado, setenta años después del cautiverio, y después de la destrucción de Jerusalén, el Imperio Babilónico fue destruido, y Ciro decretó el regreso de los judíos a Jerusalén. Daniel leyó el pasaje de Jeremías en "el primer año del reinado de Darío", que es el primer año después de la captura de Babilonia, o alrededor del 538 a. C. Este fue el año en que Ciro emitió su decreto, permitiendo a los judíos regresar a Jerusalén (Esdras 1:2-4). El remanente judío probablemente llegó a Jerusalén en el año 536 o 535 a. C., setenta años después del cautiverio en 605 a. C.[4]

¿Cómo supo Jeremías que una fuerza tan abrumadora como la del poderoso Imperio Babilónico solo duraría setenta años? ¿Y cómo supo que el remanente judío regresaría a Jerusalén setenta años después de que el cautiverio hubiera comenzado? La respuesta es obvia.

---

3. Daniel 9:1-3
4. Para un debate más cuidadoso sobre la fecha del cautiverio y el regreso, leer a Sir Robert Anderson, *Daniel in the Critic's Den* (Daniel en el foso de los críticos) (Grand Rapids, Michigan: Kregel Publications, 1990), pp. 153-159, y a John M. Oakes, *Daniel: Un profeta las naciones* (Spring, Texas: Illumination Publishers, de próxima publicación).

CIRO, EL SALVADOR DE ISRAEL

Si Daniel hubiera leído Isaías cuidadosamente, incluso podría haber sabido antes de tiempo quién sería el que conquistaría Babilonia. Podría decirse que Isaías 44:28-45:4 y 45:13 son las profecías más específicas del Antiguo Testamento.

> "Yo afirmo que Ciro es mi pastor,
>   y dará cumplimiento a mis deseos;
> dispondrá que Jerusalén sea reconstruida,
>   y que se repongan los cimientos del templo".
>
> Así dice el SEÑOR a Ciro, su ungido,
>   a quien tomó de la mano derecha
> para someter a su dominio las naciones
>   y despojar de su armadura a los reyes,
> para abrir a su paso las puertas
>   y dejar abiertas las entradas:
>
> "Marcharé al frente de ti,
>   y allanaré las montañas;
> haré pedazos las puertas de bronce
>   y cortaré los cerrojos de hierro.
> Te daré los tesoros de las tinieblas,
>   y las riquezas guardadas en lugares secretos,
> para que sepas que yo soy el SEÑOR,
>   el Dios de Israel, que te llama por tu nombre.
> Por causa de Jacob mi siervo,
>   de Israel mi escogido,
> te llamo por tu nombre
>   y te confiero un título de honor,
> aunque tú no me conoces". [...]
>
> "Levantaré a Ciro en justicia;
>   allanaré todos sus caminos.
> Él reconstruirá mi ciudad
>   y pondrá en libertad a mis cautivos,
> pero no por precio ni soborno.
>   Lo digo yo, el SEÑOR Todopoderoso". (Isaías 44:28-45:4, 45:13)

Ciro, más tarde conocido como Ciro el Grande, completó su meteórico ascenso al poder como la cabeza del gran Imperio Persa/Medo en el 550 a. C. No fue sino hasta el 539 a. C. que pudo, con la ayuda de sus aliados medos, conquistar la ciudad de Babilonia, liberando finalmente a los judíos de su cautiverio. ¿Cómo supo Isaías el nombre del libertador de Israel tiempo antes del 700 a. C.? Que Isaías adivine correctamente en los años 700 a. C. que los babilonios políticamente impotentes subirían al poder y destruirían Asiria es bastante notable. Luego, cuando pasó a predecir que el pueblo de Dios sería liberado del cautiverio después de setenta años, alcanzó el nivel más alto en la escala de asombro. Pero cuando Isaías supo el nombre del general, que aún no había nacido, que conquistaría Babilonia y liberaría al pueblo de Dios de la esclavitud más de ciento cincuenta años antes de que ocurriera, bueno, ¿qué se puede decir al respecto?

El escéptico solo tiene una alternativa concebible en esta situación, que es afirmar que Isaías 44 y 45 es una inserción tardía posterior a los hechos. Por supuesto, no tienen pruebas confiables que respalden su afirmación. Su principal posesión es su convicción de que la Biblia debe ser obra humana. Una explicación más razonable de los hechos es que esta increíble profecía de Isaías es parte de la razón por la que el libro finalmente se convirtió en una parte aceptada de la Escritura hebrea. Dios prácticamente forzó la mano de los escribas y maestros. El hecho de que Dios inspiró a Isaías debe haber sido obvio para cualquiera que lo leyera desde el momento de la restauración de Israel en adelante.

En realidad, hay algunos otros detalles en la profecía de Isaías, además del simple nombramiento de Ciro como el libertador de Israel. Este pasaje dice específicamente que Ciro "dispondrá que Jerusalén sea reconstruida, y que se repongan los cimientos del templo". Ya se ha mencionado el hecho históricamente único de que Ciro llevó a cabo una política de retorno de exiliados a sus tierras natales para reconstruir sus naciones. En 2 Crónicas 36:23 se encuentra uno de los decretos de Ciro:

> "El SEÑOR, Dios del cielo, que me ha dado todos los reinos de la tierra, me ha encargado que le construya un templo en la ciudad de Jerusalén, que está en Judá. Por tanto, cualquiera que pertenezca a Judá, que se vaya, y que el SEÑOR su Dios lo acompañe".

¡Quizás por ese entonces a Ciro le habían mostrado una copia de Isaías! De hecho, Ciro, así como sus sucesores, ofrecieron cantidades significativas de dinero de sus tesoros para apoyar la reconstrucción del templo y de la ciudad de Jerusalén.

La profecía también dice que Ciro someterá a las naciones y abrirá puertas delante de él para que las puertas no se cierren. Sucede que cuando Ciro conquistó Babilonia, hizo desviar a sus ejércitos al río Éufrates. Una vez que el lecho del río estaba casi seco, sus ejércitos marcharon hacia la ciudad y abrieron las puertas casi sin forcejear.

Dios, a través de Isaías, predijo también en Isaías 45:1, 4 que llamaría a Ciro por su nombre (ciertamente lo hizo), y que le daría un título de honor, a pesar de que él no reconocería el nombre de Jehová. En Isaías 45:13, Dios declara específicamente que Ciro "reconstruirá mi ciudad" (Jerusalén) y "pondrá en libertad a mis cautivos, pero no por precio ni soborno". Ciro sí liberó a los exiliados, sin ninguna obvia recompensa financiera o ni siquiera política. Esta profecía raramente mencionada es, sin duda, una de las más asombrosas de todas las Escrituras.

Se podría citar un gran número de otras profecías del Antiguo Testamento cumplidas durante la época de este, pero los ejemplos utilizados aquí deberían proporcionar bastante evidencia de la inspiración de la Biblia. Además, pueden dar una idea de cómo se seleccionaron los libros del Antiguo Testamento en primer lugar. Todos estos escritos pasaron la prueba de Deuteronomio 18:22-23.

PROFECÍAS DEL ANTIGUO TESTAMENTO CUMPLIDAS "EN MEDIO DE LOS TESTAMENTOS"

Hay también profecías que se encuentran en el Antiguo Testamento cuyo cumplimiento no se encuentra en la Biblia, sino en las páginas de la historia. Esto es especialmente cierto para las profecías del Antiguo Testamento que se cumplieron en el período "en medio de los Testamentos".[5]

Con la finalización del libro de Malaquías, alrededor del 435 a. C., reinó un período de silencio bíblico durante más de cuatrocientos cincuenta años. Ciertamente este no fue un período en el que Dios no estaba obrando; nada de eso. Sin embargo, durante un período de varios siglos, no se entregó ninguna nueva revelación de Dios en forma de Escritura. El tiempo de los profetas parecía haber cesado. Por supuesto, la situación cambió cuando, de la manera más drástica, Juan el Bautista se apareció a Israel fuera del desierto vistiendo ropa de pelo de camello. Pero esa es otra historia.

Por lo que debe haber parecido un tiempo extremadamente largo para los judíos, la profecía cesó. Muchos deben haber sentido que los días de gloria habían terminado para siempre. Sin embargo, Dios no había dejado de hablarle a su pueblo. Durante el tiempo entre los Testamentos les habló a través del cumplimiento histórico increíblemente específico de las profecías, año tras año. A pesar de la falta de nueva revelación de Dios, estas profecías cumplidas proporcionaron un flujo constante de pruebas al fiel Israel de que el Dios que habló por medio de los profetas definitivamente estaba aún trabajando en el mundo. El judío fiel en la época en medio de los Testamentos podía ver cómo los imperios se elevaban y caían, como los reyes iban y venían, a medida que los tiempos de paz y de persecución pasaban exactamente como lo predijeron los profetas, incluyendo detalles asombrosamente exactos que mostraban la huella digital segura de Dios.

Los judíos pudieron ver la profecía cumplida en su época, probando que Dios obraba en su mundo, para que nosotros podamos ver

---

5. Una fuente muy recomendable que dará vida a algunas de las profecías en Daniel es Charles F. Pfeiffer, *Between the Testaments* (entre los testamentos) (Grand Rapids, Michigan: Baker Books, 1959).

maravillosas evidencias de la inspiración de la palabra de Dios. Aunque no tenemos el impacto inmediato de ver las palabras de Dios cumplidas en acontecimientos específicos en nuestro tiempo, tenemos la ventaja de la perspectiva histórica, que nos posibilita estudiar los hechos de la historia a la luz de la profecía bíblica desde una distancia que nos permite una imagen general de cómo Dios obra a través de las personas, los acontecimientos y los movimientos de la historia.

Hay docenas de profecías del Antiguo Testamento que se cumplieron en el tiempo entre los dos Testamentos. En aras de la sencillez y la claridad de la presentación, nos centraremos solo en las que se encuentran en el libro de Daniel. Para una descripción más amplia de las profecías de Jeremías, Isaías, Ezequiel y de otros libros que se cumplieron durante este tiempo, se recomienda el libro Evidencia que exige un veredicto.[6]

El libro de Daniel tiene un tema similar al de su equivalente del Nuevo Testamento, Apocalipsis. Fue escrito con el fin de alentar al pueblo de Dios a permanecer fiel sin importar la presión del mundo a ajustarse a su estándar impío de comportamiento. Más específicamente, el libro de Daniel fue escrito para alentar a los judíos en la época en medio de los Testamentos que iban a sufrir un nivel sin precedentes de persecución, especialmente bajo el infame gobernante Antíoco Epífanes.[7] Por supuesto, Daniel contiene acontecimientos reales de la vida de Daniel, Sadrac, Mesac y Abednego que son un gran estímulo para permanecer fiel a pesar de la persecución. Sin embargo, son las profecías y visiones predictivas de Daniel las que son relevantes para este debate.

En pocas palabras, las visiones de Daniel proporcionan un registro detallado de la historia política del Oriente Próximo durante los seiscientos años posteriores a la muerte del profeta. No hay ningún otro escrito en la historia de la humanidad que sea remotamente semejante a Daniel. Pertenece a un género literario por sí mismo: ¡libros sobre la historia futura!

De hecho, ya hemos examinado dos ejemplos. Ya hemos visto que Daniel predijo el hecho de que Jesús llegaría a Jerusalén durante la época de la influencia romana en Palestina. Él incluso predijo el año en que Jesucristo sería asesinado, casi seiscientos años antes de que ocurriera. Eso es increíble, pero aún hay más.

---

6. Josh McDowell, *Evidencia que exige un veredicto: Evidencias históricas de la fe cristiana* (Deerfield, Florida: Vida, 1993). Este volumen incluye profecías específicas sobre el destino de Tiro, Sidón, Gaza, Samaria, Edom, Nínive, Babilonia y otros. Hay mucha buena información aquí. Desafortunadamente, en la versión actualizada, Nueva Evidencia que demanda un veredicto, McDowell deja fuera este material.

7. Para un tratamiento más exhaustivo de este tema, véase John Oakes, *Daniel: Un profeta para las naciones* (Spring, Texas: Illumination Publishers, de próxima publicación). Este libro tiene un tratamiento mucho más exhaustivo de las profecías predictivas en Daniel. También proporciona una buena cantidad de los antecedentes históricos necesarios para entender completamente las visiones de Daniel.

EL SUEÑO DE NABUCODONOSOR

Consideremos, por ejemplo, el sueño de Nabucodonosor tal como lo interpretó Daniel en el segundo capítulo de su libro. Ya hemos echado un vistazo a este capítulo en el contexto de la discusión de la profecía mesiánica. Lo veremos con más detalle ahora. Daniel 2 es un relato de Nabucodonosor, el rey de Babilonia y conquistador de Jerusalén. En el segundo año de su reinado (es decir, alrededor del año 603 a. C.), Nabucodonosor tuvo un sueño extremadamente vívido que lo molestó enormemente. Llamó a sus astrólogos, así como a varios místicos y sabios, para que interpretaran su sueño, bajo pena de muerte. Aparentemente, no confiaba en sus propios "videntes". Con el fin de asegurar la exactitud de la interpretación de su sueño, se negó a decirles el sueño en sí. Bajo amenaza de muerte, Daniel oró a Dios pidiendo ayuda para interpretar el sueño, y Dios respondió a su oración. Con la ayuda de Dios, Daniel le dijo a Nabucodonosor con detalle el sueño que había tenido, y proporcionó la interpretación del sueño.

> "En su sueño Su Majestad veía una estatua enorme, de tamaño impresionante y de aspecto horrible. La cabeza de la estatua era de oro puro, el pecho y los brazos eran de plata, el vientre y los muslos eran de bronce, y las piernas eran de hierro, lo mismo que la mitad de los pies, en tanto que la otra mitad era de barro cocido. De pronto, y mientras Su Majestad contemplaba la estatua, una roca que nadie desprendió vino y golpeó los pies de hierro y barro de la estatua, y los hizo pedazos. Con ellos se hicieron añicos el hierro y el barro, junto con el bronce, la plata y el oro. La estatua se hizo polvo, como el que vuela en el verano cuando se trilla el trigo. El viento barrió con la estatua, y no quedó ni rastro de ella. En cambio, la roca que dio contra la estatua se convirtió en una montaña enorme que llenó toda la tierra.
>
> "Este fue el sueño que tuvo Su Majestad, y este es su significado: Su Majestad es rey entre los reyes; el Dios del cielo le ha dado el reino, el poder, la majestad y la gloria. Además, ha puesto en manos de Su Majestad a la humanidad entera, a las bestias del campo y a las aves del cielo. No importa dónde vivan, Dios ha hecho de Su Majestad el gobernante de todos ellos. ¡Su Majestad es la cabeza de oro!
>
> "Después de Su Majestad surgirá otro reino de menor importancia. Luego vendrá un tercer reino, que será de bronce, y dominará sobre toda la tierra. Finalmente, vendrá un cuarto reino, sólido como el hierro. Y así como el hierro todo lo rompe, destroza y pulveriza, este cuarto reino hará polvo a los otros reinos.
>
> "Su Majestad veía que los pies y los dedos de la estatua eran mitad hierro y mitad barro cocido. El hierro y el barro, que Su Majestad vio mezclados, significan que este será un reino dividido, aunque tendrá la fuerza del hierro. Y como los dedos eran también mitad hierro y mitad barro, este reino será medianamente fuerte y medianamente débil. Su Majestad vio mezclados el hierro y el barro, dos elementos que no pueden

fundirse entre sí. De igual manera, el pueblo será una mezcla que no podrá mantenerse unida.

En los días de estos reyes el Dios del cielo establecerá un reino que jamás será destruido ni entregado a otro pueblo, sino que permanecerá para siempre y hará pedazos a todos estos reinos". (Daniel 2:31-44)

¡Al interpretar el sueño, con la ayuda de Dios, ¡Daniel proporcionó un esquema rápido de la historia del Oriente Próximo durante los siguientes dos mil años! También profetizó la venida del reino de Dios. Daniel le dijo a Nabucodonosor que la cabeza de oro era el imperio/reino de Babilonia. Debido a que Nabucodonosor era el emperador de Babilonia, Daniel lo dijo como un cumplido: "¡Su Majestad es la cabeza de oro!" Babilonia tuvo dominio sobre una gran parte del Oriente Próximo aproximadamente desde el 610 a. C. hasta el 538 a. C. Probablemente, para evitar ofender a Nabucodonosor, Daniel restó importancia al reino representado por el pecho y los brazos de plata, porque iba a derrotar a Babilonia. El imperio que conquistó Babilonia fue el doble Imperio Persa/Medo, bajo el mando de Ciro. Persia gobernó la mayor parte del mundo conocido durante poco más de doscientos años. El pecho de plata era Persia.

El Imperio Persa fue destruido en el 331 a. C. por los ejércitos de Alejandro Magno. Alejandro fundó un imperio que incluía a toda la antigua Persia, además de Egipto y Grecia. Daniel predijo con precisión que Alejandro y sus sucesores griegos "dominará sobre toda la tierra [conocida]". Esa fue del todo una predicción, dado que se hizo casi trescientos años antes de la aparición de Alejandro en la escena. El vientre y los muslos de bronce en el sueño de Nabucodonosor eran Grecia.

Parece, sin embargo, que la interpretación de Daniel se centró principalmente en el cuarto reino, el de hierro. No se requiere que un especialista histórico señale qué antiguo imperio se describiría mejor como uno hecho de hierro, que "todo lo rompe, destroza y pulveriza". Por supuesto, exactamente como predijo Daniel, comenzando alrededor del 170 a. C., y terminando en la batalla de Accio en el 31 a. C., Roma destruyó por completo todos los restos de los imperios helénicos establecidos por los ejércitos de Alejandro Magno.

Tal como lo representa vívidamente Daniel, Roma fue el imperio más poderoso de toda la historia humana. Sin embargo, también como lo describió Daniel, fue "un reino dividido". Después de siglos de dominio mundial, Roma se separó en los Imperios Oriental y Occidental. Constantino estableció Constantinopla (también conocida como Bizancio o como la moderna Estambul) como una capital oriental alternativa para el imperio durante su reinado (306-337 d. C.). Finalmente, el Imperio Romano fue dividido permanentemente después del 395 d. C. ¿Cómo supo Daniel de todo esto en el año 603 a. C.?

Incluso la parte del sueño sobre los pies, hechos en parte de hierro y en parte de barro cocido, sucedió en la historia exactamente como lo describe Daniel. Después de la separación, el Imperio Occidental, centrado en Roma, demostró ser muy frágil. "Bárbaros" como los godos, los vándalos y otros, lo atacaron repetidamente. Finalmente, el último emperador romano occidental fue derrocado y Roma fue saqueada en el 476 d. C. La mitad occidental del Imperio Romano era la parte de "barro" de las piernas.

La cuestión con el Imperio Oriental, comúnmente conocido como Bizancio, fue muy diferente. Esta fue la parte hecha, en palabras de Daniel, de hierro. El Imperio Romano Oriental perduró más de mil años después de que Roma se dividiera. Bizancio fue el poder que protegió a Europa de los ataques de los árabes durante muchos siglos, cediendo finalmente a la derrota a manos de los turcos otomanos el 29 de mayo de 1453. La increíble profecía de Daniel describió, resumidamente, la historia de Asia occidental, el norte de África y el sur de Europa durante dos mil años. ¡Esto sin duda ayudará a los no creyentes a ver la fiabilidad de la Biblia!

Después de esbozar brevemente la historia del mundo en los siguientes dos milenios, Daniel continuó describiendo cómo durante la época de Roma, Dios establecería un reino espiritual que perduraría para siempre. Esto ya fue descrito en la sección sobre profecía mesiánica. Vale la pena recordar que la iglesia, el reino de Dios, ciertamente sobrevivió al Imperio Romano que luchó tan ferozmente para destruirla. Uno solo puede imaginarse cómo los miembros de la iglesia en los dos primeros siglos se sintieron animados con Daniel capítulo 2.

SUEÑOS BESTIALES

Si Daniel capítulo 2 proporciona un amplio esquema histórico del futuro, los capítulos 7 y 8 de Daniel rellenan los detalles. En el capítulo 7, Daniel describió una visión en la que vio a cuatro bestias enormes que salían "del mar": un león, un oso, un leopardo y una cuarta bestia, que Daniel describió así: "Era extremadamente horrible y poseía una fuerza descomunal. Con sus grandes colmillos de hierro aplastaba y devoraba a sus víctimas, para luego pisotear los restos" (Daniel 7:7).

Las cuatro bestias de Daniel 7 son las cuatro partes de la estatua gigante en Daniel 2: Babilonia, Persia, Grecia y Roma. La primera bestia (v. 4), el león, es Babilonia, a cuyo líder Nabucodonosor "se le dio un corazón humano". La segunda bestia (v. 5), el oso, era Persia. El oso tenía tres costillas en la boca, que eran los tres grandes reinos que Persia conquistó: Babilonia, Lidia y Egipto. Daniel incluso registró correctamente el número de costillas en la boca del oso. La tercera bestia (v. 6), el leopardo, fue Grecia, bajo Alejandro Magno y las dinastías griegas que le sucedieron al poder. Estos sucesores solo llegaron a ser cuatro ("Esta bestia tenía cuatro cabezas"). Sin embargo, no hay duda de que esta visión se centró principalmente en proporcionar al pueblo de Dios información sobre la cuarta bestia, la terrible, es decir, Roma. Sería muy útil que el lector leyera todo Daniel 7 para obtener el contexto.

A Daniel se le dio la interpretación de la visión de las cuatro bestias a través de un ser celestial. A continuación, la interpretación:

"Yo, Daniel, me quedé aterrorizado, y muy preocupado por las visiones que pasaban por mi mente. Me acerqué entonces a uno de los que estaban allí, y le pregunté el verdadero significado de todo esto. Y esta fue su interpretación: 'Las cuatro grandes bestias son cuatro reinos que se levantarán en la tierra, pero los santos del Altísimo recibirán el reino, y será suyo para siempre, ¡para siempre jamás!'

"Quise entonces saber el verdadero significado de la cuarta bestia, la cual desmenuzaba a sus víctimas y las devoraba, pisoteando luego sus restos. Era muy distinta a las otras tres, pues tenía colmillos de hierro y garras de bronce. ¡Tenía un aspecto espantoso! Quise saber también acerca de los diez cuernos que tenía en la cabeza, y del otro cuerno que le había salido y ante el cual habían caído tres de ellos. Este cuerno se veía más impresionante que los otros, pues tenía ojos y hablaba con insolencia.

"Mientras observaba yo, este cuerno libró una guerra contra los santos y los venció. Entonces vino el Anciano y emitió juicio en favor de los santos del Altísimo. En ese momento los santos recibieron el reino.

"Esta fue la explicación que me dio el venerable Anciano:

'La cuarta bestia es un cuarto reino
    que surgirá en este mundo.
Será diferente a los otros reinos;
    devorará a toda la tierra;
    ¡la aplastará y la pisoteará!
Los diez cuernos son diez reyes
    que saldrán de este reino.
Otro rey les sucederá,
    distinto a los anteriores,
    el cual derrocará a tres reyes.
Hablará en contra del Altísimo
    y oprimirá a sus santos;
tratará de cambiar las festividades
    y también las leyes,
y los santos quedarán bajo su poder
    durante tres años y medio'". (Daniel 7:15-25)

Daniel recibió esta visión en el 553 a. C., durante el reinado de Baltasar, emperador de Babilonia. En ella, se le mostró con increíble detalle la persecución de la iglesia en el siglo I d. C., más de seiscientos años en el futuro. ¡Esto es increíble! Esto es inexplicable (a menos que, por supuesto, la Biblia esté inspirada por Dios).

Roma era la bestia indescriptiblemente horrible de la visión. Tal como Daniel lo describió, Roma rompió y aplastó a todas las naciones que estaban delante de ella. Pero ¿qué hay de los diez cuernos en la visión?

Estos son los primeros diez emperadores de Roma: Augusto, Tiberio, Calígula, Claudio, Nerón, Galba, Otón, Vitelio, Vespasiano y Tito. En realidad, la visión se centra en el undécimo cuerno, el "otro cuerno que le había salido y ante el cual habían caído tres de ellos". Este cuerno (o rey) fue el undécimo emperador de Roma: Domiciano. Domiciano fue el primer perseguidor sistemático de la iglesia. Antes de su reinado, habían estallado las persecuciones locales esporádicas, pero la suya fue la primera política oficial de todo el imperio para tratar de acabar con esta nueva secta. Reinó desde 81-96 d. C. Más de cuatrocientos años antes del evento, Daniel predijo que el undécimo emperador de Roma comenzaría una gran persecución contra los santos.

Entonces, ¿qué hizo este "undécimo cuerno"? Domiciano, a través de su padre, derrocó a tres emperadores que gobernaron simultáneamente: Galba, Otón y Vitelio, cumpliendo con las palabras de la profecía: "derrocará a tres reyes".[8] ¿Y qué hay de la frase, concerniente a este undécimo cuerno, de que "tenía ojos y hablaba con insolencia"? Los contemporáneos de Domiciano fueron unánimes al describirlo como extremadamente jactancioso. Era aún más arrogante que sus predecesores, que es mucho decir. Esto es exactamente como lo describe Daniel. Era tan orgulloso que incluso cambió el calendario romano, para que el mes de octubre se llamara Domicianus. La forma en que Daniel describió los esfuerzos de Domiciano de cambiar el calendario en su visión fue que el undécimo cuerno "cambiaría los tiempos" (NBLA). Afortunadamente, después de la muerte de Domiciano, sus sucesores volvieron a llamarlo octubre.[9]

En el versículo 25, el ángel también le dijo a Daniel que el undécimo cuerno trata de "cambiar [...] las leyes". Esto es exactamente lo que Domiciano hizo. Durante su reinado, Domiciano expulsó todo el sistema jurídico romano (uno de los mayores jamás creados) e insertó el suyo en su lugar. Inmediatamente después de su muerte, el senado romano expulsó el sistema legal de Domiciano en favor de la ley romana original.

El ángel que le interpretó la visión a Daniel continuó describiendo cómo el "otro cuerno" oprimiría a los santos durante "un tiempo, tiempos y medio tiempo" (NBLA). En la literatura apocalíptica, tres "tiempos" y medio representan un período limitado de persecución. Por supuesto, esto es exactamente lo que pasó. Domiciano fue el primero en perseguir sistemáticamente a la iglesia, y en el transcurso de los siguientes 220 años,

---

8. Este, al igual que muchos otros aspectos de esta profecía están explicados con más detalle en John Oakes, *Daniel: Un profeta para las naciones* (Spring, Texas: Illumination Publishers, de próxima publicación).

9. En realidad, el nombre octubre no es un nombre muy afortunado, ya que significa literalmente el octavo mes, ¡mientras que octubre es en realidad el décimo mes! Los romanos insertaron julio (llamado así por Julio César) y agosto (llamado así por Augusto César) frente a septiembre en memoria de dos emperadores que merecían el honor mucho más que Domiciano.

los períodos de intensa persecución contra los discípulos de Cristo iban y venían, pero finalmente, las persecuciones cesaron, y la iglesia duró más que el Imperio Romano.

¿Cómo supo Daniel, en el 553 a. C., acerca de Domiciano y sus persecuciones contra la iglesia a finales del siglo I d. C.? ¿Cómo supo acerca de la jactancia descarada de Domiciano y sus intentos de cambiar el calendario? ¿Cómo supo que Domiciano reemplazaría todo el sistema jurídico romano? ¿Cómo supo sobre los tres reyes que Domiciano sometería? ¿Cómo supo que el undécimo emperador de Roma sería el primer perseguidor sistemático de la iglesia? ¿Cómo supo que las persecuciones iban a ser solo temporales y que, en última instancia, los santos triunfarían? Buenas preguntas. Solo me viene a la mente una respuesta posible. Ten en cuenta que esta profecía pasa todas las pruebas descritas anteriormente. Definitivamente es una profecía sobre el futuro y su cumplimiento es, sin duda, una cuestión de registro histórico. Hay muchos otros detalles muy específicos contenidos en esta visión que se cumplieron de una manera dramática en la historia (por favor, revisa mi libro sobre Daniel), pero en virtud del espacio y el tiempo, debemos pasar a Daniel 8.

La segunda visión bestial de Daniel se encuentra en el capítulo 8 del libro. Este detalla más lo que fue, para Daniel, la historia futura. Tengo la esperanza de que el lector revise el capítulo 8 de Daniel para entender el contexto. Esta visión fue recibida en el tercer año de Baltasar, que fue el 551 a. C. En ella, Daniel fue testigo de dos bestias: un carnero y una cabra. En esta visión, el carnero y la cabra son el pecho de plata y el vientre de bronce de Daniel 2. También son el oso y el leopardo de Daniel 7; el imperio medo/persa y el griego.

En la visión, Daniel describió a la primera de las dos bestias.

> "Me fijé, y vi ante mí un carnero con sus dos cuernos. Estaba junto al río, y tenía cuernos largos. Uno de ellos era más largo, y le había salido después.
>
> "Me quedé observando cómo el carnero atacaba hacia el norte y hacia el sur. Ningún animal podía hacerle frente, ni había tampoco quien pudiera librarse de su poder. El carnero hacía lo que quería, y cada vez cobraba más fuerza". (Daniel 8:3-4)

Para una persona que lee a Daniel sin conocer la historia antigua, esto ciertamente podría parecer una visión extraña. Sin embargo, una pequeña lectura a la historia de los siglos VI y V a. C. proporcionará fácilmente una interpretación de esta visión. El carnero representa al imperio que destruyó el Imperio Babilónico. Daniel describió un carnero con dos cuernos. Sucede que el imperio que destruyó Babilonia fue una alianza entre los medos muy poderosos y los persas menos importantes. Estos son los dos cuernos. El líder de la campaña contra Babilonia fue el general persa Ciro. Debido a su extraordinario liderazgo, Persia finalmente se convirtió en la parte dominante del Imperio Medo/Persa. Esto es ciertamente una reminiscencia de: "Uno de ellos era más largo, y le había salido después". Bajo el mando de Ciro, los persas derrotaron primero a Babilonia (al oeste), luego al gran reino de Lidia, bajo el mando del rey Creso (al norte), y finalmente a Egipto (al sur). Daniel dijo que el carnero atacó "al oeste, al norte y al sur" (NBLA). ¿A alguien le gustaría apostar sobre si Daniel acertó esto por suerte y no por la inspiración de Dios?

La descripción de Daniel sobre la cabra es aún más impresionante por el nivel de detalle que proporciona:

> "Mientras reflexionaba yo al respecto, de pronto surgió del oeste un macho cabrío, con un cuerno enorme entre los ojos, y cruzó toda la tierra sin tocar siquiera el suelo. Se lanzó contra el carnero que yo había visto junto al río, y lo atacó furiosamente. Yo vi cómo lo golpeó y le rompió los dos cuernos. El carnero no pudo hacerle frente, pues el macho cabrío lo derribó y lo pisoteó. Nadie pudo librar al carnero del poder del macho cabrío.
>
> "El macho cabrío cobró gran fuerza, pero en el momento de su mayor grandeza se le rompió el cuerno más largo, y en su lugar brotaron cuatro grandes cuernos que se alzaron contra los cuatro vientos del cielo". (Daniel 8:5-8)

Nuevamente, si no hubiera un trasfondo histórico, esta visión probablemente parecería estrafalaria. En la visión, la cabra es Grecia y el cuerno prominente es Alejandro Magno. Poco más de doscientos años después de las grandes victorias de Ciro, el Imperio Persa había perdido gran parte de su fuerza, aunque todavía conservaba casi todo su territorio. De repente, en el año 334 a. C., un brillante y audaz general macedonio cruzó los Dardanelos, desde Grecia hasta Asia. Con un pequeño ejército, Alejandro recorrió todo el Imperio Persa, aparentemente "sin tocar siquiera el suelo". Con su pequeño, pero extremadamente disciplinado ejército, derrotó repetidamente a los ejércitos de los persas, que eran mucho más grandes. El Imperio Medo/Persa es "el carnero" y fue completamente destruido en el 331 a. C. Su último emperador, Darío III, fue asesinado en el 330 a. C.

Alejandro conquistó Egipto y toda Palestina. Continuó en el actual Pakistán, y estaba empezando a amenazar todo el subcontinente indio, cuando se vio obligado a regresar, no por una derrota militar, sino por un motín de sus tropas. Por último, "en el momento de su mayor grandeza se le rompió el cuerno más largo". En el 323 a. C., Alejandro murió a la edad de solo 33 años. La precisión de la visión de Daniel para predecir el futuro es suficiente para desafiar el escepticismo de cualquier crítico.

En realidad, hay más. En la visión de Daniel, el cuerno grande (Alejandro) fue reemplazado por "cuatro grandes cuernos que se alzaron contra los cuatro vientos del cielo". ¿A qué se refiere la visión? Cuando Alejandro murió, dejó solo un bebé como heredero. Casi de inmediato, estallaron combates entre sus generales por el control de su vasto imperio. Por el año 319 a. C., el imperio se había dividido efectivamente entre cuatro poderosos generales, cada uno de los cuales estableció una dinastía griega. Los cuatro fueron Lisímaco de Tracia en el norte (Tracia y Asia Menor), Casandro en el oeste (Macedonia y Grecia), Ptolomeo en el sur (Egipto y Palestina) y Antígono en el este (de Siria a La India). ¿Suena como un cuerno muy poderoso siendo reemplazado por cuatro cuernos prominentes hacia los cuatro vientos del cielo? Pero Daniel aún no termina.

> "De uno de ellos salió otro cuerno, pequeño al principio, que extendió su poder hacia el sur y hacia el este, y también hacia nuestra hermosa tierra. Creció hasta alcanzar al ejército de los cielos, derribó algunas estrellas y las pisoteó, y aun llegó a sentirse más importante que el jefe del ejército de los cielos. Por causa de él se eliminó el sacrificio diario y se profanó el santuario. Por la rebeldía de nuestro pueblo, su ejército echó por tierra la verdad y quitó el sacrificio diario. En fin, ese cuerno hizo y deshizo". (Daniel 8:9-12)

El lector no se sorprenderá al saber que cada parte de esta visión se cumplió en la historia, hasta el más mínimo detalle. El quinto cuerno que salió de uno de los cuatro cuernos, pero comenzó pequeño, fue Seleuco. Seleuco fue el general más poderoso de Ptolomeo de Egipto. Tuvo tanto éxito en la lucha contra Antígono que fue capaz de obtener un territorio propio en Mesopotamia. Finalmente, estableció una dinastía que era un rival de los Ptolomeos. Seleuco y sus sucesores se expandieron al sur (conquistando Siria y Palestina) y al este (conquistando Elam, Persia y Media). Finalmente, Antíoco III, el bisnieto de Seleuco, tomó Jerusalén del reino ptolemaico, tomando "nuestra hermosa tierra". Esto es exactamente como lo predijo Daniel. Como se puede ver, los detalles de la profecía de Daniel se desarrollaron punto por punto.

Finalmente, el hijo de Antíoco III, el temido Antíoco IV Epífanes, tomó el trono. Promulgó una política de destrucción de la religión judía, comenzando lo que bien pudo haber sido la persecución más intensa contra el judaísmo en tiempos antiguos. Antíoco prohibió la circuncisión con pena de muerte. Tenía una estatua de sí mismo colocada en el templo. Cometió lo que debió parecer la peor abominación concebible para los judíos cuando sacrificó un cerdo a un dios pagano en el templo. También ilegalizó el sacrificio diario. Esto es a lo que Daniel se refería en su visión cuando mencionó que el quinto cuerno "llegó a sentirse más importante que el jefe del ejército de los cielos" y "por causa de él se eliminó el sacrificio diario y se profanó el santuario". Esta fue una descripción bastante precisa, teniendo en cuenta que Daniel estaba escribiendo en el 551 a. C. sobre los acontecimientos que ocurrieron en el 167 a. C.

Si se sigue leyendo en el capítulo 8, se verá que Daniel predijo que la persecución de Antíoco IV solo sería temporal, duraría unos 1.150 días o poco más de tres años. De hecho, la profanación del templo en Jerusalén comenzó a principios de diciembre del 167 a. C. y terminó el 25 de diciembre del 164 a. C., un período de casi 1.150 días. ¿Cómo supo Daniel la duración de un período de persecución casi cuatrocientos años antes de que ocurriera? La dedicación nuevamente del templo el 25 de diciembre del 164 a. C. todavía es celebrada por los judíos hoy en día en la fiesta de Janucá. Uno puede imaginarse a los judíos que permanecieron fieles a Dios durante las horribles persecuciones de Antíoco leyendo Daniel 8 y contando los días, hasta que Dios trajo juicio sobre Antíoco.

Probablemente el lector no necesita convencerse más de que el libro de Daniel es inspirado, pero aún hay más. Daniel capítulo 11, sin duda, superará el récord de la profecía más específica y detallada en toda la Biblia. En este capítulo, se puede encontrar lo que parece una descripción casi interminable de una guerra entre "el rey del norte" y "el rey del sur". El autor puede recordar vívidamente haber leído este pasaje por primera vez y haberse dicho a sí mismo "¿De qué rayos está hablando Daniel?". Tal vez, el lector se haya sentido así al leer el capítulo 11 de Daniel. Para cambiar esa forma de pensar, todo lo que se requiere es leer un libro de historia sobre el tiempo entre el Antiguo y el Nuevo Testamento. Daniel 11 es una descripción punto por punto, rey por rey, casi año por año de las interminables guerras entre la dinastía ptolemaica griega (los reyes del sur) y el imperio seléucida (los reyes del norte). Sería más allá del alcance de este libro entrar en todos los detalles para mostrar cómo Daniel 11 constituye historia futura, pero bastará con un párrafo muy corto tomado al azar de mi libro sobre Daniel. Describe solo un incidente en la guerra entre los ptolomeos y los seléucidas. La siguiente sección es una paráfrasis de Daniel 11:9-11, que proporciona los detalles históricos reales que están disponibles en las obras de historiadores antiguos como Josefo.

> (v. 9) Más tarde, Antíoco III, a veces conocido como Antíoco el Grande, tomará el trono en el reino del norte. Atacará el reino del sur en el 221 a. C., con cierto éxito, pero se verá obligado a retirarse por un general ptolemaico, Teodosiano. (v. 10) Sin dejarse intimidar, Antíoco III volverá al ataque del año 218 al 217 a. C., tomando las fortalezas de Tiro, Gaza e incluso Rafia, una fortaleza en la frontera de Egipto, propiamente dicho. (v.

11) Sin embargo, esta victoria en particular será efímera, ya que Ptolomeo IV Filopátor levantará un ejército y llevará a cabo una desastrosa derrota contra Antíoco III, retomando todo el territorio conquistado. [10]

Un paralelo entre este boceto histórico y la visión dada en Daniel 11:9-11 mostrará cuán convincente es la marca de inspiración que Dios ha proporcionado en este pasaje.

Uno podría preguntarse por qué Dios dio una visión tan detallada de una serie de guerras que no pertenecían directamente a los judíos. En realidad, estas pertenecían mucho a los judíos. Eventualmente, las guerras entre los Ptolomeos y los Seléucidas llegaron a Jerusalén. De hecho, estas mismas guerras finalmente condujeron a las persecuciones de Antíoco IV. Se describen con detalles aún más vívidos en Daniel 11:31-35 que en Daniel capítulo 8. Esta increíble profecía fue dada para proporcionar aliento a los judíos que iban a someterse a las terribles persecuciones de Antíoco IV. Esto demuestra que Dios finalmente comprobará su fidelidad a su pueblo, no importa cuán mala pueda parecer la situación en ese momento. Los judíos pudieron leer en Daniel sobre algunos detalles de las persecuciones de Antíoco, pero también sobre su juicio final por parte de Dios. "Algunos de los sabios caerán, pero esa prueba los purificará y perfeccionará, para que cuando llegue la hora final no tengan mancha. Todavía falta mucho para que llegue el momento preciso" (Daniel 11:35). Incluso hoy en día, cualquiera que lea el libro de Daniel puede sentirse confortado, tanto por la profecía como por su cumplimiento.

PROFECÍAS DEL NUEVO TESTAMENTO CUMPLIDAS

Por ahora, el lector está convencido de que las profecías mesiánicas no son las únicas predicciones que se pueden utilizar para demostrar que Dios inspiró la Biblia. Hemos visto profecías que se cumplieron cientos de años después de que el profeta hablara, pero antes de que Jesús entrara en escena. Hay un número menor de ejemplos de profecías del Nuevo Testamento que se cumplieron durante los tiempos del Nuevo Testamento. Aunque el número de ejemplos es menor, proporcionan una visión interesante de la profecía bíblica que se cumple en la vida de los oyentes originales. En esta sección, veremos algunas de ellas.

Las profecías tanto dadas como cumplidas en los tiempos del Nuevo Testamento pueden no proporcionar una prueba tan fehaciente de la inspiración de la Biblia para el lector moderno, como sí lo hicieron algunos de los ejemplos anteriores. Esto sería cierto debido a que las predicciones no se efectuaron tan alejadas temporalmente del cumplimiento de la profecía. Debido a que la audiencia original del mensaje, la escritura de

---

10. John Oakes, *Daniel: Un profeta para las naciones* (Spring, Texas: Illumination Publishers, de próxima publicación), capítulo 12.

esa profecía y el cumplimiento de la misma ocurrieron dentro de una o dos generaciones, el escéptico puede argumentar (ya sea verdad o no) que la evidencia fue manipulada. Sin embargo, estas profecías ayudarán a completar la imagen de cómo Dios trabajó tanto en el Antiguo Testamento como en los tiempos del Nuevo Testamento a través de profecías predictivas.

Ya se ha afirmado que los profetas del Antiguo Testamento a menudo hicieron profecías predictivas a corto plazo, que se cumplieron mientras ellos vivían. Estas predicciones estaban destinadas principalmente a proporcionar evidencia, no a nosotros, sino a los verdaderos oyentes, de que los profetas estaban hablando en nombre de Dios. Por esta razón, generalmente no "alcanzaban el estándar" para entrar en el Antiguo Testamento. Afortunadamente, hay ejemplos de profecías relativamente a corto plazo que "alcanzaron el estándar" y entraron en el Nuevo Testamento. A medida que el lector las considere, debe hacer la aplicación al Antiguo Testamento también.

Dios utilizó estas profecías del Nuevo Testamento como evidencia de la inspiración del mensaje concerniente a Jesucristo, principalmente para aumentar la fe de los cristianos del siglo I y II. Por favor, ten esto en cuenta al considerar algunas profecías muy interesantes del Nuevo Testamento.

PROFECÍAS DEL REINO DE DIOS

El Antiguo Testamento incluye una cantidad de profecías sobre la venida del reino de Dios, o la iglesia.[11] Ya hemos visto dos de ellas. Daniel 2:44-45 describe cómo Dios establecería un reino durante la época de los reyes romanos que destruiría y sobreviviría a todos los reinos terrenales. Daniel 7:18 incluye la declaración profética de que los santos poseerían el reino para siempre. Una lista de profecías del Antiguo Testamento sobre el reino incluiría Isaías 2:2-4, que describe el reino de Dios como una montaña, al igual que Daniel 2. También se podría mencionar Zacarías 13:1-2 y docenas de otras profecías.

En el Antiguo Testamento, las profecías sobre el Reino hablan aparentemente de un acontecimiento en un futuro lejano. La cuestión con el Nuevo Testamento es muy diferente. Por ejemplo, en Mateo 3:2, Juan el Bautista dijo: "Arrepiéntanse, porque el reino de los cielos está

---

11. Si la definición de "la iglesia" en la Biblia es interpretada como el cuerpo de creyentes en Cristo, entonces la iglesia y "el reino" están estrechamente relacionados, pero no son exactamente términos idénticos. La iglesia representa el reino de Dios en la tierra. Se puede ver cómo la venida del reino (descrito así tanto por los profetas del Antiguo Testamento como por Juan el Bautista y Jesús) y los inicios de la iglesia ocurren al mismo tiempo, en el día de Pentecostés posterior a la muerte de Jesús. El reino de Dios es un concepto más amplio, pues incluye el cielo nuevo y la tierra nueva (Apocalipsis 21:1).

cerca". Aquí uno tiene la sensación de que el Reino está en un futuro muy cercano. Jesús dijo lo mismo concerniente al Reino (Mateo 4:17). Amplió este tema cuando dijo: "Les aseguro que algunos de los aquí presentes no sufrirán la muerte sin antes haber visto el reino de Dios" (Lucas 9:27). Jesús predijo que algunos de sus discípulos verían la venida del Reino, que había sido profetizado durante tantos siglos, mientras aún vivían. Otras profecías del reino dadas por Jesús incluyeron su afirmación de que el reino de Dios sería una realidad espiritual, en lugar de un reino físico con fronteras, capital, etc. (Juan 18:36; Lucas 17:20), y que el reino sería introducido con un gran espectáculo de poder, comenzando en Jerusalén:

> "Y en su nombre se predicarán el arrepentimiento y el perdón de pecados a todas las naciones, comenzando por Jerusalén... Ahora voy a enviarles lo que ha prometido mi Padre; pero ustedes quédense en la ciudad hasta que sean revestidos del poder de lo alto". (Lucas 24:47-49)

Tanto Jesús como Juan el Bautista profetizaron un derramamiento del Espíritu y del fuego (Mateo 3:11; Hechos 1:5). Jesús también profetizó que Pedro sería su llave para que la gente sepa cómo entrar en el reino de Dios (Mateo 16:19).

Desde el contexto del Nuevo Testamento, parecería que los seguidores de Jesús no tenían ni idea del significado de sus profecías sobre el reino de Dios hasta que muchas de ellas se cumplieron en un increíble acontecimiento en el día de la fiesta de Pentecostés después de su resurrección. Los eventos se relatan en el capítulo 2 de Hechos. Como se profetizó, un gran derramamiento del poder de Dios ocurrió en Pentecostés, ya que verdaderas llamas se posaron en los apóstoles y estaban rodeados de una violenta e inexplicable ráfaga de viento. Fueron capaces de hablar con una multitud de espectadores de prácticamente todas las naciones conocidas, "comenzando por Jerusalén", tal como se describe en varias profecías del Reino. No solo eso, sino que hablaron en las lenguas nativas de los oyentes. Por supuesto, tal y como Daniel había predicho, el Reino llegó en la época de los reyes romanos. Además, todavía perdura hoy en día a través de fieles discípulos de Jesucristo ("permanecerá para siempre"). El Reino llegó mientras algunos de los discípulos aún vivían (pero no todos: Judas estaba muerto) como Jesús había dicho. Además de todo esto, fue Pedro quien se puso de pie ante el pueblo, predicando el primer sermón público sobre el reino de Dios, cumpliendo la profecía de Jesús de que él poseería "las llaves del reino de los cielos".

Imagínate a los seguidores de Jesús, cuando consideraron en retrospectiva todas estas cosas. Pudieron observar cuidadosamente todas las profecías del Reino, dispersas a lo largo del Antiguo Testamento, y esparcidas a lo largo de las enseñanzas de Jesús. Ellos pudieron ver cómo todas estas profecías predictivas se hicieron realidad en un solo evento: el derramamiento del Espíritu en el Día de Pentecostés. Sin duda, su fe en las Escrituras del Antiguo Testamento, así como en las palabras de Jesús, debió haber incrementado en gran manera. Recuerda que, para los primeros evangelistas, el esquema básico del sermón del evangelio incluyó describir cómo se había cumplido la profecía bíblica del Mesías (y del Reino).

LA DESTRUCCIÓN DE JERUSALÉN

Uno de los acontecimientos más significativos en la historia del pueblo de Dios ocurrió en el 70 d. C. Debido a que no está registrado en la Biblia, muchos de los que estudian las Escrituras no son conscientes del acontecimiento, mucho menos de su significado. El hecho al que se hace referencia es a la destrucción de Jerusalén en manos de los ejércitos romanos bajo el mando de Vespasiano y más tarde, de su hijo Tito. Cuando Jesús fue crucificado y resucitado de entre los muertos alrededor del 30 d. C, dio lugar al Nuevo Pacto. En ese momento, como indica la Biblia, el antiguo pacto se había vuelto nulo e inválido. Sin embargo, Dios permitió que el sistema de sacrificios judío continuara durante los siguientes cuarenta años, concediendo una ventana de oportunidad para aquellos judíos que estaban dispuestos a aceptar el mensaje de Jesucristo. Después de un período de gracia de cuarenta años, ocurrió un acontecimiento que había sido profetizado tanto por Daniel, como por el propio Jesús. La destrucción de Jerusalén en el 70 d. C puso fin de una vez por todas al sistema de sacrificios mosaicos.

Daniel profetizó la destrucción de Jerusalén en manos de los ejércitos romanos más de seiscientos años antes del evento.

> "Después de las sesenta y dos semanas, se le quitará la vida al príncipe elegido. Este se quedará sin ciudad y sin santuario, porque un futuro gobernante los destruirá. El fin vendrá como una inundación, y la destrucción no cesará hasta que termine la guerra. Durante una semana ese gobernante hará un pacto con muchos, pero a media semana pondrá fin a los sacrificios y ofrendas. Sobre una de las alas del templo cometerá horribles sacrilegios, hasta que le sobrevenga el desastroso fin que le ha sido decretado". (Daniel 9:26-27)

El historiador judío Josefo registró el acontecimiento que fue profetizado por Daniel con gran detalle.[12] Josefo, que no era cristiano, fue testigo ocular de la destrucción de Jerusalén por los ejércitos romanos. En realidad, era un aliado de Tito, el enemigo declarado de los judíos. El

---

12. Josefo, *Las guerras de los judíos* (Valparaíso, Chile: del Cardo, 2006).

relato de Josefo contiene muchas descripciones gráficas del asedio de dos años de Jerusalén. Describe la deserción de muchos, incluyendo la del remanente cristiano, para unirse a los romanos. Josefo relató la rebelión y la guerra civil dentro de la ciudad, la pestilencia, el hambre e incluso el canibalismo. Finalmente, los soldados de Tito socavaron los muros de Jerusalén, tomaron la ciudad y masacraron a decenas de miles de judíos. Quemaron el templo en su totalidad y destruyeron completamente toda la muralla de la ciudad (con la excepción del pequeño remanente ahora conocido como el Muro Occidental). Exactamente como lo previó Daniel, los sacerdotes romanos realizaron ritos paganos en el sitio del templo quemado, colocando "sobre una de las alas del templo [...] horribles sacrilegios", proporcionando lo que era para los judíos una ilustración horrorosa del hecho de que Dios había puesto "fin a los sacrificios y ofrendas".

¿Cómo supo Daniel todo esto más de seiscientos años antes de que ocurriera? Además, Jesús profetizó acerca de la destrucción de Jerusalén alrededor del 29 d. C, proporcionando más detalles de los que se encuentran en Daniel. Hablando con los judíos, Jesús dijo:

> "Te sobrevendrán días en que tus enemigos levantarán un muro y te rodearán, y te encerrarán por todos lados. Te derribarán a ti y a tus hijos dentro de tus murallas. No dejarán ni una piedra sobre otra, porque no reconociste el tiempo en que Dios vino a salvarte". (Lucas 19:43-44).

Jesús dijo estas palabras con tremenda angustia de corazón y con lágrimas. Cuando profetizó sobre el acontecimiento a sus discípulos, proporcionó más detalles sobre la destrucción de Jerusalén bajo el mando de Tito. Al menos parte del propósito de la profecía era advertirle a la iglesia cristiana que huyera de Jerusalén para que no quedaran atrapados y finalmente fueran asesinados cuando ocurriera la destrucción de la ciudad.

> "Ahora bien, cuando vean a Jerusalén rodeada de ejércitos, sepan que su desolación ya está cerca. Entonces los que estén en Judea huyan a las montañas, los que estén en la ciudad salgan de ella, y los que estén en el campo no entren en la ciudad. Ése será el tiempo del juicio cuando se cumplirá todo lo que está escrito (refiriéndose a Daniel 9:26-27). ¡Ay de las que estén embarazadas o amamantando en aquellos días! Porque habrá gran aflicción en la tierra, y castigo contra este pueblo [refiriéndose a los judíos, no a los cristianos]. Caerán a filo de espada y los llevarán cautivos a todas las naciones. Los gentiles pisotearán a Jerusalén, hasta que se cumplan los tiempos señalados para ellos". (Lucas 21:20-24)[13]

---

13. Véase también Mateo 24:15-25, Marcos 13:2 y Marcos 13:14-20.

En su libro *La guerra de los judíos,* Josefo describió el cumplimiento de esta profecía de Jesús con detalles gráficos y escalofriantes. Describió la rampa construida por Tito, la angustia de las madres, forzadas a vender o incluso matar a sus hijos para comer. Describió la masacre y la esclavitud definitivas de los judíos que permanecieron en la ciudad hasta el final. Curiosamente, Josefo no registra que ningún cristiano fuera herido en el asedio y la destrucción de Jerusalén, probablemente porque ellos ya habían hecho caso a las palabras de Jesús y habían huido de la ciudad. Cuando se trata de profecías específicas siendo cumplidas, Jesús es tan confiable como cualquiera de los profetas del Antiguo Testamento.

Otro comentario profético sobre la destrucción de Jerusalén se encuentra en el libro de Hebreos. En una carta que probablemente fue escrita alrededor del 60 d. C, con respecto al antiguo pacto, el escritor dice: "Al llamar 'nuevo' a ese pacto, ha declarado obsoleto al anterior; y lo que se vuelve obsoleto y envejece ya está por desaparecer" (Hebreos 8:13). El escritor de Hebreos les dijo a sus oyentes que el sistema judío de sacrificios había finalizado su lapso de utilidad. Se había vuelto obsoleto. En el 70 d. C Dios permitió que el antiguo pacto literalmente desapareciera.

La profecía de Jesús concerniente a Jerusalén tuvo el efecto deseado. Gracias a su advertencia, cuando los ejércitos romanos bajo Vespasiano rodearon la ciudad, los cristianos siguieron el consejo de Jesús y huyeron de la ciudad. No hay registro de que los discípulos de Jesús fueran asesinados durante este terrible acontecimiento.

DOMICIANO

Tal y como Lucas 21 y Mateo 24 son paralelos a Daniel capítulo 9, Apocalipsis 17:9-11 es paralelo a Daniel 7:7-8. Como ya hemos visto, Daniel describió diez cuernos y un undécimo cuerno, que fueron los primeros diez emperadores de Roma y el undécimo: Domiciano. Apocalipsis 17:9-11 es muy similar, pero tal vez la diferencia es la parte más interesante.

> "¡En esto consisten el entendimiento y la sabiduría! Las siete cabezas son siete colinas sobre las que está sentada esa mujer. También son siete reyes: cinco han caído, uno está gobernando, el otro no ha llegado todavía; pero cuando llegue, es preciso que dure poco tiempo. La bestia, que antes era pero ya no es, es el octavo rey. Está incluido entre los siete, y va rumbo a la destrucción".

El libro de Apocalipsis contiene una profecía sobre Domiciano. Dios estaba advirtiendo a su pueblo sobre las persecuciones sistemáticas del gobierno romano que se avecinaban. En esta visión, las siete colinas son Roma. Roma se encontraba en siete colinas en un valle pantanoso del río Tíber. Siempre ha sido conocida como la ciudad en las siete colinas. Los siete reyes en Apocalipsis son los diez reyes en Daniel. Tres de los diez reyes de la visión de Daniel (Galba, Otón y Vitelio) gobernaron más o menos simultáneamente en el transcurso de solo un año, y nunca consolidaron completamente su poder. Aparentemente, por esta razón, no fueron incluidos en la lista en Apocalipsis. Es por eso que, donde Daniel tenía once cuernos, Apocalipsis tiene ocho reyes. El octavo rey, "la bestia, que antes era pero ya no es", es Domiciano, el perseguidor de la iglesia. Daniel predijo estos eventos con cientos de años de anticipación. Aunque los escritos de Juan precedieron a las persecuciones de Domiciano y de sus sucesores al menos por una generación, muestran la continuidad del Nuevo y el Antiguo Testamento, además de apoyar la inspiración de toda la Biblia.

Daniel y Juan estuvieron de acuerdo en que las persecuciones en manos de Roma serían intensas. También estuvieron de acuerdo en que las persecuciones serían temporales, y que finalmente Dios juzgaría a los perseguidores: "Está incluido entre los siete, y va rumbo a la destrucción". El propósito principal del libro de Apocalipsis era dar consuelo y apoyo a aquellos de la iglesia primitiva que iban a sufrir las grandes persecuciones bajo el mando de los romanos. Nosotros también podemos ser alentados en nuestra fe, porque los acontecimientos profetizados llegaron a pasar. Además, el cumplimiento de esta profecía hace aún más claro que, en última instancia, el pueblo de Dios será reivindicado.

Hay otras profecías del Nuevo Testamento que se cumplieron en el siglo I d. C. (por ejemplo, Hechos 1:8, Juan 21:18, Hechos 11:27-28 y Hechos 21:10-11). Todas estas profecías cumplidas pueden ayudar a entender por qué muchos de los primeros maestros cristianos y sus escritos fueron aceptados como inspirados por Dios. Veremos un ejemplo más. La última profecía del Nuevo Testamento que consideraremos como la más significativa que Jesús hizo. Esta profecía es tan conocida que a menudo se da por sentada.

"El Cristo padecerá y resucitará al tercer día". (Lucas 24:46)

"Destruyan este templo —respondió Jesús—, y lo levantaré de nuevo en tres días". (Juan 2:19)

Jesús les contestó:
"¡Esta generación malvada y adúltera pide una señal milagrosa! Pero no se le dará más señal que la del profeta Jonás. Porque así como tres días y tres noches estuvo Jonás en el vientre de un gran pez, también tres días y tres noches estará el Hijo del hombre en las entrañas de la tierra". (Mateo 12:39-40)

Jesús profetizó que lo matarían y que se levantaría de entre los muertos al tercer día. Esta fue una profecía audaz, por decir poco. ¿Alguien más, aparte de una persona loca, ha tenido el valor de predecir que sería resucitado de entre los muertos? ¡Jesús incluso dijo cuánto tiempo estaría en la tumba! Sin duda, Dios ha estado entre nosotros.

CONCLUSIÓN

Uno encuentra profecías predictivas distribuidas por toda la Biblia, desde el inicio hasta el final, desde Génesis hasta Apocalipsis; la suma de las cuales dejan a la persona honesta, quien busca la verdad, con una sola conclusión razonable: la Biblia en su conjunto es la palabra inspirada de Dios. Hemos visto personas, lugares y eventos, generales, naciones y guerras. Hemos visto profecías del futuro lejano y profecías que se cumplieron pocos días después. Hemos visto los libros de historia más increíbles: ¡unos sobre el futuro! Entonces, ¿cuál es la conclusión del asunto? Veamos una de las profecías de Jesús que aún no se ha cumplido.

> Pero el día del Señor vendrá como un ladrón. En aquel día los cielos desaparecerán con un estruendo espantoso, los elementos serán destruidos por el fuego, y la tierra, con todo lo que hay en ella, será quemada.
> Ya que todo será destruido de esa manera, ¿no deberían vivir ustedes como Dios manda, siguiendo una conducta intachable? (2 Pedro 3:10-11)

Dado el historial de profecías cumplidas de Jesús, parece que cualquier persona cuerda consideraría cuidadosamente cómo vive su vida. ¿Qué hay de ti?

Para hoy

1. La evidencia de la inspiración de por lo menos algunas partes de la Biblia parece incuestionable. ¿Cuáles son sus dudas y preguntas restantes? ¿Qué harás para obtener respuestas a estas preguntas?

2. Parece que la inspiración del libro de Daniel es una cuestión resuelta debido a la profecía cumplida que se encuentra allí. ¿Qué efecto tiene esto en tu pensamiento acerca de la inspiración de un libro como Job o Proverbios, que tienen poca o ninguna profecía predictiva?

3. ¿Cómo crees que Dios escogió los acontecimientos para los cuales prepararía a su pueblo a través de la profecía y los acontecimientos que permitiría que les ocurrieran de sorpresa?

Desafío: Encuentra otra profecía predictiva en el Nuevo Testamento que aún no se haya cumplido y piensa en las implicaciones de esta profecía para tu vida.

Capítulo Seis
Una notable colección

> *Si queremos destruir la religión cristiana, primero debemos destruir la creencia del hombre en la Biblia.*
>
> —*Voltaire*

En este capítulo vamos a investigar algunas de las preguntas más frecuentes acerca de la Biblia. ¿De dónde salió? ¿Quién decidió qué iba a estar en la lista oficial de escritos aceptados? ¿Cómo sabemos si la Biblia que leemos hoy es una versión confiable de los escritos originales? ¿Alguna persona o grupo religioso ha cambiado la Biblia para reflejar sus propias creencias? ¿Todas las partes de la Biblia son igualmente confiables? ¿Quién escribió los libros de la Biblia y cómo podemos estar seguros de eso? ¿Qué pasa con las diferentes versiones? Si se puede suponer que los escritos originales están inspirados, ¿qué pasa cuando leemos traducciones?

Estas son preguntas destinadas a plantearse por cualquier persona pensante que lea la Biblia regularmente. Algunos dirían que hacer preguntas como estas muestra una falta de fe. "En 2 Timoteo 3:16, dice que toda escritura es inspirada por Dios. Para mí, eso lo resuelve todo. ¿Por qué haces estas preguntas molestas? ¿No confías en Dios?" Desafortunadamente, tal actitud no hará que las preguntas legítimas desaparezcan. Las preguntas enterradas tienen el hábito de reaparecer en los momentos más inoportunos, cuando nuestra fe está en su punto más débil. Un mejor enfoque sería llevar un buen registro de preguntas significativas y sistemáticamente, una por una, con el tiempo, buscar respuestas razonables a esas preguntas.

Muchos han afirmado que el Antiguo Testamento contiene mitos y leyendas que fueron creados por escritores judíos en los dos o tres siglos antes de la época de Cristo o poco después. Otros afirman que la mayor parte del Nuevo Testamento fue escrito hasta bien entrado el siglo II d. C. por apologistas cristianos que estaban creando un Jesús muy diferente al de la persona histórica. Ellos señalan que los Evangelios no son relatos de testigos oculares en absoluto. Otra afirmación común es que la Iglesia Católica editó radicalmente los escritos originales de los apóstoles en el período posterior a la conversión del Imperio Romano para que reflejaran la doctrina católica. Estas personas podrían afirmar que las doctrinas que se encuentran en el Nuevo Testamento son muy diferentes de las enseñanzas originales de Jesucristo. Incluso otros afirmarán que hubo evangelios adicionales escritos por los apóstoles que fueron excluidos por los líderes de la iglesia primitiva debido a su sesgo contra ciertas enseñanzas.

¿Tienen mérito estas afirmaciones? ¿Cuál es la historia de la autoría y de la colección de los escritos del Antiguo y del Nuevo Testamento? ¿Con qué fidelidad se transmitieron los originales? Estas preguntas serán respondidas en este capítulo.

Puede parecer lógico que consideremos el origen y la historia del Antiguo Testamento antes que el del Nuevo Testamento, por la razón obvia de que fue escrito antes. Sin embargo, por varias razones, consideraremos primero la evidencia del Nuevo Testamento. Este fue escrito durante un período de tiempo más corto. Será considerablemente más fácil rastrear el origen del canon del Nuevo Testamento. Además, la evidencia manuscrita y las diferentes versiones proporcionan un rastro de evidencia más fácil de seguir en el Nuevo Testamento.

Antes de considerar la evidencia de los orígenes del Nuevo Testamento, será útil definir un par de términos técnicos, algunos de los cuales ya se han utilizado.

Manuscrito

Para los efectos de esta discusión, un manuscrito será cualquier documento antiguo que contenga todo o parte del Nuevo o del Antiguo Testamento. La palabra literalmente significa escrito a mano. Los manuscritos pueden estar en el idioma original o pueden ser una traducción del idioma original. Estos son los materiales básicos disponibles que se pueden utilizar para intentar reconstruir los escritos bíblicos originales.

Canon

El canon del Nuevo o del Antiguo Testamento es la lista oficialmente aceptada de libros que se incluyeron en las Escrituras. La forma en que se llegó al canon del Nuevo Testamento y del Antiguo Testamento es una pregunta muy importante para tratar en este capítulo.

Rollos de pergamino

Una pieza larga de material, generalmente cuero, que contiene varias páginas de escritura en filas, dispuestas en columnas, diseñadas para ser enrolladas y almacenadas. Esta era la forma principal de manuscritos antes de la época de Cristo (2 Timoteo 4:13).

Códice

Una pieza larga de cuero o papiro, doblada básicamente como un libro moderno. Esta fue la forma más común de manuscritos después de aproximadamente 200 d. C.

Papiro

El papiro es una planta de caña que se encuentra principalmente en el delta del Nilo. Fue abierto y desplegado. Capas horizontales y verticales se pegaron juntas para crear un sustrato de escritura ligero y fácil de usar. Desafortunadamente, el papiro es de los materiales antiguos de escritura con menos probabilidades de sobrevivir por largos períodos sin desintegrarse.

Vitela, Pergamino

Ambos son tipos de cuero especialmente preparados, que se utilizaban comúnmente como materiales de escritura. El pergamino estaba hecho de pieles de oveja o cabra, mientras que la vitela estaba hecha de pieles de ternero o antílopes. Cuando el papiro se hizo escaso en los primeros años d. C., la vitela se convirtió en el material principal para la creación de manuscritos.

Uncial

Estos son manuscritos que se escriben usando solo las letras mayúsculas. Los manuscritos griegos más antiguos son unciales.

Cursiva

Se trata de manuscritos que utilizan letras mayúsculas y minúsculas, similar a un estilo moderno de escritura. Los manuscritos tardíos en griego suelen ser en cursiva.

EL TEXTO DEL NUEVO TESTAMENTO

"Toda la Escritura es inspirada por Dios" (2 Timoteo 3:16), pero ¿cómo sabemos que las palabras que leemos en nuestras Biblias son las mismas que las escritas por los autores de la Escritura? A lo largo de los años, muchos han intentado socavar la confianza en la Biblia afirmando que lo que leemos tiene solo una relación muy mínima con respecto a los escritos originales. Estas mismas personas a menudo afirmarán que muchos de los libros de la Biblia fueron escritos generaciones e incluso cientos de años después de los acontecimientos registrados, poniendo en duda su exactitud histórica.

En el caso del Nuevo Testamento, algunos eruditos han afirmado que la mayor parte de él fue escrita en la segunda mitad del siglo II d. C. Otros han señalado que hay "más de doscientos mil errores" en los manuscritos que utilizamos para reconstruir el texto griego del Nuevo Testamento, lo que implica que solo podemos suponer respecto de los escritos originales. Otros han afirmado que la Iglesia Católica hizo cambios sustanciales en la Biblia, especialmente en los siglos IV y V, para eliminar las enseñanzas no deseadas y añadir declaraciones que apoyarían sus propias doctrinas peculiares. ¿Cuál es la historia del texto del Nuevo Testamento, y hay alguna validez para estas afirmaciones? Examinemos estas preguntas.

Primero, hay que recordar que los libros originales del Nuevo Testamento fueron escritos en griego.[2] La producción de un Nuevo Testamento preciso comienza con la restauración del texto griego original. ¿Tenemos el texto griego original del Nuevo Testamento o al menos una copia que es absolutamente idéntica a él? La respuesta simple es no. Las cartas originales de Pablo, probablemente escritas en papiro, se deterioraron hace mucho tiempo. Lo mismo puede decirse de los relatos evangélicos originales. Con el fin de dar una mayor circulación a sus enseñanzas, los escritos de los apóstoles fueron copiados muchas veces y ampliamente difundidos entre las iglesias.

Por lo tanto, la exactitud de nuestro texto griego depende de qué tan cuidadosos fueron los primeros cristianos al hacer las copias. ¿Cómo podemos estar seguros de que tenemos los escritos originales a nuestra disposición? Esta pregunta nos lleva a la evidencia manuscrita del Nuevo Testamento griego.

La traducción al español más famosa de la Biblia es la Reina-Valera, traducida y publicada por primera vez en 1569 por Casiodoro de Reina y posteriormente revisada y publicada en 1602 por Cipriano de Valera. El texto griego completo del Nuevo Testamento fue puesto a disposición del mundo occidental por el trabajo del erudito holandés Erasmo. Su Nuevo Testamento griego fue publicado en 1516. Cuando Erasmo escribió su texto, solo tenía a su disposición unos cinco manuscritos griegos, ninguno de ellos anteriores al siglo IX d. C. Ciertamente era concebible en ese momento que estos manuscritos fueran significativamente diferentes del original.

La cuestión hoy es muy diferente. Los estudiosos ahora tienen casi diez mil manuscritos griegos para trabajar en sus esfuerzos por reconstruir el texto griego original. Esto debe compararse con los menos de diez manuscritos disponibles para Erasmo, Reina y Valera. Además, algunos de estos manuscritos son varios cientos de años más antiguos que los más antiguos disponibles para los primeros traductores del texto griego al español. Considera una lista de algunos de los manuscritos griegos más importantes del Nuevo Testamento.

1. El Codex Vaticano, o Códice B. El Codex Vaticanus es un códice de vitela de 759 páginas en escritura uncial. El manuscrito ha sido fechado alrededor del 350 d. C. Contiene todo el Nuevo Testamento, excepto Hebreos 9:13-18, 1 y 2 Timoteo, Tito y Apocalipsis. También contiene todo el Antiguo Testamento en griego excepto los primeros

---

1. Algunos han afirmado que partes del Nuevo Testamento fueron escritas originalmente en arameo, el idioma común de Palestina en ese momento, y el idioma hablado por Jesús mientras vivía. En particular, muchos han afirmado que todo o parte de Mateo fue escrito en arameo. Sería difícil refutar tal afirmación, aunque las pruebas que la respaldan son escasas. Incluso si es válido, uno puede estar seguro de que una versión griega de Mateo estaba en existencia aproximadamente al mismo tiempo, haciendo muy pequeña la probabilidad de que la versión griega sea significativamente diferente de la aramea.

capítulos de Génesis y varios salmos. El manuscrito se conserva en el Vaticano al menos desde 1481.

2. El Códice Sinaítico, o Códice Alef. El manuscrito Sinaítico recibió su nombre porque el erudito bíblico Tischendorf lo descubrió en el Monasterio de Santa Catalina del Monte Sinaí en 1844. Fue encontrado en una canasta de viejos pergaminos que estaban a punto de ser arrojados al fuego. Este manuscrito está ahora en la Biblioteca Británica. Al igual que el manuscrito del Vaticano, ha sido fechado alrededor del 350 d. C. Contiene gran parte del Antiguo Testamento en griego, pero lo más significativo es que tiene todo el Nuevo Testamento en griego.

3. El Códice Alejandrino, o Códice A. Este es un códice del quinto siglo que contiene la mayor parte del Antiguo Testamento y todo el Nuevo Testamento excepto unas pocas páginas de Mateo, dos de 1 Juan y tres de 2 Corintios. Este manuscrito fue encontrado en Alejandría en Egipto y fue entregado como regalo al rey de Inglaterra en 1621. El manuscrito se encuentra ahora en la Biblioteca Británica.

4. Códice Washingtoniano, o Códice W. Este manuscrito de finales del siglo IV contiene los cuatro Evangelios. Es especialmente significativo, ya que contiene Marcos 16:9-20, a diferencia de los tres manuscritos ya mencionados. Este manuscrito se encuentra en el Museo Smithsoniano de Washington, D. C.

5. Los Papiros Chester Beatty (P46). Esta es una colección de fragmentos de códice de papiro, la mayoría de los cuales se encuentran en el Museo Chester Beatty en Dublín, Irlanda. Uno de los papiros contiene treinta hojas del Nuevo Testamento en griego, que han sido datadas a finales del siglo II o principios del tercer siglo (es decir, alrededor del 200 d. C). Otro incluye 86 de las 104 hojas de las cartas de Pablo de alrededor de principios del siglo III. La colección Chester Beatty se encuentra en Dublín, Irlanda y Ann Arbor, Michigan, EE. UU.

6. Papiros Bodmer. Este es un grupo de manuscritos alojados en la Biblioteca Bodmer de Literatura Mundial en Oxford, Inglaterra. Se incluye un manuscrito completo de Lucas y Juan fechado del 175-225 d. C., así como un manuscrito de más de la mitad del libro de Juan, que ha sido fechado tan temprano como en el 150 d. C.

7. El fragmento de John Rylands. Este fragmento de papiro contiene solo Juan 18:31-33 y 37-38, lo que lo convertiría en un hallazgo insignificante, de no ser por el hecho de que ha sido fechado en el 130 d. C. Este fragmento fue copiado dentro de los cincuenta años posteriores a la muerte del apóstol Juan.

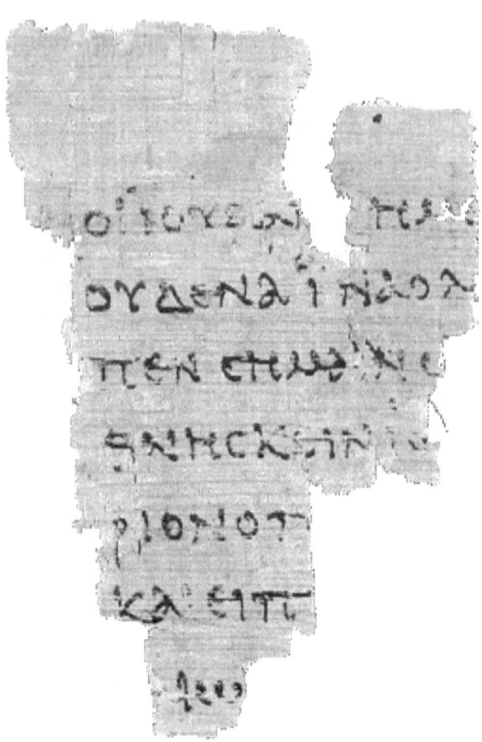

El fragmento de John Rylands, cortesía de la Biblioteca John Rylands

Muchos otros manuscritos antiguos importantes podrían ser mencionados también. La situación con el Nuevo Testamento griego hoy en día es muy diferente de lo que fue cuando se tradujo la Reina-Valera. Tenemos disponibles manuscritos completos del Nuevo Testamento de menos de trescientos años ulterior a los escritos originales. Además de esto, tenemos manuscritos de grandes porciones del Nuevo Testamento de ciento cincuenta años posteriores a su escritura, e incluso fragmentos que fueron copiados mientras algunos que habían visto los documentos originales aún vivían, solo unos cincuenta años después de la escritura del original. Los estudiosos que buscan producir un texto griego lo más cercano posible tienen miles de manuscritos para comparar.

Además, los manuscritos no son la única evidencia que apoya el texto del Nuevo Testamento griego. Asimismo, existe un gran conjunto de cartas escritas por los primeros "padres" de la iglesia como Clemente de Roma, Policarpo, Justino Mártir, Ireneo de Lyon y otros. Estos primeros escritores cristianos citaron extensamente cada porción del Nuevo Testamento. Las cartas conocidas como la Epístola de Bernabé, Didaché y la Carta de Clemente han sido datadas alrededor del 100 d. C. Estos autores citan Mateo, Marcos, Lucas, Hechos, Romanos, 1 Corintios, Efesios, Tito, Hebreos, 1 Pedro y otros. Ignacio, el padre de la iglesia primitiva, fue martirizado en el 115 d. C. En un conjunto de cartas que escribió en su camino a su ejecución en Roma, citó casi todos los libros del Nuevo Testamento. Tales pruebas ponen fin a cualquier afirmación de que estos libros fueron escritos en la segunda mitad del siglo II d. C., como algunos han afirmado.

Se podría continuar mencionando los escritos mucho más extensos de Justino Mártir de alrededor del 150 d. C., y los de Ireneo, de finales del siglo II. La lista podría seguir y seguir. Los expertos han afirmado que, utilizando las citas de los primeros escritores cristianos en los primeros tres siglos, se podría reconstruir prácticamente todo el texto del Nuevo Testamento.

Poder comparar los manuscritos existentes más antiguos con las citas de los primeros dos o tres siglos permite a los eruditos reproducir el texto original del Nuevo Testamento con una fiabilidad aún mayor. El número relativamente pequeño de pasajes del Nuevo Testamento sobre los cuales hay alguna duda (véase más abajo) puede tener su validez probada examinando las cartas de los padres de la iglesia. La evidencia de nuestro texto griego del Nuevo Testamento es tan fuerte que se puede decir con confianza que tenemos una copia prácticamente exacta de todos los escritos griegos originales. Vale la pena citar a Sir Frederic Kenyon, uno de los eruditos más destacados del texto griego de la Biblia.

> Entonces el intervalo entre las fechas de la composición original y la más antigua evidencia existente llega a ser tan pequeño que resulta en efecto despreciable, y el último fundamento para cualquier duda de que las Escrituras hayan llegado hasta nosotros substancialmente como fueron escritas ha sido quitado. Tanto la autenticidad como la integridad general de los libros del Nuevo Testamento debe ser considerada como establecida definitivamente.[2]

Como ya se ha mencionado, algunas personas han intentado fechar algunos de los libros del Nuevo Testamento en el siglo II. En general, esto se ha hecho con el fin de apoyar la teoría de que muchos de los eventos milagrosos registrados en sus páginas son invenciones posteriores. Por ejemplo, F. C. Bauer, un teólogo alemán del siglo XIX, escribió una tesis en la que afirmaba que varios de los libros del Nuevo Testamento fueron escritos después del 160 d. C. Lo más probable es que se le ocurrió una fecha tan tardía, no debido a una evidencia real, sino debido a una presunción filosófica en contra de lo milagroso. No obstante, en el siglo XIX tal conclusión, aunque muy cuestionable, era al menos todavía concebible sobre la base de las pruebas disponibles. Sin embargo, para citar de Neil Lightfoot:

---

2. Sir Frederic Kenyon, *The Bible and Archaeology* (*la Biblia y la arqueología*), 1940, p. 288, citado en Josh McDowell, Evidencia que exige un veredicto. Por supuesto, el argumento de la declaración de Kenyon se ha hecho aún más fuerte por las pruebas desenterrada en los últimos sesenta años.

La cantidad de tales pruebas disponible en nuestros días es mucho mayor y más concluyente que una fecha del primer siglo debido a que la mayor parte de la escritura del Nuevo Testamento no puede negarse razonablemente, sin importar cuáles sean nuestras presunciones filosóficas.[3]

La evidencia ejemplar para apoyar el texto del Nuevo Testamento se hace aún más convincente cuando se compara con los manuscritos disponibles en apoyo de algunos de los otros escritos significativos del mundo antiguo. Aquellos que han cuestionado la exactitud de los manuscritos bíblicos son muchos; sin embargo, pocos han planteado preguntas significativas sobre la autenticidad de los manuscritos antiguos disponibles para obras tan importantes como Homero o Julio César, Heródoto o Tácito. El hecho es que la evidencia manuscrita de estas obras es extremadamente poca en comparación con casi diez mil manuscritos en el idioma original, tanto en términos numéricos como de edad en relación con el momento en que se escribieron los originales.

Por ejemplo, considera la escritura más famosa de Julio César, Guerra de las Galias, con su famoso "Veni, vidi, vici" (Vine, vi y vencí). Esta importante pieza histórica fue escrita entre el 58 y el 50 a. C. El manuscrito más antiguo disponible en latín (el idioma original) fue producido alrededor del 850 d. C, novecientos años después de que el original fuera escrito. Esto debe compararse con el Nuevo Testamento, del cual tenemos algunas pruebas de solo cincuenta años después del original, y el apoyo de manuscritos significativos de solo ciento cincuenta años después de la escritura del original. En total, solo hay unos diez manuscritos antiguos de Guerras de las Galias, en comparación con unos diez mil en el caso del Nuevo Testamento.

Como ejemplos adicionales, considera los escritos de Tito Livio, junto con los de Tácito, el más grande de los historiadores romanos. Livio vivió desde el 59 a. C. hasta el 17 d. C. De sus 142 libros originales, solo treinta y cinco sobreviven en cualquier forma con un total de solo unos veinte manuscritos. Hay un fragmento de Livio del siglo IV, pero todos los demás son de cientos de años después. En el caso de Tácito, que escribió para emperadores romanos alrededor del 100 d. C, cuatro y media de sus catorce Historias sobreviven, mientras que se han encontrado manuscritos de doce de sus dieciséis Anales. Estos provienen de un total de solo dos manuscritos, uno del siglo IX y otro del siglo XI. Sin embargo, cuando se cita a Tácito, ¿quién cuestiona la validez de estos manuscritos?

Los ejemplos anteriores son todos autores latinos. ¿Qué hay de los antiguos escritores griegos? La literatura griega con más evidencia manuscrita es la Ilíada de Homero. Este libro fue escrito alrededor del 800 a. C. Han sobrevivido más de seiscientos manuscritos, incluyendo

---

3. Neil R. Lightfoot, *Comprendamos cómo se formó la Biblia* (El Paso, Texas: Casa Bautista, 2005), traducción nuestra.

un fragmento de la Ilíada tan antiguo como del 400 a. C. Sin embargo, el manuscrito completo más antiguo que sobrevive es del siglo XIII; es más de dos mil años más joven que el original.

Los dos historiadores griegos más importantes fueron Heródoto y Tucídides. Ambos vivieron en los años 400 a. C. Por una interesante coincidencia, los escritos de ambos historiadores se conservan en ocho manuscritos. Cada historiador tiene como manuscrito sobreviviente más antiguo uno de alrededor del 900 d. C, más de 1.300 años después de la escritura original.

Autor	Fecha	Copia más antigua	Intervalo	Copias
Aristófanes	400 a. C.	d. C. 900	1,300 años	45
Aristóteles	340 a. C.	d. C. 1100	1,450 años	5
Demóstenes	300 a. C.	d. C. 1100	1,400 años	200
Julio César	50 a. C.	d. C. 900	950 años	10
Heródoto	435 a. C.	d. C. 900	1,350 años	8
Homero	800 a. C.	d. C. 100	900 años	643
Platón	360 a. C.	d. C. 800	1,150 años	15
Sófocles	415 a. C.	d. C. 1000	1,400 años	7
Tucídides	410 a. C.	d. C. 900	1,300 años	8
A. Testamento	1500 a. C–500 a. C.	200 a. C.	200-400 años	5,000
Neuvo Testamento	d. C. 50-90	d. C. 130	50 años	7,000

Podrían mencionarse otros ejemplos, pero el argumento ya es claro. Indudablemente, el Nuevo Testamento es, por un margen muy amplio, el mejor atestiguado de todos los escritos antiguos en el mundo. Pocos cuestionan la exactitud del texto de estos otros escritos antiguos; sin embargo, en todos los casos están respaldados por muchos menos manuscritos, que están mucho más alejados de la fecha original de autoría.

Se puede admitir que es razonable poner a la Biblia bajo un escrutinio más detenido que estos otros libros. Esto es justo porque, a diferencia de César, Tácito y Heródoto, los escritores de la Biblia afirman que esta tiene autoridad sobre las vidas humanas. Sin embargo, el texto griego actual del Nuevo Testamento se enfrentará a la prueba más rigurosa posible de exactitud en representación de los escritos originales del Nuevo Testamento.

ERRORES EN EL MANUSCRITO

Aquellos que cuestionan la integridad del Nuevo Testamento podrían intervenir en este punto de la discusión para preguntar: "Pero ¿qué pasa con esos doscientos mil errores en los manuscritos griegos? ¿Cómo puedes afirmar que tienes un registro preciso del original si está plagado de errores?" Esto suena convincente al principio, pero consideremos la naturaleza de estos cientos de miles de errores de los escribas.

En primer lugar, este número es así de grande porque hay muchos manuscritos. Dividir doscientos mil errores entre los más de cinco mil manuscritos lleva la cantidad de errores a una perspectiva realista. ¿Y cuál es la naturaleza de las diferencias entre los manuscritos disponibles? ¿Reflejan diferencias que ponen en tela de juicio la exactitud de nuestros manuscritos en comparación con el original?

Una página de un manuscrito uncial griego típico se muestra líneas abajo. El texto de un uncial contiene todas las letras mayúsculas, sin espacios entre las palabras y sin puntuación. En este tipo de manuscrito, si se alcanzaba el final de una línea en medio de una palabra, el copista simplemente iba a la siguiente línea, continuando con el resto de la palabra. Para hacer una comparación, considera el siguiente pasaje en escritura similar a la uncial.

NOTODOELQUEMEDICESEÑORSEÑORENTRARÁ
ENELREINODELOSCIELOSSINOELQUEHACELAV
OLUNTADDEMIPADREQUEESTÁENLOSCIELOS

Con este tipo de escritura, es fácil imaginar incluso al copista más cuidadoso cometiendo un error menor, como restar una letra, intercalar dos letras, o repetir o saltarse una línea. La gran mayoría de los supuestos doscientos mil errores en los manuscritos griegos son solo este tipo de deslices en la pluma del escriba. Estos errores son fácilmente detectados y corregidos por los eruditos que estudian el texto griego del Nuevo Testamento. No tienen absolutamente ningún efecto sobre la integridad del Nuevo Testamento griego.

Ejemplar de un manuscrito uncial del códice sinaítico

Teniendo en cuenta el gran número de manuscritos y eliminando de la lista los errores del escritor muy fácilmente corregidos, los 200.000 errores se reducen a un par de cientos de variaciones entre los manuscritos. ¿Cuál es la naturaleza de estas variaciones? Estas podrían incluir cambios menores, como que una palabra bastante insignificante, como un artículo, sea añadida o descartada por el copista. Ya fuera un error intencional o subconsciente, el copista, en un intento por "mejorar" el texto pudo haber realizado estos cambios.

Hay también algunos ejemplos en los que parece que un copista detectó una diferencia entre los relatos paralelos, por ejemplo, en los Evangelios de Mateo y Marcos, e intentó suavizar las diferencias haciendo que Mateo y Marcos dijeran exactamente lo mismo. Los críticos textuales utilizan algunas reglas básicas al comparar diferentes manuscritos. Por ejemplo, si los manuscritos griegos exhiben dos lecturas diferentes de un pasaje en particular en Mateo, y si una de las dos lecturas es idéntica a un pasaje paralelo en Marcos, los eruditos se inclinarán por usar la lectura de Mateo que es diferente de la de Marcos. Lo hacen suponiendo que un escriba, en un intento desafortunado pero bien intencionado de "mejorar" el texto, había tratado de hacer que los dos pasajes fueran idénticos.

Ten en cuenta que, en casi todos los casos similares a este, las diferencias son tan pequeñas que no tienen ningún efecto considerable en el sentido de las Escrituras. Por ejemplo, en Mateo 11:19, dos lecturas ligeramente diferentes se encuentran en los manuscritos griegos. Algunos terminan con la frase: "Pero la sabiduría queda demostrada por sus hijos". Otros terminan con la frase: "Pero la sabiduría queda demostrada por sus hechos". En este caso, los manuscritos más antiguos y fiables, el Vaticano y el Sinaítico, tienen "hechos", mientras que la mayoría de los manuscritos posteriores tienen "hijos". A pesar del hecho de que la mayoría de los manuscritos tienen una lectura alternativa, debido a que los primeros manuscritos tienen "hechos", la mayoría de las traducciones al español utilizan la palabra "hechos".

Sea que uno utilice "hechos" o "hijos" en Mateo 11:19, esto claramente representa una diferencia muy pequeña en el texto del Nuevo Testamento. En cualquier caso, la declaración de Jesús tiene el mismo significado. Esta pequeña diferencia es típica de los supuestos errores en nuestro Nuevo Testamento.

Cuando todos los realmente pequeños supuestos errores en nuestro aceptado Nuevo Testamento griego no se tienen en cuenta, el estudioso de la Biblia se queda solo con media docena de variaciones en el texto griego que no son triviales. Estas incluirían los siguientes ejemplos.

1. **Juan 7:53-8:11.** Esta es la historia de la mujer atrapada en adulterio. Ninguna de las versiones más antiguas y fiables incluye

este pasaje. Este probablemente es una tradición muy antigua de los discípulos primitivos que más tarde se incorporó a Juan. Casi con toda seguridad es una historia genuina, pero no era parte del libro original de Juan. Este pasaje no es particularmente controversial porque la historia es muy consistente con todo lo que sabemos acerca de Jesús.

2. Hechos 8:37 y 1 Juan 5:7-8. Estos ejemplos se enumeran juntos porque el tipo de evidencia es similar. En ambos casos, absolutamente ninguno de los primeros manuscritos incluye estos pasajes. Ambos son intentos muy genuinos por parte de los escribas de "mejorar" el texto para apoyar la doctrina ortodoxa. Los pasajes se incorporaron en la versión Reina-Valera porque en el siglo XVI los manuscritos griegos escritos mucho más recientes estuvieron disponibles. Las traducciones modernas en español no incluyen estos pasajes, excepto en las notas marginales. Estas variaciones no son controversiales, porque ningún erudito las acepta como parte del texto original del Nuevo Testamento.

3. Marcos 16:9-20. Este es un relato de las últimas palabras de Jesús a sus discípulos. Prácticamente todos los manuscritos griegos, incluido el códice Alejandrino, incluyen este pasaje. El problema con esto es que las dos excepciones son los códices Sinaítico y del Vaticano. Estos dos son universalmente considerados los manuscritos más fidedignos. Además, la versión más antigua de la traducción siríaca del Nuevo Testamento tampoco incluye Marcos 16:9-20. En definitiva, no es absolutamente seguro que este pasaje estuviera en el Evangelio original de Marcos.

Podrían mencionarse un par de otros ejemplos similares, pero menos significativos, ¡pero eso es todo! De los cuatro ejemplos mencionados anteriormente, solo el último es controversial. De los 200.000 supuestos errores en el Nuevo Testamento griego, nos queda solo un pasaje significativo que es verdaderamente controversial. Cuéntalos... ¡Uno! Por supuesto, si el lector quiere revisar esta afirmación más cuidadosamente por sí mismo investigando un recurso que aborda este tema más a fondo, sería una gran idea.[4] Sir Frederic Kenyon, el mundialmente famoso erudito bíblico y exdirector del Museo Británico durante veintiún años, resume la evidencia muy bien.

> El cristiano puede tomar la Biblia completa en su mano y decir sin temor ni vacilación está sosteniendo la verdadera palabra de Dios, transmitida sin equivocaciones fundamentales de generación en generación a lo largo de los siglos.

---

4. Por ejemplo, Neil R. Lightfoot, *Comprendamos cómo se formó la Biblia* (El Paso, Texas: Casa Bautista, 2005), F. F. Bruce, *¿Son fidedignos los documentos del Nuevo Testamento?* (San José, Costa Rica: Caribe, 1972), Bruce M. Metzger, *The Early Versions of the New Testament: Their Origin, Transmission and Limitations* (las versiones primitivas del Nuevo Testamento: su origen, transmisión y limitaciones) (Nueva York: Oxford University Press, 1977) y Sir Frederic Kenyon, *The Text of the Greek Bible* (*El texto de la Biblia griega*) (Londres: Duckworth Publishers, 1975).

EL CANON DEL NUEVO TESTAMENTO

BAntes de pasar a considerar el texto hebreo del Antiguo Testamento, quedan algunas preguntas significativas con respecto al texto del Nuevo Testamento. ¿Cómo se eligieron los libros contenidos en el Nuevo Testamento? ¿Cómo podemos saber que estos libros son inspirados? ¿Hubo otros escritos inspirados que no fueron incluidos en el Nuevo Testamento? Todas estas preguntas están relacionadas. Todas se refieren a lo que se conoce como el canon del Nuevo Testamento. La palabra "canon" proviene de la palabra griega kanon, que proviene de la palabra hebrea qaneh, que significa junco o caña. La connotación de la palabra es un palo de medición, estandarte o regla. En otras palabras, el canon de las Escrituras es la lista estándar de libros aceptados por el cuerpo principal de creyentes. En el caso del Antiguo Testamento, este cuerpo serían los líderes judíos en los siglos anteriores a la época de Cristo, mientras que en el Nuevo Testamento, serían los líderes de la iglesia primitiva.

Algunos han afirmado que los líderes de la iglesia en los siglos IV o V d. C. eligieron el canon del Nuevo Testamento. Estas mismas personas han afirmado que obras tan espurias como el Evangelio de Tomás (un escrito gnóstico del siglo II) fueron eliminadas de la lista oficial de Escrituras en una fecha tardía. Estos intentos de poner en duda la autenticidad de las Escrituras del Nuevo Testamento tienen un problema. No están respaldados por los hechos.

El hecho es que la autoridad de las cartas de Pablo, de los Evangelios y del libro de los Hechos, así como de los otros libros del Nuevo Testamento, se estableció a principios del siglo II mediante la aprobación de la iglesia. La iglesia en conjunto escogió los libros del Nuevo Testamento basándose en el hecho de que estos libros en particular tenían autoridad apostólica. Los datos son concluyentes en que alrededor del 150 d. C. una lista más o menos fija de escritos aceptados ya estaba circulando entre las iglesias de todo el mundo romano. Hubo pequeñas diferencias en algunas de las listas, pero estas fueron solucionadas alrededor del 200 d. C.

Escribiendo a mediados del siglo II, Justino Mártir describió las costumbres de la iglesia en su tiempo. Las "memorias de los apóstoles" y los "escritos de los profetas" eran leídos al pueblo el primer día de la semana. Aparentemente, en ese momento ya existía una lista más o menos fija de escritos apostólicos ("las memorias de los apóstoles"). Por ejemplo, un pequeño manuscrito conocido como el Fragmento Muratoriano fue encontrado y publicado en la década de 1700. Ha sido datado en la segunda mitad del siglo II, o alrededor del 180 d. C. Contiene una lista primitiva de las Escrituras aceptadas. Esta lista fragmentada comienza con Lucas, pero lo menciona como el tercer evangelio. La lista menciona a Juan, Hechos y las trece cartas de Pablo.

De hecho, todas las cartas del Nuevo Testamento se mencionan o se insinúa su existencia, excepto por Hebreos, Santiago, 1 y 2 Pedro y 1 Juan. En el siglo III, el líder cristiano Orígenes registró la lista aceptada de cartas. Su lista era idéntica a nuestro Nuevo Testamento, aunque mencionó que algunas personas cuestionaron Hebreos, Santiago, 1 y 2 Juan, y Judas.

Se puede ver que los libros del Nuevo Testamento se recolectaron gradualmente a finales del primer siglo y principios del segundo. En todos los casos, la autoridad apostólica parece haber sido el factor clave que determinaba si se incluían o no en el canon. En algunas de las primeras listas, se incluyeron otros libros. Algunos mencionaron las cartas conocidas como la Epístola de Bernabé y el Pastor de Hermas. Estos son escritos no apostólicos de alrededor del 100 d. C. El Fragmento Muratoriano menciona específicamente que el Pastor de Hermas podía leerse en público, pero que no debía ser considerado como parte de los escritos apostólicos. Se puede ver que otras cartas circularon, pero que la línea divisoria entre las que podían leerse para el aliento de la iglesia y las que se consideraban canónicas se basaba claramente en la autoridad apostólica. Incluso hoy en día, no es raro que extractos de otros libros espirituales escritos por autores cristianos (los equivalentes modernos al Pastor de Hermas) se lean durante un sermón. Por supuesto, siempre hay una línea clara entre esos libros y las Escrituras.

Como ya se ha mencionado, algunos han tratado de afirmar que ciertas obras apócrifas como el Evangelio de Tomás y otros escritos menos conocidos fueron excluidos del canon del Nuevo Testamento por los consejos eclesiásticos en los siglos IV y V. El hecho es que ninguna de estas obras nunca fue aceptada como apostólica por la iglesia en su conjunto. Pueden ser controversiales para algunas personas ahora, pero no lo fueron en los primeros siglos. En cualquier caso, en el momento del primer gran consejo de la iglesia en Nicea en el 325 d. C., el canon del Nuevo Testamento había estado inalterado durante más de cien años. No hay manera de que los obispos que se reunieron en Nicea pudieran haber cambiado el canon del Nuevo Testamento, aunque hubieran querido.

Esto todavía deja algunas de las preguntas planteadas anteriormente sin responder. ¿Cómo podemos saber que todos los libros del Nuevo Testamento son inspirados? Lo que se puede decir sobre la evidencia con respecto a esta pregunta es que la iglesia en su conjunto aceptó que todos los libros del Nuevo Testamento tenían autoridad apostólica, es decir, que eran inspirados, durante una época en la que todavía vivían algunos que habían conocido a los propios apóstoles. Si las cartas muestran o no las marcas de la inspiración es un asunto aparte del tema de este capítulo.

¿Hubo otros escritos inspirados que no se consideraron en la Biblia?

La respuesta es probablemente sí. Se puede suponer que Pablo y los otros apóstoles escribieron otras cartas para alentar o amonestar a las iglesias. Sin duda, algunas de estas cartas contenían mensajes inspirados para discípulos en las iglesias dispersas. ¿Por qué no se conservaron estas cartas? Eso sería cuestión de especulación. Los creyentes aceptan con fe que, de una manera u otra, Dios hizo que aquellos libros que él deseaba que estuvieran en la Biblia terminaran en el canon de Escrituras aceptadas.

Es divertido especular sobre estos asuntos, pero nos apegaremos a lo que sabemos. En resumen, se puede concluir a partir de la evidencia que el texto del Nuevo Testamento griego disponible para nosotros hoy en día es prácticamente una representación exacta de los escritos originales. Además, la evidencia apunta al hecho de que aquellos libros que tenemos en nuestro Nuevo Testamento están ahí porque fueron aceptados como autoridad apostólica, por el irrefutable consenso de la iglesia primitiva.

EL TEXTO DEL ANTIGUO TESTAMENTO

Hasta cierto punto, la evidencia que apoya el texto del Antiguo Testamento es similar a la del Nuevo, pero hay algunas diferencias importantes. La primera y más obvia diferencia es que el Antiguo Testamento es sustancialmente más antiguo. Estos escritos se habían transmitido de generación en generación, durante un periodo de tiempo de unos quinientos a más de mil años antes de que las primeras palabras del Nuevo Testamento fueran plasmadas en papiro. La segunda diferencia obvia es que el idioma original del Antiguo Testamento era hebreo.[5] Ya hemos visto que los manuscritos Sinaítico y del Vaticano incluyen copias casi completas del Antiguo Testamento. Estos manuscritos proporcionan un importante apoyo corolario al texto hebreo, pero su evidencia es solo indirecta, porque son copias de una traducción griega del texto hebreo. La historia del texto del Antiguo Testamento en su conjunto es la historia de los manuscritos hebreos.

Ya hemos visto que el apoyo manuscrito para el Nuevo Testamento griego es sorprendentemente bueno. Es mucho más fuerte que el de cualquier otro libro antiguo. ¿Cuál es el caso con el Antiguo Testamento hebreo? Con el fin de responder a esa pregunta, el primer instinto podría ser recurrir a los manuscritos y escritos dejados por el movimiento cristiano temprano. Resulta que este no es el lugar más útil para comenzar, porque el Antiguo Testamento de la iglesia cristiana era una traducción griega conocida como la Septuaginta (se hablará más al respecto después). Incluso los escritores del Nuevo Testamento, al citar la Biblia, utilizaron la traducción griega de la Septuaginta en lugar de la hebrea. Para nuestros manuscritos hebreos más antiguos y confiables, debemos depender de copias hechas por los propios judíos.

---

5. En realidad, parte de Esdras (Esdras 4:8-6:18 y Esdras 7:12-26) y Daniel (Daniel 2:4-7:28) están en arameo.

1. **El Códice de El Cairo (Codex Cairensis).** Un códice de los antiguos y últimos profetas datado en el 895 d. C.

2. **El Códice de Leningrado de los Profetas.** Este códice incluye a Isaías, Jeremías, Ezequiel y los doce Profetas Menores. Está datado en el 916 d. C.

3. **El Códice de Leningrado** (Códice Babilónico Petropalitano). El Códice de Leningrado es la copia hebrea más antigua de todo el Antiguo Testamento. Fue copiado en el 1008 d. C.

Todos estos manuscritos son ejemplos de lo que se conoce como el Texto Masorético. Los Masoretas fueron un grupo de escribas judíos activo en Tiberíades, una ciudad en el Mar de Galilea desde aproximadamente el 500-1000 d. C. Tomaron su nombre de la palabra hebrea masorah, que significa tradiciones fidedignas. Estos líderes religiosos judíos se encargaron de compilar y analizar las diversas piezas sutilmente diferentes de textos hebreos que existían en ese momento. Al justificar cuidadosamente las diferentes tradiciones textuales, crearon una sola versión fidedigna. Podría parecer que hicieron un muy buen trabajo al producir un texto preciso de la Biblia hebrea. Sin embargo, sistemáticamente fueron destruyendo todas las lecturas variantes del hebreo, lo que es desafortunado para aquellos eruditos que intentan estudiar el texto antiguo.

Otro factor significativo que redujo el número de manuscritos antiguos disponibles fue la ley judía que decía que las copias antiguas y dañadas de las Escrituras hebreas debían ser destruidas. Los judíos tenían un ritual en el que realizaban un entierro ceremonial de copias antiguas o defectuosas de las Escrituras. Esto ayuda a explicar por qué no hay copias de la Biblia hebrea de antes del siglo IX (con una excepción que se menciona a continuación).

Sin embargo, el trabajo de los Masoretas al preservar la Escritura hebrea fue positivo. Estos eruditos eran absolutamente fanáticos de preservar la Biblia. Los Masoretas fueron meticulosos hasta el extremo con mantener el texto como una copia exacta. Puede parecer que tenían una reverencia casi supersticiosa por las letras en sí.

Incluso antes de comenzar a copiar los pergaminos o códices, los Masoretas requerían que el escriba pasara por una elaborada ceremonia. Con el fin de preservar la integridad del texto, los escribas Masoretas contaron todas las letras del Antiguo Testamento. Hicieron un seguimiento de detalles tan arcanos como el versículo que se encuentra en la mitad del Pentateuco (Levítico 8:7). También encontraron el versículo que se encuentra en la mitad de toda la Biblia hebrea (Jeremías 6:7). Ellos eran conscientes de la palabra que se encontraba en la mitad de todo el Antiguo Testamento, así como de la palabra en la mitad de cada libro. Además, mantuvieron un registro de la letra y del versículo que se encontraba en la mitad de cada libro. Llevándolo al extremo, también contaron el número de veces que cada letra hebrea aparecía en cada libro y contaron el número de versículos que contenían todas las letras del alfabeto hebreo. Todo esto estaba destinado a producir copias exactas de las Escrituras. Imagínate hacer todo este conteo de letras y palabras, y usarlo para verificar cada copia de todo el Antiguo Testamento. ¡Y no tenían procesadores de texto!

La evidencia es que los Masoretas solo continuaban una tradición que les habían transmitido los escribas anteriores. Este nivel casi increíble de meticulosidad por parte de los escribas judíos ha permitido que el texto del Antiguo Testamento en hebreo llegue a nosotros, con una precisión notable, desde antes de la época de Cristo.

En sus esfuerzos por reproducir un texto hebreo tan cercano al original como sea posible, los eruditos tienen otras fuentes disponibles además del texto masorético. Una ayuda muy significativa en la reconstrucción del texto hebreo es la Septuaginta. Esta es una traducción temprana del hebreo al griego, que proporciona una comparación independiente con el texto masorético. La palabra Septuaginta es el latín para setenta, debido a la tradición de que había setenta eruditos en Alejandría, Egipto, que aceptaron la labor de hacer una traducción griega del Pentateuco, alrededor del 250 a. C. Esta traducción fue encargada para la famosa biblioteca de Alejandría. Durante las décadas posteriores a la traducción del Pentateuco, todo el Antiguo Testamento fue traducido al griego, formando la traducción Septuaginta. Debido a que la Septuaginta y los textos hebreos tienen historias separadas, los eruditos son capaces de obtener una excelente captura del contenido del texto hebreo alrededor del 200 a. C. A menudo, los eruditos hacen pequeñas correcciones al texto masorético usando la Septuaginta, como se puede ver al observar los márgenes de la mayoría de las Biblias. La traducción Septuaginta fue la Biblia de la iglesia primitiva, lo que explica por qué hay tantos buenos manuscritos antiguos de esta versión.

Otras traducciones que son útiles en la reconstrucción de los escritos hebreos originales incluyen el Pentateuco samaritano. Esta fue una traducción de los primeros cinco libros del Antiguo Testamento del hebreo al arameo. Fue utilizado por un grupo separado de judíos étnicamente mezclado que más tarde llegaron a ser conocidos como los samaritanos. Estos son samaritanos al igual que la mujer junto al pozo (Juan 4:1-43) y el "buen samaritano" (Lucas 10:25-37). Estos reconocieron como Escritura únicamente al Pentateuco. Esta traducción es particularmente útil, ya que se hizo alrededor del 400 a. C., proporcionando otra excelente revisión paralela de cómo aparecían los primeros cinco libros en esta fecha tan temprana. Hay alrededor de 6.000 variaciones del texto masorético estándar en el Pentateuco samaritano, de las cuales la gran mayoría son diferencias gramaticales y cambios ortográficos de lugares y nombres.

Además de estas, hay otras revisiones independientes del texto hebreo, que incluyen la traducción siríaca de alrededor del 100 d. C., así como la traducción al latín conocida como la Vulgata. Jerónimo, un erudito hebreo de gran reputación, hizo esta excelente traducción en el 390-405 d. C. Además, un gran número de citas del manuscrito hebreo se encuentran en comentarios judíos como el Talmud (200-500 d. C), entre otros.

El Talmud contiene reglas para copiar las Escrituras hebreas similares a las de los Masoretas. A continuación, se registra una lista de las regulaciones del Talmud.

> Un rollo de sinagoga debe estar escrito sobre la piel de animales limpios, preparados para que un judío los use en la sinagoga. Estos rollos deben estar unidos con cuerdas tomadas de animales limpios. Cada piel debe contener un cierto número de columnas, iguales a lo largo de todo el códice. La longitud de cada columna no debe extenderse más de cuarenta y ocho líneas, o más de sesenta líneas, y la anchura debe consistir de treinta letras. Toda la copia debe ser trazada primero, y si tres palabras fueran escritas en ella sin una línea, no tiene valor. La tinta debe ser negra, no roja, no verde no de ningún otro color, y debe ser preparada de acuerdo con una receta definida. Una copia auténtica debe ser ejemplar, de la cual el transcriptor no debiera desviarse en lo más mínimo. Ninguna palabra o letra, ni siquiera una yod [un acento de vocal] debe ser escrita de memoria, sin que el escriba haya mirado el códice que tiene delante de él... Entre cada consonante debe haber el espacio de un cabello o hijo; entre cada palabra el espacio del ancho de una consonante estrecha; entre cada parashah, o sección, el espacio de nueve consonantes; entre cada libro, tres líneas. El quinto libro de Moisés debe terminar exactamente con una línea, pero el resto no necesariamente. Además de esto, el copista debe estar sentado con vestidura judía completa, lavar todo su cuerpo, no empezar a escribir el nombre de Dios con una pluma recién sumergida en tinta, y si un rey se dirige a él mientras escribe ese nombre no debe hacerle caso... Los rollos en los cuales no se observan estos reglamentos son condenados a ser sepultados en la tierra o quemados; o debe prohibirse que en las escuelas sean usados como libros de lectura. [6]

En este extracto es claro que la dedicación fanática de los escribas judíos por producir copias exactas de las Escrituras comenzó mucho antes de la obra de los Masoretas. Tenemos una gran deuda de gratitud con los talmúdicos (200-500 d. C.) y con los Soferim antes de ellos (400 a. C.-d. C. 200) por preservar un texto hebreo de excepcional precisión.

---

6. Sir Frederic Kenyon, *Our Bible and the Ancient Manuscripts* (*nuestra Biblia y los manuscritos antiguos*) (New York: Harper and Brothers, 1958) pp. 78-79.

LOS MANUSCRITOS DEL MAR MUERTO

Antes de 1947, a pesar de todas las pruebas ya presentadas, los manuscritos hebreos más antiguos disponibles del Antiguo Testamento se hicieron más de mil trescientos años después del original. Claramente se trata de una brecha muy larga, posiblemente permitiendo que hubiera errores en la transcripción. Esta brecha se cerró considerablemente con el descubrimiento de lo que se conoce como los Manuscritos del Mar Muerto.

La historia del descubrimiento de los Manuscritos del Mar Muerto ahora es famosa. En 1947, un niño árabe que buscaba una cabra perdida se encontró con una cueva en las colinas sobre el Mar Muerto. En la cueva descubrió un tesoro de frascos de arcilla que contenían un grupo de pergaminos muy antiguos. Quitó algunos de los pergaminos de los frascos. En última instancia, algunos de estos pergaminos invaluables terminaron en un lugar del mercado donde un distribuidor los reconoció su procedencia. Los miembros de la comunidad Qumrán habían escondido estos pergaminos en la cueva. Los habitantes de Qumrán provenían de una secta judía conocida como los Esenios, un grupo judío ascético separado del resto del pueblo. Se trasladaron a las remotas colinas del desierto al este de Jerusalén, donde podían practicar su estilo de vida comunitario religioso en relativa paz. En una época de persecución, probablemente durante las guerras romano-judías, escondieron varios de sus manuscritos más preciados en una serie de cuevas en las colinas por encima de su asentamiento.

Posterior al descubrimiento inicial, una cuidadosa búsqueda de las cuevas en la zona reveló un gran número de pergaminos bien conservados. Los pergaminos habían sido escondidos alrededor del 70 d. C., pero algunos de los manuscritos eran tan antiguos como del 250 a. C. Este descubrimiento finalmente resultó ser el hallazgo más significativo en la historia de los manuscritos bíblicos. Varios de los pergaminos contienen los escritos de los propios Esenios sobre temas religiosos que van desde profecías del fin de los tiempos hasta reglas para la vida monástica. Sin embargo, lo más significativo es que entre estos escritos había una serie de fragmentos de libros del Antiguo Testamento, e incluso algunos libros completos del Antiguo Testamento en hebreo.

Los Manuscritos del Mar Muerto incluyen al menos fragmentos de todos los libros del Antiguo Testamento, excepto de Ester. Se incluye un manuscrito de todo el libro de Isaías, que ha sido fechado en el 100 a. C. o antes. Imaginen el deleite de los eruditos de la Biblia hebrea al tener disponible, de repente, una copia completa de Isaías, mil años más antigua que cualquiera que hubiera estado disponible anteriormente. Esta copia de Isaías podría compararse con el texto masorético, dando a los eruditos la capacidad de medir cuánto se había modificado el texto al ser copiado durante un período de mil años. En última instancia, en la traducción de 1952 de la Revised Standard Versión (versión estándar revisada) del Antiguo Testamento, solo se hicieron trece cambios muy mínimos para poder reflejar el nuevo descubrimiento. Eso serían trece cambios en el segundo libro más largo del Antiguo Testamento a lo largo de mil años.

En los Manuscritos del Mar Muerto también se incluyeron dos manuscritos de los libros de Samuel. Uno de estos es una copia de cuarenta y siete páginas de un original de cincuenta y siete, del libro del siglo I a. C. El otro es un manuscrito parcial de 1 y 2 Samuel del siglo III a. C. Eso es solo unos doscientos años después de que se completara el último libro del Antiguo Testamento. Otro hallazgo importante es un pergamino que contiene cuarenta de cincuenta y siete páginas del libro de Éxodo en un tipo de escritura hebrea muy antiguo conocida como paleo-hebreo. Este manuscrito es de poco después del 200 a. C.

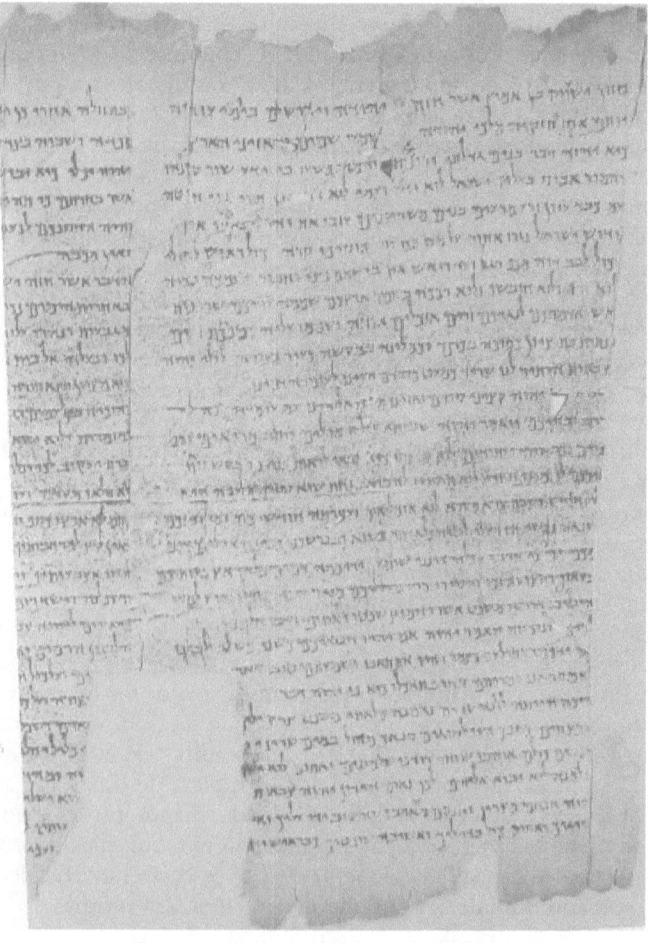

Pergamino de Isaías 1:1-29

Cortesía de Great Isaiah Scroll Directory – http://www.ao.net/~fmoeller/qumdir.htm

Para hacerse una idea de cuán significativamente el descubrimiento de los Manuscritos del Mar Muerto movió la fecha de los primeros manuscritos disponibles hacia la época en la cual los libros fueron escritos, considera el gráfico a continuación.

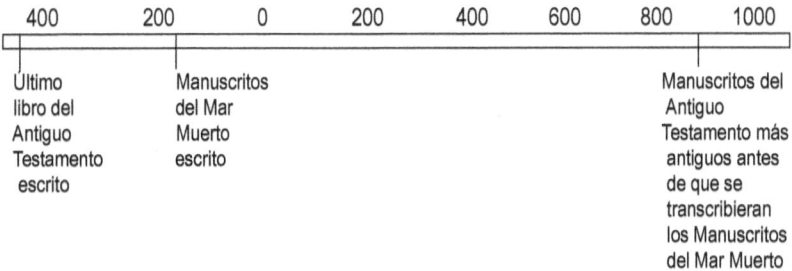

Es difícil sobreestimar la importancia de este hallazgo notable. La evidencia de los Manuscritos del Mar Muerto revela que, durante un lapso de mil años, una serie de cambios se habían infiltrado en el texto hebreo. Sin embargo, prácticamente todos estos son cambios menores en la ortografía, en el orden de las palabras o en el uso gramatical. El famoso erudito bíblico F. F. Bruce afirmó que la nueva evidencia confirma lo que ya creíamos con buenas razones: que los escribas judíos de los primeros siglos cristianos copiaron y volvieron a copiar el texto de la Biblia hebrea con la máxima fidelidad.[7]

Los Manuscritos del Mar Muerto revelan que, a lo largo de mil años, el Antiguo Testamento fue preservado con una precisión esencial, mas no perfecta. ¿Tenemos una copia casi perfecta de los escritos originales del Antiguo Testamento? La respuesta simple es no. Sabemos por la evidencia de los Manuscritos del Mar Muerto lo que podríamos haber adivinado sin él. A lo largo de los muchos cientos de años en los que los escribas judíos copiaron el Antiguo Testamento, se infiltraron en el texto un número significativo de cambios mínimos en la ortografía, el orden de las palabras y el uso gramatical.

De hecho, la escritura hebrea es particularmente propensa a mínimos errores de copiado. Algunas de las letras hebreas son muy parecidas. Por ejemplo, las letras hebreas *daleth* (ב) y *resh* (ר) son muy difíciles de distinguir. Del mismo modo, las letras *he* (ה) y *heth* (ח) podrían confundirse fácilmente entre sí. El hecho de que el texto hebreo, como el griego, incluya cadenas de letras sin grandes espacios entre las palabras, hizo muy difícil producir copias perfectas.

---

7. F. F. Bruce, *Los manuscritos del Mar Muerto* (Barcelona: CLIE, 1956).

Cueva de Qumrán #4, Mar Muerto, Israel
(fotografía por Rex Geissler, 1999)

Además de esto, la escritura hebrea original no tenía vocales. Esto era un impedimento adicional para producir copias perfectas, porque en el idioma hablado, las vocales les dan el contexto a las consonantes, por lo que es menos probable que se cometa un error de copiado.

Otro problema para producir una copia perfecta de un manuscrito hebreo surgió con el uso de números. La escritura hebrea utilizaba letras para los números, similar al uso de números romanos. Con las palabras, un copista puede usar el contexto para ayudar a decidir qué letra se está utilizando. Por ejemplo, si uno vio un manuscrito con una línea como el hombr# corrió a la tienda, con una letra borrosa, puede decidir fácilmente que la letra faltante es una "e", no una "o". En general, los números no ofrecen tales pistas contextuales. Es fácil para 510 soldados convertirse en 500 o 51 o 5100. En general, cuando se encuentran números en el Antiguo Testamento, se debe tener cuidado de asumir que son exactamente los mismos que están escritos en el original.

Dicho todo esto, es importante tener en cuenta que en casi todos los casos de los que estamos hablando, los cambios son verdaderamente mínimos. La evidencia adicional de los Rollos del Mar Muerto es que, a pesar del número significativo de cambios en la ortografía y las terminaciones gramaticales, el significado original se conserva en casi todos los casos. Si el rey de los babilonios era Nabucodonosor (como en la mayoría de las Biblias) o Nabushadrezar (probablemente una ortografía más precisa al mirar fuentes externas), no tiene ningún impacto en el significado del libro de Daniel.

En resumen, Dios escogió al pueblo judío para que fueran mayordomos de su palabra escrita. La sabiduría de su elección fue demostrada por la increíble devoción de los judíos por preservar las Escrituras del Antiguo Testamento con una fidelidad asombrosa. A pesar de algunos cambios en los números, la ortografía y la gramática, gracias a los escribas judíos, tenemos el Antiguo Testamento esencialmente preservado como fue escrito hace más de dos mil años.

EL CANON DEL ANTIGUO TESTAMENTO

Es necesario plantear una última serie de preguntas con respecto al Antiguo Testamento, tal como se hizo con el Nuevo Testamento. ¿Cómo se eligieron los libros que ahora se encuentran en nuestro Antiguo Testamento? ¿Qué criterios se utilizaron? ¿Son todos inspirados? ¿Qué hay de los apócrifos?

Una cosa que se puede decir con absoluta certeza es que la iglesia cristiana primitiva no tuvo parte en la elección del canon del Antiguo Testamento. La lista de Escrituras aceptadas se estableció mucho antes de que Jesucristo pisara la tierra. En el Nuevo Testamento, el propio Jesús citó de casi todos los libros del Antiguo Testamento. Sin embargo, él nunca citó escritos no aceptados tales como los apócrifos.[8]

Jesús se refirió específicamente al canon del Antiguo Testamento cuando afirmó que él había cumplido todo lo que estaba "escrito acerca de mí en la ley de Moisés, en los profetas y en los salmos" (Lucas 24:44). Las divisiones de la Biblia hebrea fueron la Ley de Moisés (el Pentateuco), los Profetas y los Escritos (o Salmos). Él se refirió una vez más a todo el canon hebreo en la frase "desde la sangre del justo Abel hasta la de Zacarías, hijo de Berequías" (Mateo 23:35). Por supuesto, el asesinato de Abel se encuentra al principio de la Biblia. El asesinato de Zacarías hijo de Berequías se encuentra en 2 Crónicas 24:20-21. La Biblia judía tiene un orden diferente al que es tradicional en las ediciones cristianas. En la Biblia de la época de Jesús, 2 Crónicas era el último libro. Cuando Jesús usó la frase, desde la sangre de Abel hasta la sangre de Zacarías, los judíos eran conscientes de que él quería decir desde el principio hasta el final de la Biblia.

¿Cuándo y mediante quién fue establecido el canon del Antiguo Testamento? Se dice que un grupo de maestros judíos se reunieron en la ciudad palestina de Jamnia a finales del siglo I d. C. para acordar una lista final de escritos aceptados. La reunión en Jamnia sí ocurrió, pero casi con toda seguridad lo que hicieron fue solo confirmar el canon que ya se había fijado durante al menos doscientos años. Antes de que ocurriera la reunión en Jamnia, Josefo mencionó una lista de las Escrituras del Antiguo Testamento:

> Por esto entre nosotros no hay multitud de libros que discrepan y disienten entre sí; sino solamente veintidós libros, que abarcan la historia de todo tiempo y que, con razón, se consideran divinos. De entre ellos cinco son de Moisés, y contienen las leyes y la narración de lo acontecido desde el origen del género humano hasta la muerte de Moisés... Desde Moisés hasta la muerte de Artajerjes, que reinó entre los persas después de Jerjes, los profetas que sucedieron a Moisés reunieron en trece libros lo que aconteció en su época. Los cuatro restantes ofrecen himnos en alabanza de Dios y preceptos utilísimos a los hombres.[9]

---

8. Aunque los escritores del Nuevo Testamento no citan los apócrifos del Antiguo Testamento, aluden a ellos. Por ejemplo, Hebreos 11:37 menciona a un hombre de fe que fue aserrado en dos. Esto es probablemente una alusión al martirio de Jeremías que se menciona en el apócrifo. El hecho de que los escritores del Nuevo Testamento aludan sin citar los apócrifos implica que eran muy conscientes de estos libros adicionales, pero no los consideraban canónicos.

9. Josefo, Contra *Apión* I. 8.

Los cinco libros mencionados por Josefo son el Pentateuco. Los trece libros históricos/proféticos pueden parecer un número pequeño. Esto se debe a que la Biblia hebrea en ese momento combinó 1 y 2 Samuel en un solo libro. Del mismo modo, se combinaron como un solo libro las parejas 1 y 2 Reyes, 1 y 2 Crónicas, Rut y Jueces, Jeremías y Lamentaciones, y Esdras y Nehemías. Los que se suponen son los "profetas menores" (de Oseas hasta Malaquías) se combinaron para formar un solo libro conocido como "Los Doce". Si los cuatro "libros que contienen himnos" de los que habla Josefo son los tradicionales Salmos, Proverbios, Eclesiastés y Cantares que componen los "Escritos" hebreos, entonces la lista de Josefo es exactamente la misma que nuestro Antiguo Testamento canónico.

¿Quién eligió los libros del Antiguo Testamento? La conclusión es que no tenemos un registro detallado de cómo se eligieron estos libros. De una manera similar al Nuevo Testamento, parecería que la lista de los libros del Antiguo Testamento fue elegida gradualmente por la aprobación de los maestros judíos. Aparentemente, solo los libros aceptados pasaron la prueba como escritos inspirados. Al final, el creyente se queda con la evidencia de los libros en sí, combinada con la fe de que la mano de Dios cuidó lo que terminó estando dentro de su Biblia. Uno de los objetivos principales de este libro es mostrar la evidencia abrumadora de que los libros que encontramos tanto en el Antiguo como en el Nuevo Testamento muestran marcas de inspiración.

Para aquellos que estudian la Biblia, una de las mejores maneras de demostrarse a sí mismos que el canon aceptado del Antiguo Testamento tiene señales de inspiración es tomando una Biblia católica romana (por ejemplo, la Biblia Latinoamérica) y empezar leyendo las adiciones apócrifas del Antiguo Testamento. Una lectura rápida de Tobías o de Judit, o de las adiciones a Daniel, revelará la diferencia evidente entre una escritura inspirada y una obra de ingenio humano. Para la mayoría serán obvias las razones por las que la comunidad judía rechazó por unanimidad estos escritos al no ser inspirados por Jehová.[10] Cuando se lee lo que es obviamente ficción religiosa (Tobías y Judit, por ejemplo) o libros históricos en los que el autor se disculpa por sus errores (2 Macabeos), saldrá a relucir en marcado contraste la calidad de los escritos inspirados del Antiguo Testamento.

Esta extremadamente breve discusión del canon del Antiguo Testamento apenas ha comenzado a abordar las posibles preguntas sobre libros o partes específicas de libros y si estos deben estar en la lista de

---

10. Los apócrifos del Antiguo Testamento se tratan con cierto detalle en mi libro sobre Daniel. John Oakes, *Daniel: Un profeta para las naciones* (Spring, Texas: Illumination Publishers, de próxima publicación). Incluye una argumentación de cómo los apócrifos se introdujeron en la Biblia católica romana, así como una breve visión general de cada uno de los libros.

escritos inspirados. Cualquiera que haya leído la Biblia y no tenga por lo menos algunas preguntas acerca de pasajes en particular no estuvo prestando atención. ¿Qué hay de tal y tal libro? ¿No hay ni siquiera uno que nunca mencione el nombre de Dios? ¿Qué hay de esta historia? No parece encajar con la idea del libro. ¿Debo tomar esto literalmente o no? ¿Cómo pudo Dios permitir que eso sucediera? ¿No hay al menos una apariencia de contradicción entre estos dos pasajes? En lo personal, ha sido en la obstinada búsqueda de respuestas a preguntas difíciles como estas, que he encontrado algunas de mis mayores convicciones sobre la inspiración de la Biblia. Ha sido al enfrentar, en lugar de evitar, al hacer preguntas difíciles que me he convencido de que la Biblia en su conjunto encaja de una manera que solo puede explicarse aceptando que, en última instancia, es la obra de Dios mismo. Que comience la aventura.

Sería útil resumir algunas de las conclusiones de este capítulo.

1. Tenemos un texto griego del Nuevo Testamento que es casi una copia exacta de los escritos originales.

2. Las teorías de que todo o parte del Nuevo Testamento fueron escritas hasta bien entrado el siglo II o que se hicieron cambios importantes en el Nuevo Testamento durante los siglos III o IV son simplemente insostenibles ante la evidencia.

3. El canon del Nuevo Testamento fue establecido esencialmente en el 150 d. C. y ciertamente ha permanecido inalterado desde aproximadamente el 200 d. C.

4. El canon del Nuevo Testamento fue establecido por el consenso general de los líderes cristianos del siglo I y II, basado en la autoridad apostólica.

5. Sería una exageración decir que tenemos un texto hebreo del Antiguo Testamento que es una copia casi exacta de los escritos originales. Copiar la compleja escritura hebrea a lo largo de muchos siglos dio lugar a una serie de cambios en los números, en la ortografía y en otros detalles menores. Sin embargo, la evidencia permite concluir que el texto recibido del Antiguo Testamento es notablemente cercano al de los escritos originales.

6. El canon del Antiguo Testamento fue establecido por el consenso general de los maestros judíos, tal vez tan temprano en la historia como en el 400 a. C., pero casi con seguridad para el 200 a. C. Los libros fueron elegidos porque tenían las marcas de la inspiración.

Para hoy

1. Suponiendo que no lo sabías de antemano, ¿cómo te afecta saber que la historia de la mujer atrapada en adulterio puede no haber estado en la versión original de Juan?

2. La evidencia de Marcos 16:9-20 es bastante sólida, pero no concluyente. ¿Puedes pensar en alguna enseñanza importante que se vería comprometida si este pasaje no se incluyera en la Biblia? Si una persona está enseñando la Biblia a los demás, ¿qué debería hacer?

   a. No utilizar este pasaje.

   b. Utilizarlo, pero mencionando constantemente que hay un cuestionamiento al respecto.

   c. Usarlo sin comentarios.

3. No se mencionó mucho en este capítulo el hecho de que la mayoría de nosotros obviamente no puede leer griego ni hebreo. ¿Cuál es el significado, si lo hay, de leer una traducción en lugar de la original?

4. ¿Qué le dirías a alguien que te dijera que la enseñanza de la reencarnación era originalmente parte del Nuevo Testamento, pero que la Iglesia Católica expulsó todas las referencias a la reencarnación en el Concilio de Nicea?

Desafío: Comienza a llevar un registro escrito de las preguntas legítimas que tenga acerca de pasajes específicos, secciones o libros enteros de la Biblia. Comienza a buscar respuestas a esas preguntas a partir de tu propio estudio y/o de aquellos que conozcas que podrían estar calificados para responder a tus preguntas.

◖ Capítulo Siete ◗
Dejen hablar a las piedras

> *Las piedras gritan,*
> *Silenciosas a través de los siglos,*
> *Desplegando ahora, un pergamino escrito,*
> *La verdad de Dios en páginas polvorientas.*
>
> *—Anne Moore*[1]

"Así fue como David triunfó sobre el filisteo: lo hirió de muerte con una honda y una piedra, y sin empuñar la espada". Muchos de nosotros crecimos escuchando esta historia en una clase de la escuela dominical o sentados en los regazos de nuestros padres. ¿Es esta una historia pintoresca, una fábula con un mensaje religioso? ¿o es un registro fiel de un acontecimiento real, parte de la saga a través de la cual Dios trajo al Hijo de David, Jesucristo, a Israel? Esta es una pregunta absolutamente clave en el corazón mismo del cristianismo. La Biblia, mucho más que cualquier otro libro religioso, encuentra su mensaje fundamental impregnado de un contexto histórico.[1]

"Así fue como David triunfó sobre el filisteo: lo hirió de muerte con una honda y una piedra, y sin empuñar la espada". Muchos de nosotros crecimos escuchando esta historia en una clase de la escuela dominical o sentados en los regazos de nuestros padres. ¿Es esta una historia pintoresca, una fábula con un mensaje religioso? ¿o es un registro fiel de un acontecimiento real, parte de la saga a través de la cual Dios trajo al Hijo de David, Jesucristo, a Israel? Esta es una pregunta absolutamente clave en el corazón mismo del cristianismo. La Biblia, mucho más que cualquier otro libro religioso, encuentra su mensaje fundamental impregnado de un contexto histórico.

Si Moisés no sacó realmente al pueblo de Dios fuera de Egipto, tal como se describe en el libro de Números, entonces la Ley de Moisés es una tradición hecha por humanos. Si David no fue el gobernante ungido de Israel, entonces Jesús, el Hijo de David, era un pretendiente de un legado falso. Si las historias de Abraham, Isaac, Jacob y José son solo la creación de un judío imaginativo y piadoso en el siglo II a. C., entonces la declaración de Pablo en Romanos 4:16-17 sobre Abraham que "es el

---

1. Traducción nuestra.
2. El Libro de Mormón es una excepción a esta afirmación. Este libro menciona numerosas tribus y naciones, así como grandes ciudades, guerras e incluso civilizaciones enteras que supuestamente existían en algún lugar del Nuevo Mundo. No hay ni una sola pizca de evidencia arqueológica que respalde ninguna de las supuestas historias registradas en el Libro de Mormón. Un recurso sobre este tema es http://www.irr.org/mit/bomarch1.html y las referencias que se encuentran en este sitio.

padre que tenemos en común delante de Dios, tal como está escrito: 'Te he confirmado como padre de muchas naciones'" se convierte en una declaración sin sentido.

Vamos a decirlo muy claramente: si los acontecimientos registrados en el Antiguo Testamento son solo historias religiosas con poca o ninguna base de hecho, entonces tanto el Antiguo como el Nuevo Testamento pierden casi todo su significado, y el cristianismo se convierte en una religión hecha por los seres humanos. En ese caso, el cristianismo se convierte en lo que muchos filósofos religiosos afirman que es: uno de los muchos caminos hacia lo mismo. No te dejes engañar. Este es el punto de vista de la gran mayoría de la élite intelectual, y lo creas o no, incluso de muchos supuestos teólogos cristianos hoy en día.

¿Mató David a un hombre gigante llamado Goliat con una piedra de su honda, y fue este evento un escalón para que finalmente se convirtiera en rey de Israel? Estas preguntas no son un mero ejercicio intelectual. Aquí no hay puntos medios. David mató a Goliat o no lo hizo. Afortunadamente, los descubrimientos de arqueólogos modernos arrojan una luz considerable sobre esta cuestión. Los arqueólogos han excavado la fortaleza de Guibeá. Esta fue la fortaleza principal de Saúl, el primer rey de Israel. Este es el mismo Saúl que, según el relato bíblico, trató de prestarle su armadura a David para su batalla con Goliat. Las excavadoras en Guibeá encontraron pruebas de que las hondas eran parte primaria del arsenal en el ejército de Saúl.[3] David no usó el juguete de un niño para matar a Goliat. Al contrario, dado que Goliat tenía una fuerza física superior, David eligió la que era el arma militar más efectiva disponible para él en el arsenal del rey.

Era bastante común que los teólogos en el siglo XIX afirmaran que el rey David era un personaje ficticio, creado por maestros judíos en el período después del exilio para enseñar lecciones morales a los niños hebreos. ¿Sabían los maestros judíos en el siglo II a. C. que la honda era un arma estándar del ejército de Israel ochocientos años antes? Si el rey David es solo un personaje ficticio, ¿cómo se explica el descubrimiento realizado por Avraham Biran en 1993 de una inscripción del siglo IX a. C.? Este descubrimiento, conocido como la inscripción Tel Dan, se refiere tanto al propio rey David como a la dinastía llamada la Casa de David.

El Antiguo Testamento está absolutamente lleno de detalles históricos que solo pudieron haber sido conocidos por autores que estaban registrando eventos reales ocurriendo en sus propias vidas o poco antes. Veremos muchos ejemplos de este principio en el presente capítulo. La excavación del palacio del rey Saúl, la evidencia de que las hondas eran habituales en el arsenal militar de Israel en el siglo XI a. C., y el descubrimiento de una inscripción en una piedra que menciona la casa del rey David, dan credibilidad histórica a la historia de David y Goliat.

¿Hay alguna evidencia física de que David mató a un gran soldado

---

3. Confirmando así indirectamente el relato en Jueces 20:16 de setecientos expertos con la honda en el ejército de Israel.

del ejército filisteo? No. De hecho, es difícil imaginar cuál podría ser tal evidencia física. La única evidencia directa concebible sería una escultura en bajorrelieve que represente la batalla. El problema con esto es que a los judíos se les prohibió hacer esculturas a semejanza humana en uno de los Diez Mandamientos. Ten en cuenta que el libro de 1 Samuel registra acontecimientos que ocurrieron hace tres mil años. Eso es trescientos años antes de la fundación de Roma y más de quinientos años antes del gran florecimiento de la cultura griega. El reinado del rey Saúl distó de tan solo cien años de la batalla semi-mítica de Troya tal como se registra en la Ilíada de Homero. Hasta la fecha, no hay evidencia física directa de la batalla entre David y su alto adversario, pero esto no es sorprendente. Lo que la evidencia arqueológica nos dice es que los acontecimientos registrados en 1 Samuel concuerdan con el entorno histórico y cultural de la Palestina del siglo X y XI a. C. El libro de 1 Samuel tiene todas las apariencias de ser un relato preciso de los acontecimientos reales.

Esta afirmación gana credibilidad por otros acontecimientos registrados en 1 Samuel y también en 1 Crónicas, su relato paralelo, que han sido corroborados por descubrimientos arqueológicos. Por ejemplo, 1 Samuel menciona que después de que el rey Saúl fuera asesinado en batalla, su armadura fue puesta en el templo de Astarté (una diosa cananea) en la ciudad de Betsán. Esto se encuentra en 1 Samuel 31:10. En lo que ha sido descrito como una contradicción por los críticos de la Biblia, 1 Crónicas registra que la cabeza del rey Saúl fue puesta en el templo de Dagón (un dios filisteo) en la misma ciudad. Esta historia se encuentra en 1 Crónicas 10:10. Aquellos que han intentado probar que los relatos bíblicos son una fabricación tardía han afirmado que es muy poco probable que hubiera habido templos tanto a Astarté como a Dagón en la misma ciudad y al mismo tiempo. Ellos afirman que los relatos en 1 Samuel y 1 Crónicas están en conflicto histórico entre sí.

Descubrimientos arqueológicos han demostrado una vez más que los críticos de la Biblia están equivocados. Las excavaciones en Betsán han revelado que sí había dos templos separados en la ciudad, uno dedicado a Dagón y el otro a las Astarotes. Es más, solo un pasillo separaba los dos templos. Aquellos que quieran atacar la fiabilidad histórica del Antiguo Testamento tendrán que explicar cómo el registro combinado de dos autores distintos podría estar completamente acuerdo con la evidencia arqueológica. ¿Cuáles son las posibilidades de que alguien que escriba una fábula alegórica moralista cientos de años después pueda haber sabido que allí había templos para ambos dioses en Betsán en el momento de la muerte del rey Saúl?

Se pueden citar más hallazgos arqueológicos que dan gran credibilidad a los relatos bíblicos de la vida de David, pero primero será útil dar un paso atrás y echar un vistazo al panorama general.

LA BIBLIA COMO UNA HISTORIA

La Biblia no es un libro de historia, pero es un libro totalmente inmerso en la historia. Esto es especialmente cierto en el Antiguo

Testamento. Además, es imposible entender completamente el mensaje del Nuevo Testamento a menos que uno vea el ministerio de Jesucristo y el evangelio mismo como la culminación del plan que se elaboró en la historia del pueblo de Dios, tal como se registra en el Antiguo Testamento. La historia del Antiguo Testamento es la historia de Dios preparando a un pueblo a través del cual enviaría al Mesías. Como se mencionó anteriormente, esto hace que el judaísmo/cristianismo sea único entre las religiones del mundo. Es imposible separar estas religiones de su historia.

Para cualquiera que tenga dudas sobre la afirmación de que el Antiguo Testamento está inmerso en la historia, que considere los tres primeros capítulos de Josué. Estos tres capítulos por sí solos contienen los nombres de veintinueve lugares, diez individuos y no menos de dieciséis pueblos (la palabra moderna "nación" en realidad no aplica aquí). Cada una de las veintinueve ciudades u otros lugares existieron o no. Estas ciudades se pueden buscar, y una gran proporción de los lugares mencionados en estos tres capítulos han sido identificados y al menos parcialmente excavados. Al leer el libro de Josué, se tiene la fuerte impresión de que en el siglo XIV a. C., Canaán contenía un gran número de pequeñas ciudades amuralladas. Esta afirmación es verificable. Además, los dieciséis pueblos de estos tres capítulos, como los hititas, los heveos, los jebuseos, etc., son reales o imaginarios. O eran verdaderos grupos étnicos/culturales en ese momento o no lo eran. Por supuesto, los críticos de la Biblia han atacado en el pasado a todos o casi todos los pueblos enumerados en Josué como meras invenciones. Sin embargo, los estudios arqueológicos hasta la fecha han confirmado la existencia de casi todos los grupos mencionados en estos capítulos. Canaán en el siglo XIV a. C. era un lugar muy diverso étnicamente.

¿A alguien realmente le importa cuáles eran los nombres de todos estos pueblos y ciudades? Ese no es el punto. Lo que es esencial para el creyente bíblico es que el libro de Josué muestra a Dios usando a este líder para guiar a su pueblo desde el desierto, a través del río Jordán, hacia la tierra prometida. Josué, una figura histórica, que vivía y respiraba, es un símbolo de Jesús, que lleva a sus seguidores desde el desierto de una vida pecaminosa, a través del agua (no del río Jordán, sino del bautismo), a la tierra prometida de la salvación y a una vida en comunión con Dios. Si la historia de Josué es ficción histórica, entonces el panorama completo no funciona. En Hebreos 4:8-11 el escritor implica que lo que Josué hizo físicamente es lo que Jesús hace espiritualmente. Si Josué no "salvó" físicamente a Israel, ¿en qué sentido Jesús salva espiritualmente a la gente?

Por esta razón, el cuestionamiento sobre la exactitud y fiabilidad de la historia registrada tanto en el Antiguo como en el Nuevo Testamento es absolutamente esencial para la validez de las reivindicaciones del cristianismo. El objetivo de este capítulo es examinar cuidadosamente este cuestionamiento.

No es como si los escritores del Antiguo Testamento fueran historiadores profesionales. En el momento en que se escribió gran parte del Antiguo Testamento, no había en ninguna parte del mundo tal cosa como un historiador profesional. No había ni un solo autor que estuviera preparado para escribir un relato histórico cuidadosamente investigado. Ni siquiera se había desarrollado la metodología de la documentación histórica cuidadosa. Si la Biblia resultara conteniendo una historia precisa e imparcial, esto ciertamente revelaría una poderosa marca de inspiración.

Será útil una comparación histórica entre la Biblia y las obras de los más grandes historiadores del mundo antiguo. Tal vez lo más apropiado sea compararla con las obras del escritor griego Heródoto. Este vivió alrededor del 480-425 a. C. La Biblia fue escrita en un plazo aproximado de mil años, comenzando alrededor del 1400 a. C.,[4] y terminando con la escritura de Malaquías, en el 440 a. C aproximadamente. Por lo tanto, el último de los escritores bíblicos del Antiguo Testamento fue contemporáneo de Heródoto, el "padre de la historia".

Claramente, hubo muchos cronistas en el mundo antiguo antes de Heródoto. Desde los comienzos de la humanidad, las historias orales han sido transmitidas de generación en generación. Estas historias orales, por supuesto, eran extremadamente susceptibles a distorsiones, exageraciones e inventos extremos. Heródoto es considerado por muchos historiadores como el primer historiador sistemático verdadero. Se esforzó por viajar por todo el mundo conocido buscando fuentes iniciales. Además de esto, Heródoto fue un gran escritor de prosa. Muchos lo consideran no solo el primero, sino también el más grande historiador del mundo antiguo. La pregunta es, en términos de precisión y fiabilidad, ¿cómo se comparan históricamente los escritos de Heródoto con el Antiguo Testamento?

Recuerda, esta es una pregunta clave en el asunto general de la inspiración de la Biblia. Si la Biblia contiene relatos históricos falsos o muy distorsionados, como afirman algunos críticos, entonces la declaración de Pablo en 2 Timoteo 3:16 de que "toda la Escritura es inspirada por Dios" simplemente no es correcta. El propio Jesús a menudo se refería a los acontecimientos registrados en el Antiguo Testamento como si fueran hechos. No hay manera de evitar esta pregunta, así que hay que encararla. Por lo tanto, es útil hacer la pregunta, ¿cómo se compara históricamente la Biblia con los escritos de Heródoto?

Hay mucho que elogiar de los escritos de Heródoto. Como ya se ha dicho, él se esforzó vehementemente por encontrar fuentes iniciales. Estudió inscripciones y, cuando fue posible, entrevistó a testigos oculares o a aquellos que habían conocido testigos oculares de los acontecimientos. Viajó desde Grecia a Italia, Asia Menor, el sur de Rusia,

---

4. El libro de Génesis probablemente fue ensamblado en su forma final alrededor de la época de Moisés, pero partes de él pueden haber existido en forma escrita u oral durante cientos de años antes de ese momento. Es muy difícil, además, datar la escritura del libro de Job. Su contexto es del período patriarcal de la historia bíblica, lo que sugiere que puede haber sido registrado cientos de años antes de la fecha de 1400 a. C. mencionada anteriormente.

Palestina, Babilonia, Susa (la capital de Persia), y a Egipto y otras partes del norte de África. Su detallismo y la claridad de su estilo de escritura sirven incluso hoy en día como modelo para los historiadores. Sin embargo, a pesar de sus esfuerzos minuciosos, las historias de Heródoto están muy por debajo de las que se encuentran en el Antiguo Testamento en términos de precisión y fiabilidad. Esta es una gran afirmación, pero considera algunas de las pruebas.

Aunque Heródoto hizo muchas de sus propias investigaciones, incluyó en sus historias gran parte de lo que claramente son mitos y fábulas locales. Lo hizo, no tanto porque no pudiera distinguir entre hechos y mitos, sino más para darle vida a sus escritos. Heródoto estaba dispuesto a incluir una fábula si esta servía como ilustración útil para uno de los temas de sus historias. Uno encuentra sus escritos precedidos con la frase "Se dice", o "Me dijeron", ya que registró leyendas locales que obviamente ni siquiera él validó. De hecho, a menudo Heródoto decía en sus historias: "Pero yo no creí ni una sola palabra sobre ello". ¿Te imaginas una frase como esa en la Biblia?

Por ejemplo, Heródoto describió la fundación del oráculo de Zeus en Dodona: "Hace mucho tiempo, dos palomas negras volaron desde Tebes en Egipto (más de mil millas). Una llegó a un roble en Dodona y habló (¿en griego?) con una voz humana, diciéndole a todo lo que estaba allí que en ese lugar se fundaría un oráculo de Zeus". Aquí Heródoto incluyó en sus historias lo que obviamente es una fábula local.

Heródoto también relató las campañas del rey persa Cambises en Egipto. Describió a los etíopes, que "esposaban a sus prisioneros con cadenas de oro, vivían hasta los ciento veinte años, bebían agua de un manantial que olía a violetas, usaban arcos que nadie más que ellos mismos podía doblar... " y cosas similares. Según Heródoto, todo el ejército de Cambises, un cuarto de millón de hombres, se perdió en una tormenta de arena en el desierto y no fue visto nunca más. Heródoto describió hormigas "tan grandes como zorros" en la India, así como serpientes voladoras en Arabia. Según el Padre de la Historia, las serpientes voladoras hembras mordían las cabezas de los machos después del apareamiento. Heródoto transmitió también los informes de una tribu de escitas de un solo ojo y grifos que protegían su oro. En palabras de un historiador:

> Así que, en el relato de Heródoto, mezclado con informes de primera mano del mayor valor e interés, tenemos una serie de cuentos populares contemporáneos y leyendas locales que, aunque no son estrictamente historia, sin duda siguen siendo parte de la historia, representando lo que el hombre común creía sobre su pasado.[5]

---

5. Aubrey de Sélincourt, *The World of Herodotus* (*el mundo de Herodotus*) (Boston: Little, Brown and Company, 1962), p. 218, traducción nuestra.

¿Contiene la Biblia, al igual que las *Historias de Heródoto*, cuentos populares, leyendas locales e historias que representan "lo que el hombre común creía sobre su pasado"? La respuesta enfática es no. Como veremos claramente, la Biblia está libre de tal desorden en su historia.

Las historias de Heródoto no solo contienen fábulas, sino también imprecisiones obvias. Él afirmó que Solón, el gran estadista ateniense, había visitado a Creso, rey de Lidia, mucho después de que Solón hubiera muerto. Él describió los ejércitos del rey persa Jerjes cuando cruzaron el estrecho de los Dardanelos. Según Heródoto, el ejército estaba compuesto por dos millones y medio de soldados. Además, mencionó dos millones y medio de todo tipo de trabajadores del campamento, junto a un innumerable grupo de individuos parásitos. Este sería un ejército de más de cinco millones de personas. ¡No es de extrañar que Heródoto describiera a este ejército bebiéndose literalmente los ríos de Grecia! Nadie puede creer estas cifras. A pesar de las afirmaciones de sus críticos, veremos que el Antiguo Testamento simplemente no contiene este tipo de errores flagrantes.

Se podrían enumerar cientos de ejemplos de imprecisiones flagrantes, así como de mitos y leyendas obvias de los escritos de Heródoto. Sin embargo, sus contemporáneos criticaron a Heródoto, no por estos problemas, sino por su evidente parcialidad hacia sus amigos los atenienses. El principal tema de sus historias fue la lucha de los griegos para repeler los ataques de los persas bajo el gobierno de Darío y Jerjes, y las posteriores guerras civiles de Atenas y sus aliados contra los espartanos y sus aliados. En estos eventos, Heródoto es persistentemente favorable a la versión ateniense de los eventos. Para citar al historiador Aubrey de Selincourt:

> Sin embargo, no es por este tipo de inocentes falsificaciones de los hechos que el Padre de la Historia llegó a ser conocido como el Padre de las Mentiras. Fue por una razón mucho más característicamente humana, a saber, que el tono del libro de Heródoto es fuertemente pro-ateniense, y los enemigos de Atenas, muy naturalmente, se resintieron de lo que consideraban un absurdo prejuicio e hicieron lo que pudieron para desacreditar al autor de este.[6]

Al llamar a Heródoto el "Padre de las Mentiras" sus críticos estaban siendo injustos con él. A pesar de su evidente parcialidad, Heródoto generalmente no fabricaba mentiras para hacer que Atenas se viera bien. Para ser justo con Heródoto, él probablemente escribió la historia más equitativa que nadie antes que él (con la excepción, por supuesto, de los escritores bíblicos). Sin embargo, fue culpable de flagrante parcialidad en favor de sus amigos. ¿Se puede decir lo mismo de la historia registrada en la Biblia? ¿Registraron los escritores bíblicos una versión de los acontecimientos que ignoraba los defectos de Israel

---

6. Sélincourt, p. 41, traducción nuestra.

y exageraba los defectos de sus enemigos? ¿La historia registrada en el Antiguo Testamento pinta una imagen optimista del pueblo de Dios y especialmente de los líderes de los israelitas?

Cualquiera que haya leído así sea un poco del Antiguo Testamento encontrará esa pregunta muy fácil de responder. El Antiguo Testamento es brutalmente honesto acerca de los defectos tanto del pueblo de Israel como de sus líderes. Esto es absolutamente único entre los escritos antiguos. Prácticamente todas las crónicas dejadas por las culturas antiguas mencionan solo sus victorias. Si se refieren a las derrotas de sus reyes o de sus ejércitos, se les hace referencia de una manera muy indirecta. El Antiguo Testamento es una excepción sorprendente a esta regla. Las muchas derrotas y humillaciones del pueblo de Israel se describen con tanto detalle como las grandes victorias.

En las inscripciones dejadas por líderes como los faraones de Egipto y los emperadores de Asiria, los líderes son elogiados por su sabiduría y fuerza. Estos gobernantes parecen casi dioses en su perfección. Cualquiera que lea estos relatos puede estar seguro de que se trata de registros muy sesgados. Citando a un arqueólogo muy conocido:

> Los pueblos del antiguo Oriente Próximo conservaron registros históricos para impresionar a sus dioses y también a enemigos potenciales y, por lo tanto, rara vez, si es que alguna vez, mencionaban derrotas o catástrofes. Los registros de desastres no mejorarían la reputación de los egipcios a los ojos de sus dioses, ni harían que sus enemigos tuvieran más miedo de su poder.[7]

En la Biblia, los héroes más grandes se presentan con todos sus defectos. El rey David es un héroe, pero también un adúltero y un mal padre. Jacob es un hombre de gran fe, pero también es un celoso engañador. Abraham, Gedeón, Salomón y Ezequías son todos héroes de la Biblia, pero en todos se ve que tienen pecados y debilidades de carácter. En una medida mucho mayor que cualquier otra historia antigua, los autores de la Biblia no temían revelar las faltas poco halagadoras de las personas centrales de sus relatos. Nuevamente, el Antiguo Testamento muestra que su historia es muy superior a la de Heródoto, el "Padre de la Historia".

Uno se ve obligado a preguntarse cómo puede ser que la historia registrada en el Antiguo Testamento, escrita por docenas de autores durante un período de mil años, pueda ser singularmente superior tanto en su precisión como en la ausencia de sesgo, frente a todas las historias de los pueblos contemporáneos. Ni siquiera el padre de la historia pudo hacerlo tan bien como el Antiguo Testamento. En pocas palabras, el Antiguo Testamento es el relato histórico más maravilloso, más preciso, fiable e imparcial que tenemos del mundo antiguo. ¿Cómo puede ser esto? ¿Podría ser esto un signo de inspiración?

---

7. Charles Ailing, *Egypt and Bible History from Earliest Times to 1000 B.C.* (*Egipto y la historia bíblica desde los primeros tiempos hasta el año 1000 a. C.*) (Grand Rapids, Michigan: Baker Books, 1981), p. 103, traducción nuestra.

En realidad, las fuertes afirmaciones sobre la exactitud y ausencia de sesgo del Antiguo Testamento hechas en el párrafo anterior no han sido probadas aún, al menos no en este libro. Tal vez el autor se ha adelantado un poco. Se requiere presentar un caso detallado sobre la exactitud histórica de la Biblia. Dejemos que la historia de David y Goliat sirva como ejemplo de apertura. Es hora de comenzar con Génesis y continuar a través de Apocalipsis, investigando la Biblia históricamente

LA HISTORIA Y EL ANTIGUO TESTAMENTO

El propósito de esta sección, entonces, es presentar evidencia relacionada con la exactitud y fiabilidad del Antiguo Testamento como documento histórico. En realidad, los ejemplos utilizados no comenzarán con Génesis capítulo 1. Los relatos contenidos en los capítulos del 1 al 10 de Génesis, incluyendo la creación y caída de la humanidad, la historia de Caín y Abel, y el relato del diluvio, son de un período de prehistoria. Es difícil o imposible incluso asignar fechas a estos eventos, a pesar de los intentos de algunos por hacerlo. Nuestro estudio histórico del Antiguo Testamento comenzará con Abraham. Antes de hacer un estudio más detallado, será útil tener en cuenta algunos puntos mientras se mira el Antiguo Testamento.

1. Desde la época de Abraham hasta la época en que Israel dejó Egipto bajo la guía de Moisés, el pueblo de Dios se describe en la Biblia como una tribu relativamente insignificante. Se podría esperar que los arqueólogos no encontraran registros de personas y acontecimientos reales descritos en este período del Antiguo Testamento, por la sencilla razón de que el pueblo de Dios tuvo muy poco impacto en acontecimientos históricos. Por mucho que tú o yo odiemos admitirlo, probablemente no seremos recordados por los historiadores dentro de mil años. Al examinar esta sección de la Biblia, se requerirá mostrar que el idioma, las tradiciones, la cultura, el trasfondo religioso, etc., encontrados en los relatos bíblicos concuerdan con lo que es conocido por la evidencia arqueológica de la misma época y lugar de los eventos registrados en Génesis.

2. A partir de la época del rey David en adelante (alrededor de 1050 a. C.), debería haber cada vez más evidencia histórica y arqueológica apoyando los relatos bíblicos, porque en este punto, Israel se convirtió en un poder formidable.

3. El trasfondo cultural, histórico y religioso de Génesis en los capítulos 11 hasta el 38 (de Abraham hasta Jacob) debe ser el de Mesopotamia, entre aproximadamente el 2050 y 1800 a. C. Todo lo que

se encuentra en esta parte de Génesis que claramente está fuera de esta cultura y marco temporal puede considerarse un anacronismo.

4. El trasfondo cultural/histórico/religioso de Génesis 39 a lo largo de Deuteronomio (de José hasta Moisés) debe ser el de Egipto alrededor del 1800 al 1400 a. C.

5. El trasfondo cultural/histórico/religioso de Josué a través de 2 Crónicas (de Josué hasta la destrucción de Jerusalén en el año 586 a. C.) debe ser el de Palestina después del 1010 a. C.

A continuación, se incluye una tabla que proporciona los períodos de tiempo de las fases importantes de la historia de Israel. Para los períodos más tempranos, los años son solo aproximados. Para los períodos más tardíos, las fechas se vuelven bastante exactas porque se puede hacer la comparación con registros históricos y eventos astronómicos. Además, se suministra un cuadro con relación al poder político dominante en Palestina durante el mismo período de tiempo. Esto proporcionará un contexto útil a la evidencia arqueológica que se presentará.

PERIODOS IMPORTANTES EN LA HISTORIA DE ISRAELL

Periodo en la historia de Israel	Fechas
Los patriarcas Abraham, Isaac, Jacob y José	2050-1800 a. C.
Moisés y Josué El éxodo y la conquista	1450-1400 a. C.
El período de los jueces Débora, Jefté, Gedeón y Samuel	1400-1050 a. C.
Reino unido Saúl, David, Salomón y Roboán	1050-931 a. C.
El reino del norte (Samaria) Destrucción y cautiverio bajo Asiria	931-722 a. C.
El reino del sur (Judá) Destrucción y cautiverio bajo Babilonia	931-586 a. C.
Derrota y destrucción de Jerusalén El período del exilio en Babilonia	605-536 a. C.
Retorno de los cautivos, reconstrucción del templo y de Jerusalén	536-440 a. C.
El período "entre los Testamentos"	440-6 a. C.

EL PERIODO PATRIARCAL

Comenzaremos, entonces, con la época de Abraham. En la Biblia, Abraham es el padre de Israel, tanto espiritualmente como por descendencia.

> Por eso la promesa viene por la fe, a fin de que por la gracia quede garantizada para toda la descendencia de Abraham; esta promesa no es solo para los que son de la ley sino para los que son también de la fe de Abraham, quien es el padre que tenemos en común delante de Dios, tal como está escrito: "Te he confirmado como padre de muchas naciones". (Romanos 4:16-17)

Abraham es una figura extremadamente importante en la historia de Israel. Sin embargo, fue un actor poco conocido en el escenario de la historia mundial. Por lo tanto, no se esperaría encontrar mucha evidencia física directa en cuanto a Abraham y su clan. Lo que se espera es que, si el relato de Abraham y sus descendientes, Ismael, Isaac, Jacob y Esaú, es preciso, entonces Génesis 11-38 debe reflejar lo que se conoce de la historia, la cultura y la atmósfera religiosa de Mesopotamia alrededor de 1800 a. C.

PODERES DOMINANTES DURANTE LA HISTORIA DE ISRAEL

Poder dominante	Fechas
Hititas y egipcios	2000-900 a. C.
Asiria	900-606 a. C.
Babilonia	605-539 a. C.
Persia	538-331 a. C.
Alejandro y las dinastías griegas	330-63 a. C.
Roma	Después del 63 a. C.

En primer lugar, la Biblia registra que Abraham nació en la ciudad de Ur. Los restos de la ciudad de Ur se encuentran en el sur de Irak, en Mesopotamia. Ur fue una de las ciudades líderes en el período babilónico, alrededor del 2000 a. C. Sir Leonard Wooley y otros han excavado allí. Ur era una gran ciudad con prósperas industrias comerciales. Definitivamente, este no fue el caso poco más de doce mil años después cuando los críticos de la Biblia sostuvieron que la historia de Abraham había sido inventada. ¿Cómo supo esta gente lo de Ur? Génesis capítulo 11 registra que el padre de Abraham, Teraj, trasladó a su familia a Jarán. Se tiene la impresión de que Jarán era una ciudad más pequeña, más en las afueras de la cultura babilónica. Este es exactamente el caso. Las ruinas de Jarán también fueron excavadas. Aunque era pequeña, seguía siendo una ciudad significativa en el noroeste de Mesopotamia. La ciudad fue abandonada alrededor del 1800 a. C., poco después de que el relato bíblico hablara de Abraham viviendo allí. Es extremadamente improbable que alguien que cientos de años después hubiera inventado la historia de Abraham, narrara que él vivía en una ciudad de la que no se había oído hablar en siglos.

Ruinas de Jarán en la llanura de Mesopotamia, Sanliurfa, Turquía
(fotografía por Rex Geissler)

Otro ejemplo de evidencia arqueológica que es paralela a Génesis son los nombres de lugares y personas. En 1975, en la antigua ciudad de Ebla, se descubrió una bodega que contenía 17.000 tablillas de arcilla. Ebla era una ciudad poderosa localizada en lo que ahora es Siria, en la región entre Mesopotamia y Palestina. El clímax de importancia de Ebla fue alrededor del 2500-2000 a. C. En estas tablillas se registran varios nombres. Entre estos nombres, típicos de la época, se incluyen los de Jacob, Isaac y Abraham, así como los nombres del padre, abuelo y bisabuelo de Abraham, Teraj, Najor y Serug. Estos nombres son conocidos también en otras fuentes del noroeste de Mesopotamia tanto en textos babilónicos como en textos asirios antiguos. Curiosamente, los nombres de los patriarcas son raros o desconocidos en el material existente de los siglos siguientes. Para entender la importancia de esta evidencia, imagina que lees una carta cuyo autor supuestamente escribió desde los Estados Unidos durante el año 1900, refiriéndose a personas llamadas Courtney o Britney. Uno sabría de inmediato que la carta es falsa. Del mismo modo, si se estuviera leyendo una carta entre amigos en la década de 1990 que contiene nombres como Rutherford o Gertrude, uno sabría que se cometió un grave error. Como era de esperar, los nombres de los patriarcas se ajustan al contexto histórico y cultural de Mesopotamia alrededor del año 2000 a. C.

Mapa del Oriente Próximo mostrando Ur abajo a la derecha, Jarán arriba a la izquierda y Hebrón abajo a la izquierda

No son solo los nombres de los parientes de Abraham los que se ajustan al contexto correcto, como se describe en Génesis. Por ejemplo, Génesis 14 menciona una coalición de reyes que lucharon contra Abraham y sus aliados. Entre ellos está Quedorlaómer, rey de Elam. Al principio, puede parecer poco probable que Quedorlaómer participe en una campaña en Palestina, ya que Elam está muy lejos de Palestina (en el suroeste del actual Irán). Sin embargo, el nombre Quedorlaómer se ha encontrado en las antiguas inscripciones de Elamitas. ¿Podría saber alguien que inventó una historia cientos de años después, que Quedorlaómer era el nombre de un gobernante en Elam?

Los nombres de los pueblos mencionados en la Biblia en el período patriarcal también están de acuerdo con los registros históricos. Por ejemplo, los hititas figuran prominentemente en el texto de Génesis 11-38. Estas personas son mencionadas cuarenta y siete veces en la Biblia. Son descritos como una influencia política, cultural y económica dominante en Palestina durante ese tiempo. Se puede encontrar en Génesis 23 una descripción de Abraham comprando un terreno a los hititas para enterrar a su esposa Sarah. Ya en la época del rey David, los hititas siguieron siendo descritos como una gran potencia mundial. Se registró a David vendiendo carruajes de Egipto a los hititas.

Recientemente, como a finales del siglo XIX, muchos eruditos dudaron de la existencia de este pueblo conocido como los hititas, a pesar del hecho de que estos figuran de forma prominente en la Biblia. Muchos consideraban a los hititas, horitas, jebuseos y amorreos, entre otros, como simple ficción histórica. Eso fue hasta 1906, cuando el arqueólogo alemán Hugo Winkler empezó a excavar en el lugar de la antigua ciudad de Hattusa, en la actual Turquía. Excavó cinco grandes templos, al igual que una ciudadela. También se descubrieron diez mil tablillas de arcilla que contienen lo que ahora se sabe que es el idioma hitita. Un gran número de otras ciudades que alguna vez formaron parte del gran Imperio Hitita han sido excavadas desde entonces. Durante más de mil años, los hititas fueron la potencia dominante del Oriente Próximo, junto con Egipto y Asiria. Ahora es posible obtener un título universitario en estudios hititas. ¡Para ser una fantasía histórica, la Biblia ha logrado mucho!

Los hititas no fueron los únicos desconocidos fuera del relato bíblico hasta hace poco. Las excavaciones e inscripciones han confirmado la presencia en Palestina de las horitas, los jebuseos y otras naciones mencionadas en el libro de Génesis.

El nombre de otra localidad proporciona un soporte muy sugerente para el relato bíblico. La referencia más antigua conocida respecto a la antigua ciudad de Beerseba se encuentra en una inscripción en la ciudad egipcia de Karnak. En esta antigua inscripción, Beerseba se conoce como "la ciudad fortificada de Abram". Sucede que la Biblia narra a Abraham fundando la ciudad de Beerseba (Génesis 21). ¿Hay alguna posibilidad de que esto sea una coincidencia?

Sodoma y Gomorra posiblemente son los topónimos bíblicos más famosos de la época de los patriarcas. La historia de la degradación y la destrucción de estas ciudades con "fuego y azufre" se encuentra en Génesis 18 y 19. Por supuesto, muchos intelectuales consideran que la historia de Dios enviando fuego del cielo es pura fantasía. Un importante erudito bíblico lo ha denominado como un "cuento puramente mítico". ¿Qué tiene que decir la arqueología respecto a esta historia?

En realidad, Génesis describe Sodoma y Gomorra como miembros de un grupo de cinco ciudades en la llanura rodeando lo que ahora se conoce como el Mar Muerto. El grupo de cinco ciudades incluía Sodoma, Gomorra, Admá, Zeboyín y Zoar (Génesis 14:2). Sodoma era la ciudad líder en el grupo. La Biblia describe una tierra bien regada y fértil en una región que ahora es un páramo desolado. La descripción bíblica del clima en la zona del Mar Muerto está corroborada por estudios arqueológicos de evidencias tales como semillas y polen, que han revelado que hace cuatro mil años, la región del Mar Muerto era mucho más húmeda de lo que es ahora. El Mar Muerto tenía aproximadamente el doble de su extensión actual, y no era tan salado como lo es hoy en día.

Hay media docena de uadis (cañones con arroyos estacionales) en la zona, que conducen al Mar Muerto. En cinco de esos uadis, se han descubierto las ruinas de ciudades antiguas. Misteriosamente (por lo menos para aquellos que no aceptan la Biblia como historia) las cinco ciudades fueron abandonadas y no volvieron a ocuparse, alrededor del 2000 a. C. La más grande de ellas es casi con seguridad la antigua Sodoma. Los arqueólogos descubrieron que esta ciudad estaba rodeada con murallas de veintitrés pies de espesor. Una capa de cenizas de hasta siete pies de profundidad cubre toda la ciudad. Esto es, por supuesto, bastante sugestivo por parte del relato bíblico; sin embargo, que en el mundo antiguo las ciudades se quemaran no era precisamente un evento extraño. Quizás más interesante aún, un cementerio que se encuentra a una distancia considerable de la ciudad se quemó al mismo tiempo que esta. No era la práctica habitual de los ejércitos conquistadores incendiar un cementerio a cierta distancia de una ciudad. Las estructuras de la tumba que se descubrieron allí habían sido quemadas desde el exterior, lo que sugiere que les cayó material ardiente. Esto es aún más inusual.

Las cinco ciudades de la llanura fueron quemadas hasta los cimientos casi al mismo tiempo, como lo demuestran los depósitos de ceniza sorprendentemente profundos en la parte superior de las ruinas de cada una de las ciudades. ¿Es justo llamar "cuento puramente mítico" a la descripción bíblica de un evento masivo y catastrófico que le ocurrió a estas ciudades?

Como nota adicional, se encontró que las cinco ciudades mencionadas en Génesis 14 se mencionaron también juntas y en el mismo orden, en una de las tablillas de la ciudad de Ebla. Este hallazgo es algo controversial debido a las discusiones sobre la ortografía de los nombres. Sin embargo, las tablas de Ebla, en efecto, aumentan la credibilidad del relato bíblico de las cinco ciudades ubicadas en la llanura del Mar Muerto.

Otros acontecimientos descritos en Génesis 11-38 encajan de manera única en el entorno cultural de Mesopotamia o Palestina dos milenios antes de Cristo, pero no en un período posterior. Por ejemplo, el Antiguo Testamento parece describir dos leyes diferentes sobre la herencia. En Génesis 49:28, según algunos, Jacob dio partes iguales de su herencia a sus doce hijos, mientras que Moisés declaró que el primer hijo debía heredar una doble porción de la herencia de su padre (Deut.21:17). Los críticos han afirmado que la diferencia en las reglas de herencia representa un error histórico por parte del autor o autores del Pentateuco.

Si Jacob realmente les dio a sus hijos partes iguales, un estudio de otros códigos de ley de los períodos pertinentes explicará la diferencia. Por ejemplo, el código babilónico de Lipit-Ishtar, de alrededor del año

Reproducción de la pintura de la tumba egipcia de Beni-Hasan
Reproducción de una pintura que muestra pueblos semíticos yendo a Egipto en busca de comida
(cortesía del Museo Egipcio en el Cairo)

2000 a. C (un periodo de tiempo inmediatamente anterior a la época de Jacob) establece que cada hijo debe recibir una herencia equitativa. El famoso Código de Hammurabi, también de Babilonia, del siglo XVIII a. C. (justo después de Jacob), legisla que los hijos de la primera esposa deben recibir porciones iguales, pero los hijos de esposas adicionales reciben porciones menores. Los códigos de ley de las ciudades de Mari y Nuzi, en un tiempo más cercano a la época de Moisés, afirman que el primer hijo recibirá una doble porción de la herencia, al igual que lo hizo Moisés en Deuteronomio. Una vez más, el texto bíblico de la época patriarcal refleja el contexto social de Mesopotamia en el período comprendido entre 1800 y 2000 a. C., proporcionando aún más evidencia de que se trata de un relato histórico preciso.

Otro ejemplo interesante que apoya la afirmación de que los relatos de los patriarcas son eventos históricos precisos se encuentra en Génesis 31. Este es el relato de Jacob tomando a sus esposas, a sus hijos y todas sus posesiones y escapando del control de su suegro, Labán. Cuando se escaparon, la esposa de Jacob, Raquel, le robó los ídolos de la familia a su padre. Curiosamente, ¡parecía que Labán estaba igualmente preocupado por los ídolos robados como por todas las otras posesiones combinadas, incluyendo sus hijas! Cuando Labán finalmente alcanzó a Jacob y a los que lo seguían, aparentemente su primer interés fue recuperar los ídolos de la familia. Este comportamiento puede parecer extraño hasta que se considera un pasaje encontrado en una de las tablillas de Nuzi de aproximadamente el mismo período de tiempo. Las tablillas de Nuzi incluyen un relato de un yerno que poseía los ídolos de la familia, o terafín, teniendo el derecho legal de reclamar las posesiones de su suegro. Esto explicaría por qué Labán estaba tan preocupado por los ídolos de la familia. El relato de las tabletas de Nuzi no solo ayuda a iluminar el texto bíblico, sino que también demuestra que los relatos bíblicos del período patriarcal reflejan la cultura de Mesopotamia en el período de tiempo en que ocurrieron los acontecimientos.

Se encuentra otro ejemplo en las tablillas de Nuzi. Una de estas tablillas estipula que una esposa estéril debe proporcionarle a su marido una joven esclava para que tenga un heredero. Esto ayudaría a explicar las acciones de Sara en Génesis 16:1-2, cuando ella le dijo a Abraham que se acostara con Agar para que le diera un hijo. El Código de Hammurabi exigía que el padre debía mantener al hijo de un esclavo como heredero, lo que podría ayudar a explicar por qué Sara estaba tan decidida a alejar a Agar de Abraham.

Se podrían mencionar literalmente docenas de otros ejemplos de detalles históricos, culturales o religiosos encontrados en Génesis que están notablemente de acuerdo con los hallazgos de los arqueólogos.[8] Consideremos uno más. El conocido egiptólogo K. A. Kitchen ha

---

8. Por ejemplo, *Las piedras claman* (Miami, Florida: Spanish House, 2000) de Randall Price; y *More Evidence That Demands a Verdict* (*más evidencia que exige un veredicto*) (San Bernardino, California: Here's Life Publishers, 1975) de Josh McDowell, pp. 328-332.

estudiado el precio de los esclavos en Egipto a partir de inscripciones de un período entre el 2400 al 400 a. C,[9] encontradas allí. Debido a una inflación constante, el precio de los esclavos subió dramáticamente a lo largo de los siglos. Los estudios de Kitchen han revelado que el precio promedio de un esclavo en el siglo XVIII a. C. era de unos veinte shekels. Sucede que el relato en Génesis 37:28 habla de José siendo vendido en algún momento a finales del siglo XIX o principios del siglo XVIII a. C. por veinte monedas de plata. Un par de cientos de años hacia el pasado o el futuro el precio de los esclavos era muy diferente. Además de la invocación de algún tipo de muy buena suerte, ¿cómo se puede explicar la exactitud del precio de un esclavo en este relato? A menos que se admita que el relato en Génesis es historia genuina.

Y hablando de José, ¿qué hay de ese relato donde pasa de ser esclavo a ser el equivalente egipcio del primer ministro? Según Génesis, se le puso a cargo de todos los suministros de granos del gran imperio. Los escépticos han afirmado que un cananeo no podría nunca alcanzar tal apogeo de poder en la altamente nacionalista jerarquía egipcia. Los registros egipcios del segundo milenio a. C. mencionan un oficial Yanhamu. Yanhamu es un nombre semítico. Este extranjero se convirtió en "portador del abanico del rey", lo que implica que era uno de sus consejeros más cercanos. De hecho, Yanhamu es descrito como el encargado de distribuir los suministros del granero egipcio. Su nombre se encuentra en la correspondencia de varios lugares en Siria y Palestina. El trayecto de Yanhamu confirma la posibilidad de que un extranjero semítico como José pudiera ascender para convertirse en el primer ministro a cargo del granero de Egipto.

EL ÉXODO Y LA CONQUISTA

Ahora avanzaremos unos cientos de años en dirección a la época del éxodo de los israelitas desde Egipto, su estancia en el desierto y su entrada y (parcial) conquista de Canaán. Obviamente esto es parte crucial de la historia del pueblo de Dios. La fiesta judía de la Pascua le recordaba el hecho de que él "pasó de largo" frente a sus hijos cuando el ángel destructor se llevó la vida de los primogénitos de Egipto. En el Nuevo Testamento Jesús es llamado el Cordero pascual porque su sacrificio hoy salva almas de manera análoga a la sangre del cordero de la Pascua. La Ley del Antiguo Testamento fue dada a Moisés durante esta época. Si la Ley de Moisés no fue dada por Dios, sino que simplemente fue una colección de leyes hechas por mano humana, entonces partes enteras de la doctrina del Nuevo Testamento dejan de tener sentido. En el Nuevo Testamento, a menudo se utiliza el éxodo del pueblo de Dios de la esclavitud en Egipto como una prefigura histórica de la salvación del pecado. Si este acontecimiento nunca ocurrió, entonces muchos pasajes

---

9. Kenneth A. Kitchen, "The Patriarchal Age: Myth or History?" *Biblical Archaeology Review*, 21:2 (March/April, 1995), pp. 48-57.

del Nuevo Testamento pierden su significado. "Todo eso les sucedió para servir de ejemplo, y quedó escrito para advertencia nuestra, pues a nosotros nos ha llegado el fin de los tiempos" (1 Corintios 10:11).

Una pregunta muy razonable, entonces, sería ¿realmente sacó Moisés de la esclavitud en Egipto a un enorme contingente israelita de habla hebrea? ¿O deberíamos creer en el rabino humanista judío, Sherwin Wine, quien dijo que la historia del éxodo fue "creada en Jerusalén por sacerdotes escribas" a partir de "una serie de viejas leyendas y recuerdos distorsionados que no tenían relación alguna con la historia"?[10] ¿Realmente estas personas se quedaron en la región del Sinaí durante muchos años? ¿Derrotaron más adelante a varios ejércitos del este del río Jordán, cruzaron posteriormente el Jordán en masa, y conquistaron grandes porciones de Palestina bajo el liderazgo de Josué? ¿Qué luz nos arrojan la historia y la arqueología sobre este cuestionamiento?

En este punto puede ser útil un poco de contexto sobre la historia egipcia. En algún momento, probablemente en el siglo XVIII a. C., un grupo de forasteros conocidos como los hicsos comenzaron a infiltrarse en Egipto, especialmente en las partes septentrionales del imperio. El origen de los hicsos sigue siendo un misterio, pero muchos creen que eran de las islas del Mediterráneo como Creta. Finalmente, los hicsos derrotaron a la dinastía nativa en Egipto. Puede muy bien haber sido uno de los faraones hicsos el que permitió que José y su familia emigraran a Egipto. Esto podría ayudar a explicar por qué el faraón estaba dispuesto a permitir que un forastero como José ejerciera tal poder en Egipto, ya que los hicsos eran los propios forasteros.

En los años 1400 a. C., se restableció una dinastía nativa. Este es el marco de tiempo más probable para el éxodo.[11] Esto puede explicar por qué los faraones egipcios parecieron atacar tan de repente a los israelitas, usándolos como esclavos en sus grandes proyectos de construcción. La gente extranjera y de habla semítica de repente era de lealtad sospechosa. De acuerdo con el libro de Éxodo, Dios usó esta actitud endurecida de la dinastía egipcia para llevar a su pueblo de Egipto a la tierra prometida.

¿Cuáles son las evidencias de la presencia de los israelitas en Egipto, del posterior éxodo de la esclavitud, del peregrinaje en el desierto y finalmente de la conquista de Canaán? A pesar de ser muy numerosos, los hebreos dejaron muy poca evidencia de su presencia en Egipto. A pesar de que estuvieron involucrados en la construcción de monumentos masivos para el faraón, cabe suponer que vivían en viviendas muy humildes. Sin embargo, su entrada en Canaán no pasó desapercibida. Evidencia de esto se encuentra en lo que se conoce como las tablas de Tel el-Amarna.

---

10. Charles E. Sellier y Brian Russell, *Ancient Secrets of the Bible* (*secretos antiguos de la Biblia*) (New York: Dell, 1994), pp. 179-180, traducción nuestra.
11. Algunas personas, incluyendo a algunos eruditos conservadores, prefieren creer que la fecha de la entrada de Israel a Palestina fue alrededor de 1270 a. C. El autor opina que la fecha no puede descartarse, pero no está muy bien respaldada por las pruebas.

Las tablas de Tel el-Amarna fueron descubiertas en las ruinas de la ciudad egipcia de el-Amarna. Esta fue la ciudad capital del faraón Akenatón, gobernante de Egipto del 1387 al 1366 a. C. Las tablillas son cartas de funcionarios locales en Palestina y Siria, describiendo la situación en sus provincias, solicitando suministros y así sucesivamente. Las cartas, en general, describen un estado próximo de anarquía en los confines periféricos de los reinos egipcios.

Tablas de Tel el-Amarna. Museo de Louvre, París, Francia
fotografía por Rex Geissler, 2000

Lo más interesante es que las cartas de Amarna parecen mencionar acontecimientos registrados en el libro de Josué. Algunas de las cartas mencionan ciudades que fueron derrumbadas por un grupo invasor. Específicamente, mencionan la caída de Guézer, Ascalón y Laquis. Estas tres ciudades se mencionan en Josué en la lista de ciudades conquistadas. Esto es bastante significativo, pues el libro de Josué claramente señala que no todas las ciudades de Canaán fueron conquistadas. Megido y Jerusalén fueron excepciones notables. En las cartas de el-Amarna, estas ciudades no figuran como conquistadas. Una de las cartas encontradas es de un Abdi-Heba, gobernador de Jebús (más tarde conocido como Jerusalén). La carta está dirigida a Akenatón, lo que implica que fue escrita en algún momento entre 1387 y 1366 a. C. Esto encaja bien con una fecha aproximada del éxodo de 1420 a. C. (y por lo tanto una fecha de entrada en la tierra prometida en el 1380 a. C.). En la carta, Abdi-Heba suplicó ayuda militar al faraón Akenatón:

> El Habiru pilla en todas las tierras del rey. Si los arqueros están aquí este año, entonces las tierras del rey, el señor, serán salvadas, pero si los arqueros no están aquí, entonces las tierras del rey, mi señor, estarán perdidas.

¿Podrían los habiru (o apiru) descritos en esta carta ser los ejércitos de los hebreos, conquistando grandes partes de Canaán de las dinastías nativas, tal y como se describe en Josué? Algunos arqueólogos han negado esta contención. Muchos lo hacen porque prefieren datar la conquista en algún momento alrededor del 1270 a. C. La obvia similitud en la ortografía, combinada con la buena correspondencia con la lista de ciudades conquistadas, hace que la identificación de los habiru de las cartas de Tel el-Amarna con los hebreos en la Biblia parezca posible. En algún momento, los arqueólogos tendrán que considerar la posibilidad de que el Antiguo Testamento sea la fuente primaria más precisa y útil de información histórica que tenemos para el antiguo Oriente Próximo. El libro de Deuteronomio menciona que Moisés escribió una serie de leyes que Jehová le había dado. Muchos han afirmado que, de alguna manera, toda la idea de Moisés escribiendo podría ser un anacronismo. Han argumentado que no hay manera de que una tribu semítica empobrecida y semi-nómada como los hebreos pudiera incluso poseer una lengua escrita ya en 1400 a. C. Las tablillas de Ebla desmienten esta afirmación. Estas tablillas, como se mencionó anteriormente, contienen un lenguaje semítico escrito ya en 2500 a. C. Además de esto, los arqueólogos han descubierto inscripciones de las minas egipcias en el Sinaí que datan de alrededor de 1800 a. C. Estas inscripciones también están en un idioma semítico.

Se encontraron más pruebas de la naturaleza histórica de los relatos del éxodo en las ruinas de la Edad de Hierro de Deir Alla en el actual Jordán. Una serie de fragmentos escritos en piezas de arcilla fueron encontrados en esta excavación y fechados en el siglo VIII a. C. Se incluye una referencia histórica a un profeta y vidente conocido como Balaam. Este es probablemente el Balaam de Números 22-24. Balaam es aquel que se negó a profetizar contra los israelitas cuando intentaron pasar por el territorio de Moab, camino a Canaán. Aquí tenemos la confirmación histórica externa de una figura bíblica importante en el tiempo de la conquista de la tierra prometida.

El libro de Josué registra la conquista de Canaán. Es importante tener en cuenta cómo Josué la describe. En primer lugar, aunque se describe a Israel tomando parte significativa del territorio, la conquista estaba lejos de completarse. "Cuando Josué era ya bastante anciano, el Señor le dijo: 'Ya estás muy viejo, y todavía queda mucho territorio por conquistar'" (Josué 13:1). Dos ciudades muy importantes que Josué no conquistó fueron Betsán y Megido. Concordando con este hecho, los arqueólogos que estudian las tierras de Megido y Betsán han descubierto una significativa influencia egipcia mucho después de la época de Josué. Ambas ciudades muestran una fuerte influencia israelita únicamente después de la época de Salomón. No es de extrañar que esto sea cuando el libro de 1 Samuel describe a Israel conquistando finalmente estas ciudades.

Además, en Josué solo se describen específicamente tres ciudades como completamente destruidas por el fuego. Estas tres eran Jericó, Ai y Jasor. Como evidencia contra la conquista bajo Josué, algunos críticos de la Biblia han señalado el hecho de que solo algunas ciudades de Palestina muestran señales de destrucción masiva a mediados de la década de

1300 a. C. Pero, en realidad, esta evidencia apoya firmemente el relato bíblico. Las dos grandes ciudades de Palestina que muestran signos de destrucción masiva por fuego en el siglo XIV a. C. son Jericó y Jasor, ¡las mismas ciudades mencionadas en Josué!

Importantes excavaciones en Jericó durante este siglo incluyen las de John Garstang en la década de 1940, las de Kathleen Kenyon en la década de 1950, y más tarde las de Bryant Woods. Garstang descubrió que hubo una enorme capa de destrucción en la Edad del Bronce, seguida por un largo período durante el cual la ciudad fue abandonada. Esto, por supuesto, estaría de acuerdo con el relato bíblico. Kenyon fechó inicialmente la capa de destrucción en 1550 a. C., pero el posterior trabajo de Woods confirma una fecha de la destrucción de Jericó por fuego alrededor del 1400 a. C., concordando razonablemente con las cartas de Tel el-Amarna. Una muestra de carbón fue analizada mediante la datación de radiocarbono, a más o menos 40 años del 1400. A continuación, se presenta un resumen de lo descubierto por Woods:[12]

1. La ciudad estaba fuertemente fortificada en la Edad de Bronce I tardía, la época de la conquista según la cronología bíblica (Josué 2:5, 7, 15).

2. La ciudad fue destruida masivamente por el fuego (Josué 6:24).

3. En el tiempo en que la ciudad fue destruida, los muros de la fortificación se derrumbaron, posiblemente por actividad sísmica (Josué 6:20).

4. La destrucción se produjo en tiempos de la cosecha, durante la primavera, como lo indican las grandes cantidades de grano almacenadas en la ciudad (Josué 2:6, 3:15, 5:10).

5. El sitio de Jericó fue corto, ya que el grano almacenado en la ciudad no fue consumido (Josué 6:15, 20).

6. Contrario a lo que era costumbre, el grano no fue saqueado, de acuerdo con el mandato dado a Josué (Josué 6:17-18).

La ubicación de Ai sigue siendo controversial, lo que dificulta confirmar cómo terminó, pero Jasor, la tercera de las ciudades descritas como completamente destruidas por el fuego en Josué (Josué 11:11-13), ha sido excavada. El trabajo en esta ciudad fue iniciado por Yigael Yadin, y continuado por Amnon Ben-Tor. Ben-Tor ha declarado lo siguiente acerca de Jasor:[13]

---

12. Tal como se resume en *Las piedras claman*, de Randall Price (Miami, Florida: Spanish House, 2000).
13. En una entrevista con Amnon Ben-Tor por Tom McCall, Instituto de Arqueología, Universidad Hebrea de Jerusalén, noviembre 1996, traducción nuestra.

Hay evidencia de una destrucción masiva. Alguna vez la llamé la madre de todas las destrucciones. En Jasor, dondequiera que llegues al final de las capas de tierra de Canaán, te encuentras con esta destrucción. Es una destrucción increíble [...] Dejó atrás gruesos escombros de ceniza. Hubo un terrible incendio en el palacio. Fue tanto así, que los ladrillos se vitrificaron y algunos de los vasos de arcilla se derritieron. Algunas piedras explotaron por el fuego.

Ben-Tor relaciona esta destrucción con la campaña de Josué, ya que se ajusta al marco temporal de la conquista.

Además de estos descubrimientos, se ha encontrado una interesante inscripción en lo que se conoce como la Estela de Merneptah. En esta estela está inscrito un registro de una campaña del faraón Merneptah en el 1230 a. C. Esta inscripción menciona las incursiones de los filisteos, así como la presencia de israelitas ya en Canaán. Esta es la inscripción conocida más antigua que menciona específicamente a la nación de Israel.

A medida que se hace un acercamiento a la era moderna, la evidencia física que apoya los relatos bíblicos se vuelve más sustancial. Hemos visto que eso es verdad para el tiempo de la conquista. Esta tendencia continuará a medida que consideremos evidencias de la época de la monarquía judía.

Estela de Merneptah
cortesía del Museo Egipcio, El Cairo, Egipto

LOS REINOS UNIDOS Y DIVIDIDOS

El período de reinado en la historia de Israel comenzó con la accesión del rey Saúl al trono, alrededor del 1040 a. C. Según el relato de 1 Samuel, los israelitas suplicaron a Samuel, el último de los jueces, que nombrara a un rey sobre ellos. Saúl era realmente más una figura de autoridad que un gobernante eficaz para los israelitas. Él no fue capaz de unir a las doce tribus, para formar un ejército estable o un gobierno centralizado. Fue solo a la muerte de Saúl en batalla y la ascensión al trono por David poco antes del 1000 a. C. que el reino de Israel se convirtió en una realidad. Fue en este punto que el pueblo hebreo se desarrolló hasta convertirse por primera vez en un verdadero poder formidable. Por esta razón, es que en este punto lógicamente se esperaría ver importantes evidencias arqueológicas e históricas que reflejen acontecimientos específicos registrados en la Biblia. La persona que haga tal búsqueda no será decepcionada.

Como se mencionó anteriormente, muchos críticos de la Biblia han afirmado que las historias del ascenso de David al poder, de sus victorias sobre los filisteos, de su gran riqueza, entre otras, son meras historias religiosas con una enseñanza moral. Hace un siglo, habría sido difícil refutar tal afirmación con pruebas sólidas. La evidencia arqueológica que apoya los relatos bíblicos en el período temprano del reino ya ha sido mencionada en la introducción de este capítulo. Esto incluiría:

1. Las hondas descubiertas en el palacio del rey Saúl en Guibeá, lo que confirma que los hondas eran armas comunes en el arsenal de Israel en ese momento
2. La inscripción Tel Dan, una inscripción del siglo IX a. C. que menciona al rey David y la Casa de David
3. Templos gemelos a Astarté y Dagón en Betsán, que confirma detalles de 1 Samuel 31:10 y 1 Crónicas 10:10

Desde la época de David en adelante, hay creciente evidencia arqueológica en apoyo de la exactitud de la Biblia como historia. Esta es una lista muy extensa. A continuación, se incluyen algunos de los hallazgos arqueológicos más significativos de la época de los reyes. También se incluyen algunos descubrimientos de la época inmediatamente posterior a la destrucción de Jerusalén en el año 586 a. C., incluido el regreso del exilio a Jerusalén bajo los emperadores persas Ciro y Darío I.

• **Las Tablillas de Ebla,** ya mencionadas, incluyen un registro del tributo que el rey de Mari dio a Ebla después de una derrota militar. El tributo incluyó 11.000 libras de plata y 880 libras de oro. Lo que hace importante este hallazgo es que se relaciona con las cantidades aparentemente enormes de oro mencionadas en pasajes como 1 Reyes 10:14 y 2 Crónicas 9:13. Estos pasajes de las Escrituras informan del tributo

Tablilla de Ebla

anual de todo el imperio de Salomón, incluyendo más de diez toneladas de oro. Algunos se han mofado de esta cantidad de oro entrando en el tesoro de Salomón. El registro de Ebla de un tributo de una ciudad de casi media tonelada de oro hace que el tamaño del tributo anual de todo el imperio de Salomón parezca bastante razonable. .

• **La inscripción Sheshonq (Sisac),** una inscripción del 920 a. C., fue encontrada en un templo de Karnak en Egipto. Esta registra detalles del asalto del faraón Sisac contra Roboán. Esta incursión también se registra en 1 Reyes 14:25-28.

La piedra moabita del rey Mesha
Museo de Louvre, París, Francia

- **La Piedra Moabita o estela de Mesha,** una inscripción de Mesha, rey de Moab de alrededor del 850 a. C. encontrada en Dibon, la capital de Moab. En esta estela, Mesha se jacta de sus hazañas contra Israel. Esta inscripción menciona específicamente "la Casa de Omri" (1 Reyes 16:28), y "el hijo de Acab".

- **El Obelisco Negro de Salmanasar III.** Esta es una escultura en bajorrelieve del 840 a. C. que fue encontrada en Nínive en el palacio de Salmanasar III, emperador de Asiria. Representa a los líderes israelíes rindiendo tributo a Salmanasar. Una escena del obelisco muestra a Jehú, rey de Israel, inclinándose ante Salmanasar mientras lleva su tributo. Este es el primer retrato conocido de un rey israelí.[14] La Biblia no registra el viaje de Jehu a Nínive, pero sí registra que Israel en ese momento comenzó a rendir tributo a Salmanasar (2 Reyes 17:3-6).

La estela de Salmanasar III, Museo de Louvre, París, Francia

---

12. Un factor para tener en cuenta en el estudio de la arqueología de Israel es que muy pocas estatuas o imágenes de personas o animales se encuentran en el antiguo Israel. Posiblemente esto refleja el mandamiento de Dios de no hacer ninguna "imagen tallada". El hecho de que Israel fuera más o menos fiel al obedecer este mandato explica la relativa rareza de tales hallazgos en Palestina.

La estela de Salmanasar III con el rey Jehú postrándose
Cortesía del Museo Británico, Londres, Inglaterra

• **La estela de Tel Dan.** Ya se ha hablado de esta inscripción de alrededor del 820 a. C., porque menciona la Casa de David. En esta inscripción, Hazael, rey de Aram, se jacta diciendo: "Maté a Jorán, hijo de Acab, rey de Israel, y maté a Ocozías, hijo de Jorán, rey de la Casa de David". Es interesante que 2 Reyes 8:28-29 registre que Jorán fue herido en la batalla contra Hazael, pero que en realidad después fue asesinado por Jehu. Presumiblemente los arameos sabían que estaba herido y asumieron erróneamente, cuando murió poco después, que había muerto a causa de sus heridas.

La inscripción de Tel Dan

La inscripción de la piedra de Siloé.
Cortesía del Museo de Israel, Jerusalén, Israel

- **La inscripción de la piedra de Siloé.** Esta inscripción fue descubierta en un túnel artificial subterráneo bajo la antigua ciudad de Jerusalén. En la roca hay esculpida una descripción de cómo este increíble túnel fue excavado a través de 1500 pies de roca sólida, conectando el manantial de Gihón, fuera de las murallas, con la Piscina de Siloé dentro de la ciudad de Jerusalén. La inscripción se hizo el mismo año en que se completó el túnel, en el 701 a. C., en el tiempo en que Ezequías estaba fortificando Jerusalén contra los ataques de Senaquerib. Esto se menciona específicamente en 2 Crónicas 32:2-4, 30 y 2 Reyes 20:20. El hecho de que un túnel sinuoso de 1500 pies fuera excavado desde ambos extremos y se reuniera a pocos metros en el medio es un logro humano maravilloso. Una vez más, un relato muy específico registrado en el Antiguo Testamento ha sido confirmado por el descubrimiento arqueológico.

- **Los Anales de Senaquerib.** Estos anales tienen forma de prisma; uno es conocido como el Prisma de Taylor. Fueron encontrados en Nínive. Los acontecimientos registrados en el Prisma de Taylor implican que fue tallado en el año 686 a. C. Este informa del ataque y asedio de Jerusalén por Senaquerib. Estos eventos se relacionan en detalle en 2 Reyes 18:17-19:37. El escritor de 2 Reyes afirma que Jerusalén fue asediada por el ejército de Senaquerib. Después de preparar las defensas de la ciudad, el rey Ezequías oró a Dios para que fuera liberada. Como se describe en 2 Reyes, esa noche el ejército de Senaquerib fue herido por un ángel de Dios, y este se retiró a Asiria. El relato del asedio registrado en los Anales de Senaquerib es el siguiente:

Los Anales de Senaquerib o Prisma de Taylor

cortesía del Museo Británico, Londres, Inglaterra

En cuanto a Ezequías el Judío, que no se sometió a mi yugo, puse sitio a 46 de sus ciudades fuertes, e innumerables aldehuelas de sus inmediaciones, y (las) conquisté mediante arietes y máquinas de asedio. Saqué (de ellas) 200.150 personas, jóvenes y ancianos, varones y hembras, [así como] innumerables caballos, mulas, asnos, camellos y ganado mayor y menor, que le arrebaté y consideré botín. A él mismo (Ezequías), encerré en Jerusalén, su residencia real, como a un pájaro en una jaula. [15]

Seguramente si Senaquerib hubiera derrotado y capturado a Ezequías, se habría mencionado en el cilindro. Aparentemente, tanto 2 Reyes como los escribas que registraron los logros de Senaquerib están de acuerdo en que él puso sitio a Jerusalén, pero que salió de Canaán sin haber vencido a la ciudad. Por supuesto, los cronistas de Senaquerib, como era la costumbre de los antiguos, no mencionaron la destrucción milagrosa de sus tropas, como se describe en la Biblia en 2 Reyes.

---

15. https://es.wikipedia.org/wiki/Senaquerib.

- **El Pergamino de Plata.** Este es un pequeño pergamino de plata, descubierto en 1979 en Jerusalén. Ha sido fechado en el siglo VII a. C. Contiene una inscripción de Números 6:24-26. Esta es la cita más antigua conocida de la Biblia.

- **Las Crónicas de Babilonia.** Estas tablillas grabadas en escritura cuneiforme fueron descubiertas en Babilonia. Incluyen un relato de la captura de Jerusalén en 597 a. C desde la perspectiva babilónica. Estos eventos también se describen en 2 Reyes 24:10-17 y en 2 Crónicas 36:5-7. A continuación, se muestra un extracto traducido de las Crónicas de Babilonia.

El Pergamino de Plata
cortesía del Museo de Israel,
Jerusalén, Israel

> En el séptimo año, en el mes de Kislev, el rey de Akkad reunió sus tropas, marchó hacia Hatti-landia, y acampó contra la ciudad de Judá (Jerusalén) y en el segundo día del mes de Adar se apoderó de la ciudad y capturó al rey. Nombró allí a un rey que él mismo escogió, recibió tributo pesado de esta y (los) envió a Babilonia.

Este relato está en perfecto acuerdo con el registro bíblico. El rey que fue capturado era Joaquín. El rey títere dejado en su lugar por Nabucodonosor era Sedequías. También es interesante notar que W. F. Albright descubrió en Babilonia un archivo real que incluye a Joaquín y a sus cinco hijos en una lista de los que recibían raciones de la corte real. Esta es una prueba dramática de la exactitud del relato bíblico de Joaquín, tal como se registra en 2 Reyes 25:30: "Además, durante toda su vida Joaquín gozó de una pensión diaria que le proveía el rey de Babilonia".

Las Crónicas de Babilonia,
Cortesía del Museo Británico, Londres, Inglaterra

Réplica del sello del rey Ezequías

- **El Sello de Guemarías.** Un botón de arcilla utilizado para sellar letras fue encontrado en una capa de Jerusalén que corresponde a su destrucción en el 586 a. C. Este sello está marcado como "Guemarías, hijo de Safán". Seguramente este es el sello del mismo Guemarías que se menciona en Jeremías 36:10-12, 25-26. Fue uno de los que aconsejó al rey Joaquim que no quemara el pergamino que Jeremías había enviado al rey. Otro sello ha sido descubierto en Jerusalén que tiene la inscripción: "Baruc, hijo de Nerías, el escriba". Este es casi con seguridad el sello de Baruc, el escriba personal de Jeremías (Jeremías 36:26). Este sello tiene una huella dactilar endurecida en él, que muy bien puede ser la huella digital real del escriba personal de Jeremías. ¿Suena el libro de Jeremías como una fabricación?

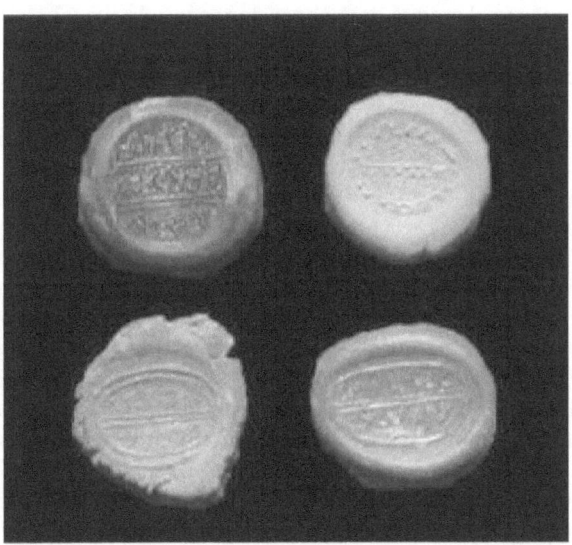

Replicas of the Seals of Baruch, Shaphan Son of Gemariah, Yerhameel, Son of King Seriah, Brother of Baruch

- **Las cartas de Laquis.** El relato bíblico de la destrucción final de Jerusalén está confirmado detalladamente gracias a un conjunto de cartas que se encontraron en la ciudad de Laquis. Las cartas se encontraron en una habitación cercana a la puerta de la ciudad. Laquis fue la última ciudad, exceptuando Jerusalén, en sostenerse contra la embestida de Nabucodonosor cuando este fue a vengar la rebelión del rey Sedequías. Se descubrieron un total de seis cartas. El texto de las cartas es una súplica a los ejércitos de Jerusalén  para que acudieran en ayuda de Laquis, mientras que Nabucodonosor se abalanzaba sobre la ciudad. Una conmovedora carta registra una luz en la cima de la ciudad vecina de Azeca que se apagó mientras el ejército de Nabucodonosor la destruía. Desafortunadamente para sus habitantes, poco después de que se escribiera esta carta, Laquis fue invadida, junto con la propia Jerusalén. Estos trágicos acontecimientos ocurrieron en el año 586 a. C., y se registran en Jeremías 52:1-28. Jeremías 34:6-7 menciona específicamente el ataque de Nabucodonosor a Azeca y Laquis.

- **Inscripción del zigurat de Ur.** La inscripción ha sido encontrada en una de las cuatro esquinas del zigurat (un templo piramidal) en Ur. Nabonido, el último emperador de Babilonia, encargó esta inscripción. La inscripción menciona específicamente a Belsasar, el hijo de Nabonido, como su primogénito. Belsasar se menciona en la inscripción de una manera que implica que era de la realeza. Los historiadores interpretan que esto significa que Belsasar gobernó como co-regente con Nabonido. La razón por la que esta inscripción es importante para la precisión del Antiguo Testamento es que, en Daniel, el último rey de Babilonia parece ser Belsasar (Daniel 5). En el pasado, esto había causado que algunos cuestionaran la fiabilidad del libro de Daniel, porque antes de que esta inscripción se encontrara en Ur, no había ningún registro fuera de la Biblia de que incluso Belsasar existiera, mucho menos de su gobierno como rey en Babilonia. Los críticos afirmaban que el Belsasar de Daniel 5 era solo parte de una leyenda judía. Desde el descubrimiento en el zigurat de Ur, los críticos han pasado a un terreno más fértil. Esto es un patrón familiar. En algún momento ellos simplemente deben admitir que cada vez que un detalle histórico encontrado en la Biblia no es confirmado por fuentes externas, es mejor al menos dar a la exactitud de la Biblia el beneficio de la duda.

Zigurat en Ur, Mesopotamia

- **El cilindro de Ciro.** Este es un registro de uno de los edictos del rey Ciro de Persia del 535 a. C. El edicto recuerda fuertemente al registrado en Esdras 1:2-4, en el que Ciro decretó que los israelitas podían regresar a Jerusalén desde el cautiverio para reconstruir el templo. A continuación, se ofrece una cita del cilindro de Ciro.

> Devolví a (estas) ciudades sagradas al otro lado del Tigris, cuyos santuarios habían sido fundados en tiempos antiguos, las imágenes que habían estado allí y les establecí santuarios permanentes. (También) reuní a todo su pueblo y (les) devolví sus casas. Además, reasenté, siguiendo el mandato de Marduk, el gran señor, a todos los dioses de Sumer y Akkad a quienes Nabónido había traído a Babilonia (Su.an.na) para enfado del señor de los dioses, sin dañarlos, en sus (antiguas) capillas, los lugares que les hacen felices. Que todos los dioses a quienes he reasentado en sus ciudades sagradas rueguen a Bel y Nabu por una larga vida para mí y que ellos me recomienden [...] a Marduk, mi señor, esto: Ciro, el rey que te adora, y Cambises, su hijo [...] asenté a toda la gente [...] a todas sus tierras en un lugar pacifico.

El cilindro de Ciro
Cortesía del Museo Británico, Londres, Inglaterra

Muchos han afirmado antes de que se encontrara esta inscripción que toda la idea de Ciro permitiendo que un pueblo conquistado regresara a su tierra natal, como se describe en detalle en Esdras, no era creíble. El cilindro de Ciro ayuda a hacer la afirmación bíblica muy creíble.

La inscripción de Behistún, Irán
Cortesía de Jona Lendering

- **La inscripción de Behistún.** El último hallazgo arqueológico que mencionaremos en relación con el Antiguo Testamento es una enorme inscripción que fue descubierta en el costado de un acantilado, a lo largo de una ruta de caravana en lo que ahora es el sur de Irán. Grandes figuras de soldados persas y lo que obviamente es un rey, junto con sus asistentes, están tallados en la cara del acantilado trescientos pies por encima de la base. Desde la distancia parecería que la superficie del acantilado detrás de las estatuas es lisa. Fue el valiente arqueólogo Sir Henry Rawlinson quien finalmente escaló el acantilado para inspeccionar el tallado. Lo que parece ser una cara de acantilado lisa, en realidad contiene una inscripción larga en una escritura cuneiforme. La inscripción está en tres idiomas: persa antiguo, babilónico y elamita. Resultó ser la Piedra de Rosetta[16] de las lenguas mesopotámicas.

Cuando se tradujo, la inscripción incluía una declaración introductoria: "Yo Darío, el re grande, el rey de reyes, rey sobre las persas". Este es el mismo Darío que permitió a los judíos reconstruir el templo en Jerusalén. Su decreto se encuentra en Esdras 6:1-12. La inscripción incluye lo siguiente:

> Establecí a la gente en su tierra, a la gente de Persia, Media y las otras provincias. He restaurado lo que había sido quitado, tal como lo era en los días de antaño. Esto lo hice por la gracia de Ahura Mazda.

Ahura Mazda es el dios del zoroastrismo, una religión que aún permanece en Irán. Esta carta está en el mismo espíritu que la encontrada en Esdras, en la que Darío decretó que los judíos debían regresar a Jerusalén y reconstruir su templo, utilizando fondos del tesoro real persa.

En resumen, con el paso del tiempo, la evidencia en apoyo de la precisión histórica del Antiguo Testamento se ha acumulado. Una y otra vez, los miembros del gremio académico han afirmado que los detalles del Antiguo Testamento eran erróneos o eran simplemente fábulas, solo para verse forzados a retractarse ante la evidencia innegable de que la Biblia estaba en lo correcto. Cada vez más, el peso de la evidencia apoya la creencia de que el Antiguo Testamento es un registro histórico tan preciso que solo podría explicarse mediante la providencia de Dios. Es la fuente histórica primaria más útil, más fiable y precisa del mundo antiguo. Aquellos que afirman que el Antiguo Testamento es una fabricación tardía lo hacen, no tanto porque la evidencia apoye tal posición, sino porque están predispuestos a no aceptar los acontecimientos milagrosos registrados en sus páginas.

---

16. La Piedra de Rosetta es una famosa inscripción que fue encontrada en Egipto en 1799 por las tropas francesas. Contiene pasajes paralelos en griego, jeroglíficos y demótico (una escritura egipcia posterior) que, cuando fue traducida por Thomas Young, llevó a los arqueólogos a poder leer las inscripciones encontradas en las tumbas egipcias antiguas.

EL NUEVO TESTAMENTO

No debería ser una sorpresa que muchos hayan intentado socavar la autoridad del Nuevo Testamento basándose también en supuestas imprecisiones históricas. La aceptación de los relatos evangélicos y del libro de Hechos como historia precisa implicaría que Jesús era quien dijo que era: el Hijo de Dios. En el siglo XVIII, los escépticos afirmaban que Jesús no era una persona real en absoluto. Cuando la evidencia hizo que esa afirmación fuera insostenible, algunos cedieron en aceptar que Jesús era una persona real, pero afirmaron que el Nuevo Testamento era una producción de creyentes piadosos a mediados del siglo II d. C. Esto les permitió afirmar que la mayoría de los acontecimientos específicos descritos en los evangelios y Hechos eran relatos ficticios. Como veremos, los descubrimientos arqueológicos en el siglo XX han hecho que esa visión simplemente no sea creíble, incluso para los escépticos endurecidos.

Los libros del Nuevo Testamento con más contenido histórico son Lucas y Hechos. Esto no es una coincidencia, ya que Lucas, compañero de Pablo en sus viajes misioneros, escribió ambos libros. En sus propias palabras, Lucas dijo:

> Por lo tanto, yo también, excelentísimo Teófilo, habiendo investigado todo esto con esmero desde su origen, he decidido escribírtelo ordenadamente, para que llegues a tener plena seguridad de lo que te enseñaron. (Lucas 1:3-4)

Difícilmente habrá un detalle histórico en Lucas o Hechos que no haya sido cuestionado por algún escéptico en cuanto a su precisión. Los escritos de Lucas se apropian muy bien de las críticas. Considera, por ejemplo, Lucas 2:1-3:

> Por aquellos días Augusto César decretó que se levantara un censo en todo el imperio romano. (Este primer censo se efectuó cuando Cirenio gobernaba en Siria). Así que iban todos a inscribirse, cada cual a su propio pueblo.

Esto es seguido por el relato de María y José viajando a Belén. Los críticos han afirmado que César Augusto nunca emitió un decreto así. También han afirmado que, en cualquier caso, no había manera de que la gente hubiera tenido que viajar largas distancias a su distrito de origen para tal censo. Para colmo, los críticos dijeron que Quirinio no fue gobernador de Siria en la época en cuestión.

Los descubrimientos arqueológicos han demostrado que Lucas es preciso en las tres cuestiones. Descubrimientos arqueológicos más recientes han demostrado que Augusto en efecto decretaba un censo cada catorce años. El primero fue en 23-22 a. C. El segundo fue en 9-8 a. C. Ya que Palestina estaba en las lejanías del imperio, el censo puede no haber llegado allí sino hasta el 7 o 6 a. C., siendo esta última una probable fecha del nacimiento de Jesús.[17]

En cuanto a la necesidad de que María y José viajaran a Belén desde Galilea, se ha encontrado un papiro en Egipto. En él está escrito:

> A causa del censo que se aproxima es necesario que todos los que por cualquier causa residan fuera de sus hogares se preparen de inmediato para volver a sus propios distritos con el fin de que puedan completar el registro familiar del empadronamiento y que las tierras de cultivo puedan retener a los que pertenecen a ellas.[18]

Este papiro proporciona una confirmación asombrosa del relato de Lucas del nacimiento de Jesús. O tal vez sería más preciso decir que la fuente más confiable (el Nuevo Testamento) confirma la precisión de la fuente menos confiable (el papiro encontrado en Egipto).

En cuanto a Quirinio, los historiadores nuevamente dudaron de Lucas, porque según los escritos de Josefo, se sabía que Quirinio había sido gobernador en Siria después del 6 d. C., lo que definitivamente es demasiado tarde para el nacimiento de Jesucristo. Este argumento fue eliminado cuando se encontró una inscripción en Antioquía que le atribuía a Quirinio la gobernación de Siria en el 7 a. C. Aparentemente, Quirinio hizo dos períodos de servicio en Siria, una del 12 al 6 a. C. como gobernador, y la otra después del 6 d. C. como legislador imperial.

Lucas, como el historiador cuidadoso que era, fechó el inicio del ministerio de Juan el Bautista de la siguiente manera:

> En el año quince del reinado de Tiberio César, Poncio Pilato gobernaba la provincia de Judea, Herodes era tetrarca en Galilea, su hermano Felipe en Iturea y Traconite, y Lisanias en Abilene; el sumo sacerdocio lo ejercían Anás y Caifás. En aquel entonces, la palabra de Dios llegó a Juan hijo de Zacarías, en el desierto. Juan recorría toda la región del Jordán predicando el bautismo de arrepentimiento para el perdón de pecados. (Lucas 3:1-3)

Muchos críticos consideraron que la gobernación de Pilato había sido un error, porque no estaba confirmada por ninguna fuente externa. Estuvo sin confirmar hasta 1961, cuando se encontró una inscripción en su capital, Cesarea Marítima. La inscripción le da a Pilato el título de "Poncio Pilato, prefecto de Judea". Además, Lucas muestra a Herodes gobernando como tetrarca, en lugar de rey. Los registros romanos confirman que tetrarca es el título correcto para este pariente del rey

---

17. Como se mencionó en un capítulo anterior, Jesús probablemente nació alrededor del 5 o 6 a. C.
18. John Elder, *Prophets, Idols, and Diggers* (*profetas, ídolos y excavadores*) (New York: Bobbs Merrill Co., 1960), p. 159-160 y Joseph P. Free, *Archaeology and Bible History* (*la arqueología y la historia bíblica*) (Wheaton, Illinois: Scripture Press), p 285, traducción nuestra.

Herodes, el Grande. El rango de Lisanias también fue cuestionado en algún momento. Aparentemente, había un Lisanias que gobernaba en la zona, pero que fue asesinado en el año 36 a. C. Una vez más, Lucas fue criticado por cometer un error. Esta acusación falsa fue aclarada cuando se encontró una inscripción en Abila, cerca de Damasco, que dice: "Emancipados de Lisanias, el Tetrarca". Esta inscripción ha sido fechada entre el 14 y 29 d. C. Parece que había dos personajes importantes llamados Lisanias. El que gobernó en el momento y lugar adecuados para confirmar la información de Lucas fue el segundo de los dos.

Réplica de la inscripción de Pilato en Cesarea Marítima, Israel
(fotografía por Rex Geissler)

Lucas mencionó treinta y dos países, cincuenta y cuatro ciudades y nueve islas, sin errar. Él dijo específicamente que Listra y Derbe estaban en Licaonia y que Iconio no lo estaba (Hechos 14:6). Cicerón, el gran debatiente latino, declaró que Iconio estaba en Licaonia, haciendo que algunos afirmaran que Lucas había cometido otro error. Lo siento, Cicerón, pero una inscripción encontrada por Sir William Ramsay en 1910 confirmó que Iconio estaba en Frigia, no en Licaonia. Se puede excusar a Cicerón por su equivocación, ya que no era un historiador, pero Lucas demuestra ser un historiador de primer rango.

Lucas parece ser un perfeccionista del más alto orden, a la hora de enlistar personajes importantes. Enlazó sus relatos con tantos nombres de personas y lugares, que es casi como si estuviera retando a sus lectores a comprobar la exactitud de sus fuentes. Los romanos utilizaban una gama de nombres muy confusa para sus gobernantes locales, desde tetrarca hasta procónsul, gobernador, legislador imperial, politarca y así sucesivamente. En todos los casos donde los títulos utilizados por Lucas pueden ser comparados con otras fuentes, él estaba en lo correcto. En Hechos 17:6 en el griego se refiere a los magistrados tesalonicenses como politarcas, un término no conocido en ninguna literatura clásica (excepto, por supuesto, por parte de uno de sus más grandes historiadores: Lucas). Sin embargo, se encontró una inscripción en Tesalónica que denomina a sus líderes como politarcas. Lucas habla de Galión como procónsul reinando en Acaya (Hechos 18:12 NBLA). Se halló una inscripción en Delfos, Grecia, que confirmó que Galión reinó como procónsul de Acaya a partir del 51. d. C. Lucas llamó al líder de Chipre el procónsul Sergio Paulo (Hechos 13:7). Chipre pasó a ser una provincia imperial después del 22 a. C., momento en el que sus líderes ya no eran legisladores imperiales, sino procónsules. Lucas se refiere a los líderes de Éfeso de forma precisa como asiarcas (Hechos 19:31 LBLA), mientras que los magistrados de Filipos son pretores (Hechos 16:20, 35 JER). En realidad, el título técnico correcto para los líderes de Filipos era duoviris, pero el propio Cicerón comentó sarcásticamente sobre algunos duoviris que "estos hombres deseaban ser llamados pretores". Lucas habla del líder de la isla de Malta de forma bastante curiosa: "el funcionario principal de la isla". Las inscripciones latinas en la isla también confirman este título. Esta lista podría seguir.[19]

Hay un número casi ilimitado de ejemplos en los que Lucas estuvo en lo correcto en cuanto a detalles de costumbres o lugares. Se ha excavado el teatro de Éfeso en el que la furiosa turba se reunió en Hechos 19. Se encontró una inscripción del 103 d. C. tanto en griego como en latín que describe cómo un funcionario romano llamado C. Vivius Salutaris presentó imágenes de plata de Artemisa y otras estatuas para que fueran puestas en los pedestales del teatro en cada reunión del cuerpo ciudadano. Estas deben ser las mismas imágenes de plata cuya fabricación fue amenazada por los Efesios que estaban poniendo su fe en Jesucristo. El miedo de los empresarios locales a perder sus ingresos condujo al motín en Éfeso (Hechos 19:23-41). Aparentemente, la iglesia en Éfeso no fue lo suficientemente influyente como para poner fin por completo a esta adoración idólatra.

Lucas menciona de forma prominente al sumo sacerdote Caifás. Fue él quien preparó el complot para que Jesús fuera arrestado y ejecutado. Por otros registros, sabemos que Caifás gobernó como sumo sacerdote del 18-36 d. C. Los restos reales de Caifás fueron descubiertos en noviembre de 1990. En esa época, los trabajadores estaban construyendo un parque acuático en lo que se conoce como el Bosque de la Paz en Jerusalén. Mientras cavaban en el sitio, se encontraron con un techo derrumbado bajo el cual se encontraron doce osarios muy ornamentados. En uno

---

19. F. F. Bruce, *¿Son fidedignos los documentos del Nuevo Testamento?* (San José, Costa Rica: Caribe, 1972).

de ellos estaba inscrito: "Caifás, José, hijo de Caifás". Aunque la Biblia simplemente lo llama Caifás, Josefo lo identificó como "José quien era llamado Caifás del sumo sacerdocio".

Sir William Ramsay es considerado por muchos como uno de los más grandes arqueólogos de todos los tiempos. Comenzó su carrera como un escéptico aferrado firmemente a la creencia de que Lucas había sido escrito en la segunda mitad del siglo II d. C., y que, por lo tanto, era un documento muy poco fiable. Fue mientras hacía una investigación para proporcionar apoyo a esta creencia que se enfrentó con el hecho innegable de que los libros de Lucas y Hechos son historia fidedigna. Citando a Ramsay:

> ...Más recientemente me puse en contacto con el libro de Los Hechos como una autoridad en cuanto a la topografía, las antigüedades y la sociedad en el Asia Menor. Poco a poco descubrí qué en varios detalles de la narración mostraba ser una maravillosa verdad. De hecho, comenzando con la idea fija de que la obra era esencialmente una composición del siglo II, y nunca confiando en su evidencia como digna de confianza para las condiciones del siglo I, gradualmente llegué a encontrarlo como un aliado útil en algunas investigaciones poco claras y difíciles.[20]

A continuación, otra declaración de Ramsay, el ex escéptico:

> Lucas es historiador de la primera calidad; no solo son fidedignas sus afirmaciones de los hechos; también posee un verdadero sentido histórico; fija su mente en la idea y el plan que gobiernan la evolución de la historia y proporciona la medida de sus énfasis a la importancia de cada acontecimiento. Sabe captar los eventos más importantes y críticos y muestra su verdadera naturaleza en mayor extensión, mientras solo toca ligeramente —u omite del todo— muchos datos que no valían para su propósito. En fin, este autor debe ser colocado entre los más grandes de los historiadores.[21]

Si Lucas es un historiador de primer rango, ¿cómo algunos pueden seguir dudando de la exactitud histórica del Nuevo Testamento? Todas las pruebas permiten concluir de que aquellos que cuestionan su exactitud lo hacen no porque los hechos apunten en esa dirección. Aquellos que

---

20. Sir William Ramsay, *St. Paul, the Traveler and the Roman Citizen* (San Pablo, el viajero y ciudadano romano) (Hodder and Stoughton, 1920).
21. William Ramsay, *The Bearing of Recent Discovery on the Trustworthiness of the New Testament* (el rumbo del reciente descubrimiento sobre la fiabilidad del Nuevo Testamento) (Hodder and Stoughton, 1915).

continúan cuestionando la exactitud de los relatos evangélicos lo hacen principalmente porque se oponen filosóficamente a las implicaciones del Nuevo Testamento. Si el evangelio de Lucas es un relato histórico preciso, entonces Jesús hizo grandes milagros. Si Lucas produjo un relato cuidadosamente investigado de los acontecimientos reales, entonces Jesús es el Hijo de Dios. Hay muchos que simplemente no están dispuestos a aceptar esta verdad, pero las ilusiones tienen un efecto muy limitado sobre la verdad. Jesús, el hacedor de milagros, no va a desaparecer. Empezando con Voltaire, y siguiendo con sus sucesores durante más de doscientos años, surge un patrón. Aquellos que, por cualquier razón, comienzan con la suposición de que los acontecimientos milagrosos registrados en la Biblia no pueden ser verdaderos simplemente atacan la integridad de la Biblia. Una y otra vez, los hechos demuestran que el escéptico se equivoca en su suposición. En algún momento, el investigador de mente abierta comenzará a dar a la Biblia el beneficio de la duda. Para aquellos dispuestos a aceptarlo, las palabras de 2 Timoteo 3:16 suenan ciertas: "Toda la Escritura es inspirada por Dios... "

Para hoy

1. ¿Hay algunos detalles históricos en la Biblia que has encontrado particularmente difícil de aceptar como verdaderos? ¿Ha tenido este capítulo algún efecto en tus sentimientos respecto a ellos? ¿Cómo podrías indagar para investigar esta pregunta?

2. ¿Por qué crees que aquellos que atacan fuertemente la Biblia diciendo que es una colección de mitos y leyendas generalmente aceptan al historiador griego Heródoto como un gran historiador?

Capítulo Ocho
La ciencia y la Biblia: ¿Enemigos mortales?

> *La Biblia enseña a llegar al cielo;*
> *no cómo funcionan los cielos.*
> — *Galileo Galilei*

> *¿De dónde surge que la naturaleza*
> *no hace nada en vano; y de*
> *dónde todo ese orden y belleza*
> *que vemos en el mundo?*
> — *Isaac Newton*

The Bible, A Book Written by an Ignorant People in an Ignorant Age (la Biblia, un libro escrito por un pueblo ignorante en una era ignorante). Este es el título de un libro que un científico amigo mío se propuso escribir como un joven y celoso ateo. Este amigo es John Clayton. John fue criado por padres ateos. En el proceso de escritura del libro, se convenció de que era su propia ignorancia de la Biblia lo que estaba en juicio. En última instancia, John llegó a la conclusión, comparando la evidencia histórica y científica con lo que está escrito en la Biblia, de que esta verdaderamente está inspirada por Dios. La evidencia convirtió a un ateo celoso en un creyente celoso. Ha pasado los últimos treinta y cinco años dando conferencias sobre la ciencia y la Biblia en todo Estados Unidos.[1]

La Biblia claramente no es un libro de ciencias, pero ciertamente incluye contenido que es relevante para las preguntas que hacen los científicos. ¿Cuál es la historia de la tierra? ¿Cuál es la historia del universo? ¿Qué hay de la vida? ¿Cuál es el origen de la humanidad? ¿Qué hay de las fuerzas que determinan el clima? Estas son preguntas que los antiguos pensaban, y que la Biblia aborda hasta cierto punto.

¿En efecto un pueblo ignorante escribió la Biblia en una época ignorante? Decir eso sería un poco fuerte, pero el hecho es que en el momento en que se escribió la Biblia, especialmente el Antiguo Testamento, la gente en general era bastante ignorante en cuanto a las leyes de la naturaleza que han sido descubiertas a través de la ciencia moderna. No había telescopios ni microscopios disponibles. La gente no estaba realizando experimentos científicos controlados para determinar

---

[1]. www.existedios.org y doesgodexist.org.

la edad de la tierra. El conocimiento de cómo funciona el cuerpo humano era prácticamente inexistente. Desde la perspectiva moderna, los escritores del Antiguo Testamento sí eran científicamente ignorantes. La pregunta, entonces, es si la porción relativamente pequeña del Antiguo Testamento que se relaciona con cuestiones científicas refleja la ignorancia científica de la época en la que está escrita, o si refleja un conocimiento sobrenatural de las leyes de la naturaleza.

La cuestión de la ciencia y la religión—pongámoslo más claramente— el debate entre ciertas personas religiosas y la comunidad científica atea se ha desatado sin tregua desde la publicación del Origen de las especies, de Darwin, en 1859. No es la intención de este capítulo tratar todas estas cuestiones. Los argumentos científicos de la existencia de un creador, las leyes de la termodinámica, una argumentación detallada sobre la teoría de la evolución, entre otros, son muy importantes, pero están fuera del alcance de la discusión actual. Para un tratamiento más completo de estos temas, revisa mi libro Is there a God? (¿hay un Dios?).[2] El tema de este capítulo es el contenido específico del Antiguo Testamento que se relaciona con cuestiones científicas. ¿Muestran estos pasajes signos de ignorancia científica o de inspiración? En caso de que haya alguna duda en la mente del lector sobre la falta de conocimiento científico de los antiguos judíos, que considere un pasaje de una escritura hebrea de la época del Nuevo Testamento.[3]

> La inundación se produjo por la unión entre las aguas masculinas, que están sobre del firmamento, y las aguas femeninas que emiten de la tierra. Las aguas superiores corrieron a través del espacio disponible cuando Dios sacó dos estrellas de la constelación de Pléyades. Después, para poner fin a la inundación, Dios tuvo que transferir dos estrellas de la constelación de la Osa a la constelación de las Pléyades. Por eso es que la Osa corre tras las Pléyades. Ella quiere sus hijos de regreso, pero estos le serán devueltos solo en el mundo futuro.

Bueno, supongo que eso explica por qué la constelación Osa corre tras la Pléyades. La validez científica de las aguas masculinas y femeninas es un poco cuestionable, por decir poco. ¿Alguien está preparado para defender la postura de que dos estrellas fueron trasladadas en algún momento del pasado de la Osa a las Pléyades? Este mito es típico, no solo de los escritos de los judíos, sino de mitos que se pueden encontrar en todas las antiguas culturas del Oriente Próximo. Si la Biblia simplemente

---

2. John Oakes, *Is There a God (¿existe un Dios?)* (Spring, Texas: Illumination Publishers, 2008). Porciones significativas del presente capítulo reflejan contenido que se encuentra en este libro.
3. Lewis Ginsberg, *Legends of the Jews (las leyendas de los judíos)* (Philadelphia: Jewish Publication Society of America, 1956), p. 76, traducción nuestra.

fuera un libro escrito por un pueblo ignorante en una época ignorante, o si simplemente se escribiera sin la inspiración de Dios, mitos como estos, sin duda, se habrían colado en ella. Las escrituras de religiones del mundo como el sintoísmo, el hinduismo, el jainismo y el budismo ciertamente contienen tales mitos. Se invita al lector a buscar en la Biblia ejemplos del mismo tipo de cosas. A pesar de las falsas afirmaciones de sus críticos, simplemente no se encontrará tales mitos en la Biblia. El lector puede estar diciéndose a sí mismo: "¿Qué pasa con el mito de la creación de Génesis?" Ese será un buen punto de partida.

LA CREACIÓN

Sin duda alguna, la mayor cantidad de controversia sobre las cuestiones de la ciencia y la Biblia ha girado en torno a los relatos de la creación que se encuentran en los capítulos 1 y 2 de Génesis. Génesis 1 describe los famosos siete "días" de la creación. Científicos y filósofos se han enfrentado contra este "mito". Muchos, encontrando paralelismos con el Poema del Gilgamesh babilónico, han afirmado que el mito del Génesis fue prestado y adaptado de la mitología contemporánea de los vecinos mesopotámicos de los hebreos. Consideremos cuidadosamente este pasaje bíblico tan controversial.

Un lugar lógico para empezar es leyendo Génesis capítulo 1. Se citarán los primeros cinco versículos. Se espera que el lector tome una Biblia y lea todo el capítulo.

> Dios, en el principio, creó los cielos y la tierra. La tierra era un caos total, las tinieblas cubrían el abismo, y el Espíritu de Dios iba y venía sobre la superficie de las aguas. Y dijo Dios: "¡Que exista la luz!" Y la luz llegó a existir. Dios consideró que la luz era buena y la separó de las tinieblas. A la luz la llamó "día", y a las tinieblas, "noche". Y vino la noche, y llegó la mañana: ése fue el primer día.
>
> Dios miró todo lo que había hecho, y consideró que era muy bueno. Y vino la noche, y llegó la mañana: ése fue el sexto día.
>
> (Génesis 1:1-5, 31)

Una primera pregunta razonable es ¿cuál es el mensaje general del capítulo 1 de Génesis? El mensaje parece ser que Dios es el creador de todas las cosas en los cielos y en la tierra. También parece claro que, según Génesis 1, la culminación y el propósito del plan de Dios fue la creación de la humanidad. ¿Cuál es el esquema del capítulo? A grandes rasgos, un posible esquema sería el siguiente:

1. Dios existía antes de la creación del universo.
2. Dios creó el universo de la nada.
3. Después de crear el universo, incluyendo las estrellas y la tierra, Dios creó todo tipo de vida.
4. Por último, Dios creó a los seres humanos.

Sería justo preguntarse en qué punto entran en conflicto directo este esquema y los conocimientos científicos actuales. La ciencia no puede demostrar la existencia de Dios a través de experimentos, pero la ciencia ciertamente se puede utilizar para demostrar que hay un creador.[4] El modelo cosmológico ahora aceptado por la mayoría de los científicos describe la creación de todo el universo a partir de la nada. Este modelo es conocido como la teoría de la gran explosión o del Big Bang. La idea de que el universo siempre ha existido y no ha sido creado ha sido más o menos desacreditada porque no está de acuerdo con la evidencia o con las leyes de la termodinámica. Esta disipada idea se conoce como la teoría del estado estacionario.

Según la teoría predominante de los cosmólogos, todo el universo fue creado de la nada a partir de lo que se conoce como una singularidad. Mediante este modelo ampliamente aceptado, las "cosas" iniciales del *Big Bang* fueron creadas a una temperatura muy alta, a billones de grados. La temperatura era tan alta que toda la energía existía en forma de luz en lugar de partículas con masa. Por lo tanto, que el creador dijera: "Que haya luz", y que se hiciera la luz, coincide con el modelo del *Big Bang*.

Continuando con el anterior esquema del capítulo 1 de Génesis, después de crear el universo, las estrellas y la tierra, Dios creó las diversas formas de vida. Por supuesto, muchos científicos creen que la vida surgió por algún tipo de evento natural y aleatorio. Según el filósofo ateo Thomas Huxley, somos tanto un producto de las fuerzas ciegas como de la caída de una piedra a la tierra, o del flujo de las mareas. Sostuvo que solo aparecimos, y el hombre se hizo carne por una larga serie de accidentes singularmente beneficiosos.

Este es el argumento estándar de muchos científicos. Sin embargo, aquellos que no están involucrados con la ciencia harían bien en entender de dónde viene esta declaración. Esta es la declaración de una persona que inició su investigación de la naturaleza asumiendo que hay una explicación "natural" para todo lo que se puede observar en esta. Por definición, Dios es rechazado desde el principio como una

---

4. El autor se disculpa por no haber desarrollado esta afirmación a fondo en este punto, ya que está fuera del alcance de este libro. Para los interesados, algunas referencias útiles que demuestran que tanto el universo como la vida requieren un creador son:

1. *Genesis, Science and History* (*Génesis, la ciencia y la historia*) de Douglas Jacoby (Billerica, Massachusetts: Discipleship Publications International, 2004), especialmente los capítulos 3, 4 y 10.

2. *Is there a God?* (*¿existe un Dios?*) de John M. Oakes (Spring, Texas: Illumination Publishers, 2008), especialmente los capítulos 3, 4 y 10.

3. *Nature's Destiny* (*el destino de la naturaleza*) de Michael Denton (The Free Press, 1998).

4. *The Science of God* (*la ciencia de Dios*) Gerald L. Schroeder (Nueva York: Broadway Books, 1997).

5. *El Creador y el cosmos* de Hugh Ross (El Paso, Texas: Casa Bautista, 1999).

6. *In the Beginning* (*en el principio*) de Henri Blocher (Leicester, Inglaterra: Inter-Varsity Press, 1984).

fuerza que pueda afectar a la naturaleza. El enfoque estándar del ateo es comenzar asumiendo que ni ahora, ni nunca ha habido nada que pueda ser descrito como un evento sobrenatural. Aquellos que comienzan con esta suposición atea están seguros de regresar a un razonamiento circular concluyendo que la vida no fue creada.

A pesar de las confiadas afirmaciones de los científicos con razonamiento circular, lo cierto es que, de acuerdo con las bien conocidas y entendidas leyes de la naturaleza, la vida debe haber sido creada. Muchas tesis doctorales, junto con una multitud de libros, se han escrito sobre el tema, pero el hecho es que todavía no se ha producido un modelo plausible para la creación de la vida por un proceso natural.

Las leyes de la termodinámica, la cuales impiden completamente un universo eterno, también descartan la posibilidad de que un objeto de tal complejidad irreductible como un ser vivo pueda ser creado por casualidad. A pesar del hecho de que las propias leyes de la naturaleza tengan todos los signos de haber sido diseñadas para permitir la existencia de la vida,[5] las leyes de la termodinámica y de la probabilidad no permiten que una sola pieza funcional de ADN sea creada por casualidad a partir de una inanimada sopa primitiva. Se podría mencionar la imposibilidad de que las proteínas necesarias para permitir que el ADN se reproduzca pudieran ser creadas al azar al mismo tiempo y lugar que el ADN. La lista de coincidencias imposibles necesarias para crear incluso la forma de vida más simple podría continuar hasta que llenaran un libro completo. Cuanto más aprendemos sobre la bioquímica de la vida, es más claro que un ser vivo es una máquina maravillosamente compleja. Baste decir que, a pesar de las afirmaciones seguras de muchos científicos autoengañados, la vida fue creada.

Por último, según Génesis capítulo 1, el hombre apareció en la tierra (¡según los científicos este también fue el último de todos!). ¿Dónde está el mito y el error científico hasta ahora en Génesis 1? Pero el problema, como suelen decir, está en los detalles. ¿Qué hay de los detalles del capítulo 1 de Génesis? Al examinar el primer capítulo de Génesis, hay que tener en cuenta que el relato de la creación obviamente no es un tratado científico. El público hebreo original de Génesis ni siquiera

---

5. Esta idea se conoce como el principio antrópico. Los físicos han señalado que, si el tamaño de la fuerza de gravedad fuera mayor o menor de lo que realmente es, por uno en 10^{60}, entonces galaxias estables, estrellas y planetas nunca se habrían formado. Del mismo modo, si las otras fuerzas fundamentales de la naturaleza, la fuerza electromagnética, la fuerza nuclear fuerte o la fuerza nuclear débil fueran diferentes en una fracción muy pequeña, entonces las estrellas nunca se habrían formado y las moléculas estables no serían posibles. Hay docenas de ejemplos de parámetros en nuestro universo que están "finamente ajustados" al valor correcto que se requiere para que las formas de vida avanzadas puedan existir en el universo. Esta larga lista de sorprendentes coincidencias es el fundamento del principio antrópico. Esto sirve como evidencia asombrosa de que el universo tiene un creador inteligente.

tenía palabras para conceptos científicos como especies, ADN, genética, elementos químicos o energía. Por necesidad, entonces, el registro de la creación pinta en los términos más amplios un proceso cuyos detalles se les habrían escapado a los lectores originales. Para que no nos sintamos demasiado superiores a los antiguos hebreos, probablemente sea seguro decir que si hoy Dios nos describiera en detalle exactamente cómo creó el universo y toda la vida en la tierra, ¡pasaría muy por encima de la cabeza incluso de nuestros científicos más brillantes!

La forma de abarcar el tema será parafraseando Génesis capítulo 1, involucrando los conocimientos científicos actuales. Esta versión parafraseada del relato de la creación de Génesis se escribirá desde el punto de vista de un observador en la superficie de la tierra (Génesis 1:1). Este "observador" notaría primero que el sol, tal como se formó, comenzó a producir luz a través del proceso de fusión nuclear. La atmósfera temprana de la tierra era tan espesa que el propio sol, así como la luna y las estrellas, eran invisibles desde la superficie. Cuando la tierra se formó, ya estaba rotando, y a pesar de que la luz no era visible desde la superficie, cuando el sol comenzó a producirla, se presentaron períodos de luz y oscuridad, (Génesis 1:3). Posteriormente, a medida que la tierra "evolucionaba", surgieron una atmósfera y un océano separados (Génesis 1:6-8). Después, a medida que el planeta continuaba enfriándose y la corteza seguía engrosándose, rocas más ligeras, en su mayoría silicatos como el cuarzo y el granito, se elevaron por encima del basalto inferior, creando la primera tierra seca (Génesis 1:9-10). Una vez que la química de la atmósfera terrestre había evolucionado lo suficiente, Dios creó varias formas de vida: gimnospermas (plantas no fructíferas) antes que angiospermas (plantas fructíferas) (Génesis 1:11-13). A medida que las plantas primitivas y otras formas de vida que Dios había creado proliferaban, absorbieron cantidades suficientes de dióxido de carbono y otros gases como para permitir que la tierra se enfriara hasta el punto de que el grueso velo de las nubes finalmente se separara, de manera que un observador en la superficie del planeta podía observar el sol, la luna y las estrellas por primera vez (Génesis 1:15-19). A continuación, Dios creó muchas especies diferentes de formas de vida superiores, como peces, anfibios, reptiles, aves y mamíferos; primero en el agua, luego en la tierra (Génesis 1:20-25). Por último, Dios produjo su mejor creación, el hombre, *el homo sapiens* (Génesis 1:26-28).

¿Dónde están los errores científicos aquí? ¿Es esto un mito o es un relato simplificado de la creación de Dios de la tierra y de toda la vida en ella? El supuesto "mito" de Génesis tiene una notable afinidad con lo que se conoce de la investigación científica. ¿Cómo se explica este hecho?

Es útil comparar el relato de la creación de Génesis con las historias de la creación de otros pueblos. La más relevante es la historia de la creación de los babilonios, porque algunos han afirmado que Génesis 1 fue tomado prestado y adaptado del poema babilónico de Gilgamesh. El mito de la creación babilónica involucraba a dioses emergiendo de un pantano divino que había existido desde siempre. Estos dioses salieron del pantano en parejas masculinas y femeninas. Cuando aparecieron los dioses más jóvenes, lucharon con los dioses mayores. En una batalla, Marduk, el hijo de Ea (el dios de la tierra) atacó y mató a la primera diosa de todos, Tiamat. La atrapó en una red y le aplastó el cráneo. A medida que la sangre divina de Tiamat se derramaba sobre la tierra, la mezcla de sangre y barro formó los primeros humanos.

Es posible detectar cierta similitud entre el relato de la creación de Génesis y el poema/mito de Gilgamesh. Sin embargo, la clara diferencia entre los dos es que el relato de la creación de Génesis es consistente con el conocimiento científico, mientras que el mito de la creación babilónica es claramente eso, un mito. ¿Quién pidió prestado a quién?

La antigua religión egipcia también incluía una historia de la creación. El mito egipcio incluía la creencia de que al principio el universo estaba lleno de un océano primordial llamado Nun. Las aguas de Nun estaban estancadas. De la inundación sin límites surgió la colina primitiva. Esta colina finalmente se convirtió en toda la tierra. Los sacerdotes de los grandes centros de culto de Egipto afirmaron cada uno que su ciudad era el punto de origen de la masa terrestre. Algunos creen que las pirámides funcionan como representaciones de la colina primitiva.

Se podría continuar con los mitos de la creación de la religión sintoísta japonesa, de las escrituras hindúes, del Popul Vuh, el antiguo mito de la creación maya, o con los de los iroqueses u otros grupos nativos americanos y así sucesivamente.[6] La mayoría de las culturas antiguas tenían un mito sobre la creación. Desde la perspectiva moderna, es difícil tomar estos mitos en serio en vista de lo que sabemos de la ciencia. La excepción radical a esta regla es Génesis capítulo 1. En lugar de mostrar señales de que la Biblia sea una colección de fábulas y mitos, Génesis 1 muestra signos de que la Biblia está inspirada por el mismo Dios que creó el mundo y todo en él.

En este punto podrían plantearse un par de objeciones. En primer lugar, algunos podrían señalar que el libro de Génesis parece dar a entender que la creación tuvo lugar hace unos pocos miles de años, durante seis períodos de veinticuatro horas. Después de todo, cada uno de los seis días termina con una frase como: "Y vino la noche, y llegó la mañana: ése fue el primer día". Desde esta perspectiva, puede parecer imposible que el conocimiento científico y Génesis 1 puedan estar de acuerdo. Incluso la formación más básica en ciencia llevaría a creer que la tierra es muy antigua.

---

6. Daniel G. Brinton, *The Myths of the New World (los mitos del Nuevo Mundo)* (Baltimore, Maryland: Genealogical Publishing Company, 1994); John Oakes, *Is There a God? (¿existe un Dios?)* (Spring, Texas: Illumination Publishers, 2006), pp. 88-89.

En respuesta a este punto, digamos que una creación de seis días, cada uno de veinticuatro horas, es sin duda una interpretación razonable de Génesis 1. Si no fuera por lo que sabemos de la ciencia, al menos parecería ser la interpretación más obvia. Sin embargo, uno debe tener en cuenta que la palabra hebrea utilizada aquí para día es yom. En el Antiguo Testamento, esta palabra está traducida de varias maneras: "día", "tiempo", "para siempre", "era", "continuamente", "hoy", "vida" y "perpetuamente", dependiendo del contexto. Mucho antes de la revolución científica, muchos de los teólogos cristianos y judíos adoptaron una interpretación no literal del capítulo 1 de Génesis. Por ejemplo, se podría mencionar al teólogo judío Filón, así como a los primeros autores cristianos Justino Mártir, Ireneo, Hipólito, Clemente de Alejandría, Orígenes, Lactancio, Eusebio y Agustín. Esta lista incompleta demuestra que la idea de tomar los seis "días" de la creación para ser eras en lugar de períodos literales de veinticuatro horas no necesariamente nació de la ciencia. Un estudio bíblico cuidadoso puede llevar a la misma conclusión.

¿Podría un Dios todopoderoso y omnisciente crear el universo en seis períodos de veinticuatro horas, con una "apariencia de vejez", con la luz de galaxias distantes ya en circulación, con dinosaurios y fósiles trilobites ya en el suelo? La respuesta es sí, ciertamente parece razonable que el mismo Dios que es lo suficientemente poderoso para crear el universo también podría crearlo con una apariencia de edad. Jesús creó vino listo para beber y pescado listo para comer. Ahora sigue una pregunta mejor: ¿lo hizo? Todo lo que podemos decir con certeza es que lo que sabemos de la *investigación científica está en dramático acuerdo con el esquema de creación que se encuentra en el capítulo 1 de Génesis.*

El segundo punto que algunos plantearían con respecto a la creación en Génesis tiene que ver realmente con el capítulo 2. Algunos afirmarían que Génesis 2:4-25 es una segunda historia de la creación, contradictoria, de un autor diferente al del capítulo 1. Por supuesto, es difícil probar de una manera u otra si el primer y el segundo capítulo tienen autores diferentes. En cualquier caso, ya sea por dos autores o uno, no hay contradicción entre estos dos registros. Génesis capítulo 1 es una descripción de la creación de la tierra y todo lo que hay en ella. Génesis capítulo 2, a partir del versículo 7, es una descripción de la creación de las primeras personas. A menos que alguien pueda señalar una contradicción específica entre los dos relatos, la crítica no es útil. Después de haber escuchado tales argumentos, me he encontrado encogiéndome de hombros. ¿Cuál contradicción?

En resumen, a pesar de su falta de detalle científico y lenguaje técnico, el relato de la creación en Génesis está en sorprendente acuerdo con lo que sabemos de la ciencia. En comparación con las historias de la creación de otras culturas antiguas, la que se encuentra en Génesis tiene todas las marcas de ser inspirada por el creador.

¿GRASA DE SERPIENTE? EVIDENCIA MÉDICA

Of the different fields of science, it is the area of medical knowledge De los diferentes campos científicos, el que la Biblia toca más es el área del conocimiento médico. Al principio, esto puede parecer sorprendente. Sin embargo, si uno lo piensa, el conocimiento sobre astronomía, química, física o biología puede haber sido de cierto interés filosófico para los judíos, pero el conocimiento médico era de uso muy práctico. La supervivencia del pueblo de Dios estaba en juego. ¿Cómo comunicó Dios el conocimiento médico a Israel?

Los judíos a menudo se referían a los primeros cinco libros del Antiguo Testamento como "la Ley". El tercer libro de la Ley es Levítico. Este libro contiene la mayor parte del código legal del Antiguo Testamento. Se pueden encontrar en Levítico una serie de regulaciones que están relacionadas con cuestiones de salud y dieta. Se examinarán detenidamente algunos ejemplos.

Sin embargo, antes de hacer esto, será útil considerar la naturaleza del conocimiento médico en las culturas que limitaban inmediatamente con Israel en el marco temporal de la escritura de Levítico. Si la Biblia fuera simplemente un libro escrito de acuerdo con la sabiduría humana, entonces sus alusiones a las preguntas médicas reflejarían el nivel de perspicacia o ignorancia de las culturas dominantes en el Cercano Oriente en el momento en que fue escrita. Por otro lado, si Dios inspiró la Biblia, uno esperaría que mostrara una visión que refleje esa inspiración, incluso cuando habla del conocimiento médico.

De las culturas que limitaban con el antiguo Israel, los egipcios son considerados por muchos como los más avanzados en el conocimiento médico. A través del ensayo y el error, la cultura egipcia bien puede haber adquirido algunos conocimientos útiles sobre cómo tratar ciertas enfermedades. Sin embargo, si uno mira los registros escritos de la ciencia médica egipcia, algunas de las recetas en ellos resultarían en efectos mortales. Una cita del famoso Papiro Ebers, un texto médico escrito alrededor de 1550 a. C., prescribe:

> Para evitar que el cabello se vuelva gris, únjalo con la sangre de un ternero negro que haya sido hervido en aceite, o con la grasa de una serpiente de cascabel.

O con respecto a la pérdida de cabello:

> Cuando se cae, un remedio es aplicar una mezcla de seis grasas, a saber, las del caballo, el hipopótamo, el cocodrilo, el gato, la serpiente y el íbice.[7]

---

7. S. E. Massengill, *A Sketch of Medicine and Pharmacy (un borrador de la medicina y la farmacología)* (Bristol, Tennessee: S. E. Massengill Co., 1943), p. 16, traducción nuestra.

Otras prescripciones del Papiro Ebers incluyen medicinas muy dudosas, tales como el polvo de estatua, concha de escarabajo, cabeza de anguila eléctrica, tripas de ganso, cola de ratón, grasa de hipopótamo, pelo de gato, ojos de cerdo, dedos de perro y semen de un hombre.[8] Estos medicamentos parecen cómicos para el lector moderno, pero las consecuencias de esta ignorancia médica y científica, sin duda, fueron devastadoras para la gente de ese tiempo. No se presentan estos ejemplos tanto para revelar la ignorancia de los egipcios en ese momento, sino para proporcionar un trasfondo en el que se puedan comparar los escritos del Antiguo Testamento: escritos que son de aproximadamente el mismo período que los del Papiro Ebers. Para que nosotros los del mundo moderno no nos enorgullezcamos demasiado, vale la pena recordar que el conocimiento médico en el mundo occidental hace doscientos años apenas había progresado más allá de lo que se encuentra en el Papiro Ebers. Ya a mediados del siglo XIX, el típico bolso de médico contenía en su mayoría remedios inútiles y toxinas extremadamente dañinas. Entonces, ¿cuál fue el estado del conocimiento médico encontrado en el Antiguo Testamento? Al examinar las leyes de salud del Antiguo Testamento, el autor reconoce significativas contribuciones en esta área de un libro de S. I. McMillen, M.D.[9]

A lo largo de la mayor parte de su registro histórico, la nación judía en su conjunto se ha destacado por su pericia médica. La razón de este hecho puede descubrirse, al menos parcialmente, a partir de la consideración de algunos pasajes bíblicos que les dieron a los judíos una ventaja en la ciencia médica. En la medida en que seguían las "prescripciones" del Antiguo Testamento, los judíos automáticamente se adelantaron a su tiempo. Sin embargo, para mostrar cuán avanzados en las áreas de la medicina estaban los israelitas en sí mismos, aparte de la revelación del Antiguo Testamento, considere un extracto de un libro judío de conocimiento médico de una época más o menos contemporánea a la escritura del Nuevo Testamento.[10]

"Todo lo que Dios creó tiene valor". Incluso los animales y los insectos que parecen inútiles y nocivos a primera vista tienen una función que cumplir. El caracol arrastra una veta húmeda tras él mientras se desliza; el uso de su vitalidad sirve como un remedio para los forúnculos. El aguijón de un avispón se cura con la mosca doméstica, triturada y aplicada sobre la herida. El mosquito, débil criatura, que toma comida pero nunca la secreta, es específico contra el veneno de víbora, y este propio reptil venenoso cura las erupciones, mientras que la lagartija es el antídoto contra el escorpión.

---

8. C. P. Bryan, *The Ebers Papyrus* (New York: D. Appleton, 1931).
9. S. I. McMillen, M.D., *Ninguna enfermedad* (Medellín, Colombia: Tipografía Unión, 1969).
10. Lewis Ginsberg, *The Legends of the Jews* (*las leyendas de los judíos*) (Philadelphia: Jewish Publication Society of America, 1956), p. 23, traducción nuestra.

¿Alguien quisiera probar alguna de estas recetas? Ten en cuenta también el error científico con respecto al sistema digestivo de los mosquitos. Parece razonable estar de acuerdo con el escritor con que "todo lo que Dios creó tiene valor", pero presumiblemente la mayoría de la gente no estaría ansiosa por probar estas recetas. Este pasaje es típico de los escritos de los judíos de ese entonces, así como los de los egipcios y otras culturas de la época. Sin embargo, esto está en completo y notable contraste con lo que se puede encontrar en la Biblia, como se mostrará más adelante. ¿Por qué? ¿Es porque los escritores del Antiguo Testamento tuvieron suerte? ¿Podría ser porque los médicos judíos estaban usando el método científico para examinar cuidadosamente sus prácticas médicas? ¿O podría ser una señal de que la Biblia no es un libro ordinario, sino más bien la palabra inspirada de Dios? A medida que se presentan las siguientes secciones, los lectores deben juzgar por sí mismos.

Ten en cuenta que nadie está diciendo que todo el conocimiento médico de los antiguos, ya sean egipcios, chinos, indios, griegos, nativos americanos o cualquier otro, es mera superstición. A través de métodos de ensayo y error, algunas de las culturas más antiguas evolucionaron el folclore médico, lo que es de algún valor. Sin embargo, este folclore inevitablemente contiene una gran proporción de remedios que son tan eficaces como el uso de grasa de serpiente para prevenir el encanecimiento prematuro.

Como se mencionó anteriormente, esta sección principalmente se enfocará en el libro de Levítico, el libro de la Ley que Moisés recibió de parte de Dios en una época contemporánea a la escritura del Papiro de Ebers. Moisés mismo nació en Egipto. Cualquiera que afirme que la Biblia representa el entendimiento de una antigua cultura hebrea científicamente ignorante debería considerar la comparación entre Levítico y el Papiro Ebers.

Para empezar, considera una notable afirmación hecha por Dios a través de Moisés a la nación de Israel mientras vagaban por el desierto durante cuarenta años, como se registra en Éxodo 15:26.

> Les dijo: "Yo soy el SEÑOR su Dios. Si escuchan mi voz y hacen lo que yo considero justo, y si cumplen mis leyes y mandamientos, no traeré sobre ustedes ninguna de las enfermedades que traje sobre los egipcios. Yo soy el SEÑOR, que les devuelve la salud".

Aquí Dios afirmaba que, si la nación de Israel obedecía sus decretos, evitarían todo tipo de enfermedades. La historia confirma las ramificaciones de esta afirmación. Los judíos siempre han sido una nación relativamente pequeña; sin embargo, han sobrevivido a repetidas invasiones e incluso intentos de exterminio. Una y otra vez los asirios, los babilonios, los griegos y los romanos, así como otros pueblos, han atacado y dispersado al pueblo hebreo. Aunque dispersos, los judíos de alguna manera siempre han logrado recuperarse y crecer en número.

Un factor de la resiliencia de los judíos fueron sus prácticas de salud inspiradas por las leyes del Antiguo Testamento.

Por ejemplo, considera Levítico capítulo 11. Aquí se da un resumen de esta sección, en lugar de una cita detallada. En este capítulo, Dios le dice a su pueblo que los cerdos, conejos, roedores, crustáceos, lagartos y todos los carnívoros son "impuros", es decir, no aceptables para ser ingeridos. Por otro lado, los peces con escamas, vacas, ovejas, cabras y ciertas aves no carnívoras son puras. Sucede que todos los animales de la lista de los impuros son relativamente peligrosos para comer a menos que se cocinen muy bien. El cerdo es el tipo de carne más famoso por ser considerado "impuro" para los judíos. También es famoso por causar triquinosis. Por otro lado, la carne de res, el pescado y el cordero son relativamente seguros. Todos estos tipos de carne, si se manipulan correctamente, se pueden comer de forma segura incluso cuando no se cocinan (aunque se recomiendan ciertas precauciones de seguridad). ¿Podría esta relación entre lo que Levítico llama puro y lo que en realidad es relativamente seguro ser mera coincidencia?

¿Cómo supo Moisés qué tipos de carne eran relativamente seguros? ¿Lo aprendió de los egipcios? Ciertamente no, porque a menudo ellos comían muchas de las carnes impuras, especialmente el cerdo. ¿Realizó algunos experimentos científicos controlados, dándole cerdo a algunos israelitas y ovejas a otros, y manteniendo un registro cuidadoso de cuántos se enfermaron? Eso parece extremadamente improbable. En ese momento, la nación de Israel era relativamente ignorante científicamente, pero la Ley contenida en la Biblia refleja un nivel diferente de conocimiento. Por lo tanto, no es en absoluto irrazonable pensar que el autor último de la Ley, Dios, estaba protegiendo a su pueblo de "las enfermedades que traje sobre los egipcios".

A continuación, considere Levítico 13 y 14. Aquí se encuentran leyes muy específicas con respecto a varios tipos diferentes de enfermedades infecciosas en la piel, incluyendo la lepra. Se dan instrucciones específicas para poner en cuarentena a los sujetos con ciertas enfermedades en la piel durante un período de tiempo determinado, para quemar su ropa e incluso para destruir los implementos de cerámica en que habían comido.

A lo largo del tiempo, se ha responsabilizado la propagación de la lepra a causas como la herencia, el consumo de ciertos alimentos, o incluso en la alineación de los planetas. Estas falsas ideas naturalmente llevaron a la incapacidad de detener la propagación de la enfermedad. Finalmente, después de miles de años de sufrimiento humano, la lepra fue puesta bajo control en el mundo occidental en la Edad Media.

> Ya que los médicos no tenían nada que ofrecer, fueron los religiosos que tomaron la dirección y adoptaron el concepto de contagio en el Antiguo Testamento. [...] Esta idea y sus consecuencias prácticas se definen con gran claridad en el libro de Levítico. [...] Una vez determinada

su condición de leproso, el enfermo había de ser apartado y excluido de la comunidad. Siguiendo los preceptos establecidos en Levítico la iglesia se encargó de combatir la lepra [...] y se llevó a cabo la primera gran hazaña [...] en una metódica erradicación de la enfermedad.[11]

La increíble devastación causada por la lepra en toda Europa, África y Asia podría haberse evitado en gran medida si los médicos hubieran hecho caso a lo ordenado en Levítico 13:46: "Y será impuro todo el tiempo que le dure la enfermedad. Es impuro, así que deberá vivir aislado y fuera del campamento". Una vez iniciada la cuarentena, la lepra se redujo drásticamente en Europa occidental. ¿Cree alguien que Moisés inventó esto porque era un médico brillante, o por el gran conocimiento médico que había adquirido en Egipto? Incluso si alguien fuera un escéptico que cree que el libro de Levítico fue escrito por un grupo de sacerdotes judíos alrededor del 500 a. C. en lugar de Moisés alrededor de 1400 a. C., ¿cómo podría explicar el descubrimiento de la cuarentena por estos sacerdotes más de dos mil años antes de su aplicación general en Europa?

En 1873, el Dr. Armauer Hansen identificó la bacteria que causa la lepra, demostrando de una vez por todas que es una enfermedad infecciosa (la ciencia médica se refiere a la lepra como la enfermedad de Hansen). Hoy en día, si es detectada temprano, es totalmente curable. Afortunadamente, los antibióticos ahora pueden controlar la lepra, por lo que ya no es necesario poner en cuarentena a los leprosos. Sin embargo, desde el momento de la escritura del Antiguo Testamento, hasta la década de 1940, la prescripción de Dios fue la manera más efectiva de prevenir la propagación de esta enfermedad.

> Tres años más tarde se aprobó el decreto Noruego sobre la lepra. Esta ley ordenaba a los leprosos vivir en aislamiento preventivo separados de sus familias. En 1856 había en Noruega 2858 leprosos; y al principio de este siglo, sólo quedaban 577, y luego ese número disminuyó hasta 69. Para el año 1930, los espectaculares descubrimientos de la ciencia permitieron a Noruega controlar esta enfermedad; pero las precauciones adoptadas habían sido escritas por Dios casi 3500 años antes.[12]

A continuación, considera otra ley que se encuentra en Números 19. Sería útil leer el capítulo antes de continuar. Aquí se encuentra el mandamiento de Dios de que sea considerado impuro durante siete días

---

11. George Rosen, *History of Public Health (la historia de la salud pública)* (New York: MD Publications, 1958), pp. 62-63.
12. S. McMillen, MD, *Ninguna enfermedad* (Medellín, Colombia: Tipografía Unión, 1969).

cualquiera que toque el cuerpo de una persona muerta. Además, deben considerarse impuros hasta que se hayan completado varios lavados de manos y cuerpo especificados con mucha precisión. Incluso la persona que ayudó en la limpieza estaba obligada a lavarse.

En Números 19, Dios prescribió específicamente lavar todo el cuerpo con agua que contuviera ceniza e hisopo. Las cenizas en combinación con el aceite de la planta de hisopo hacían una especie de jabón. Sucede que la planta de hisopo, un tipo de mejorana que crece en el Oriente Medio, contiene en su aceite alrededor del 50% de carvacrol, un compuesto orgánico casi idéntico al timol, un compuesto antifúngico y antibacteriano usado comúnmente. Por lo tanto, la ceniza y el hisopo funcionan tanto como jabón como un antibiótico natural. Dios les ordenó a los judíos que después de tocar un cadáver se lavaran con un jabón antibiótico eficaz. ¿Parece razonable creer que esto fue solo suerte por parte de Moisés?

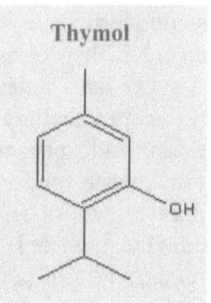
Thymol

Es extremadamente interesante notar que la práctica estricta de lavarse las manos en medio del contacto con los pacientes o después de tocar cadáveres solo se introdujo en la medicina "moderna" por el trabajo de Ignaz Semmelweis en las décadas de 1840 y 1850.[13] Semmelweis trabajaba en ese momento en un hospital de Viena en el que uno de cada seis pacientes de maternidad moría en el hospital. ¡No es de extrañar que las mujeres prefirieran dar a luz a sus hijos en casa! Estas deprimentes estadísticas eran números típicos de los hospitales en ese momento. Semmelweis notó que una práctica habitual de los médicos en los hospitales era realizar autopsias a los pacientes que habían muerto el día anterior antes de proceder inmediatamente a examinar a sus pacientes aún sanos. Hoy, por supuesto, uno se estremece al oír sobre esta práctica, pero cabe señalar que el concepto de enfermedad infecciosa, comúnmente conocida como la teoría microbiana, no fue introducido en el mundo o probado por la ciencia moderna sino hasta el siglo XIX por el trabajo de Oliver Wendell Holmes, Pasteur, Lister y Semmelweis. Semmelweis ordenó que todos los médicos que realizaran autopsias debían lavarse bien las manos antes de trabajar con pacientes. La tasa de mortalidad en el hospital disminuyó a un tercio de lo que había sido. ¡Si tan solo antes de esta fecha los médicos hubieran hecho caso a las órdenes de Moisés sobre el lavado después de tocar cadáveres!

Semmelweis Semmelweis finalmente notó que incluso el contacto con un paciente de maternidad después de tocar a otro paciente vivo podría resultar en una infección, por lo que ordenó además la limpieza

---

13. El trabajo paralelo del autor y científico aficionado de Boston, Oliver Wendell Holmes, también merece crédito.

manual entre exámenes obstétricos. La tasa de mortalidad bajó al 1% (desde una tasa inicial de mortalidad del 16%). Semmelweis podría haberse referido al capítulo 12 de Levítico en este punto donde se proclama "impura" durante siete días a cualquier mujer que da a luz. Ahora se sabe, por supuesto, que la naturaleza del parto, que abre el sistema circulatorio de la madre a la infección externa, hace que sea una práctica particularmente peligrosa para los médicos pasar de un paciente de maternidad a otro sin un lavado muy completo de las manos. Esto sigue siendo cierto durante varios días posterior al parto. La Biblia prescribe siete días. Afortunadamente, gracias a la ciencia moderna, los obstetras no necesitan esperar siete días en medio de los exámenes. Sin embargo, se puede ver que, si los médicos hubieran obedecido la práctica descrita en la Ley de Moisés, se habrían evitado millones de muertes innecesarias.

Un dato adicional interesante es que el establecimiento médico no aceptó fácilmente el trabajo de Semmelweis, por decir poco. Fue ridiculizado por muchos de sus compañeros en la comunidad médica. Finalmente, fue perseguido tan fuertemente que fue despedido del hospital donde hizo su trabajo original. Incluso después de publicar pruebas convincentes de la eficacia del lavado de manos, sus conclusiones fueron rechazadas por la mayoría de sus compañeros. Finalmente, Semmelweis fue internado en una institución mental donde, irónicamente, murió de una infección en la sangre.

Semmelweis no fue el único defensor de la teoría microbiana en ser perseguido. Louis Pasteur, el gran químico francés, propuso la existencia de virus para explicar enfermedades infecciosas como la viruela y la rabia. A pesar de sus grandes éxitos en la curación de enfermedades como la rabia, se opusieron fuertemente a su teoría del virus. Uno de sus oponentes, el también científico francés Guerin, incluso lo desafió a un duelo.

¡Pero hay más! Por ejemplo, considere Levítico 17:13-14:

> "Cuando un israelita o algún extranjero que viva entre ustedes cace algún animal o ave que sea lícito comer, le extraerá la sangre y la cubrirá con tierra, pues la vida de toda criatura está en su sangre. Por eso les he dicho: No coman la sangre de ninguna criatura, porque la vida de toda criatura está en la sangre; cualquiera que la coma será eliminado".

Aparte de los evidentes peligros para la salud al comer sangre a menos que esté muy bien cocinada, aquí se encuentra una declaración interesante: "La vida de toda criatura está en su sangre". La función de la sangre en el transporte de oxígeno que da vida, así como todos los demás nutrientes a las células del cuerpo, no fue descubierta sino hasta el siglo XIX. La "mala sangre" fue uno de los principales diagnósticos (incorrectos) de la ciencia médica para todo tipo de síntomas hasta bien entrado el siglo XIX. Las rayas rojas y blancas del poste del barbero representan una práctica común de barberos desde la Edad Media hasta la década de 1800: ¡la sangría! Cuando alguien tenía una infección o algún otro problema médico, un tratamiento muy común era pegar sanguijuelas al paciente para que chuparan la mala sangre. Un estudio del registro del tratamiento médico que condujo a la muerte de George Washington muestra un número inusualmente grande de sangrías, lo que llevó a algunos a sugerir que en realidad pudo haber muerto principalmente por una pérdida de sangre.

El hecho médico/científico es que la sangre es portadora de una variedad de "glóbulos blancos", el principal medio de protección del cuerpo contra todo tipo de enfermedades. La sangría nunca ayudó a nadie a recuperarse. Si solo los médicos hubieran aprovechado la oportunidad de leer la Biblia en cuanto a este tema: "La vida de toda criatura está en su sangre". Dios estaba tratando de proteger a su pueblo para que no fuera alcanzado por "ninguna de las enfermedades que traje sobre sobre los egipcios" (Éxodo 15:26).

Posiblemente, el mejor fragmento de asesoramiento médico en la Ley se encuentra en Deuteronomio 23:12-13. En este pasaje de las Escrituras, se mandó a los israelitas a que designaran un lugar fuera del campamento para hacer sus necesidades. Se les mandó específicamente a que cavaran un agujero y enterraran sus excrementos. Este es un tema desagradable, pero el hecho desagradable es que incluso ya entrado el siglo XXI, la principal causa de muerte en niños pequeños en todo el mundo es una larga lista de enfermedades provocadas por beber agua contaminada. Se ha estimado que, tanto en la Guerra Civil Americana como en la Primera Guerra Mundial, más soldados murieron por cólera, disentería y similares que por heridas de batalla. Por supuesto, en condiciones de guerra, seguir los consejos de Deuteronomio 23 es muy difícil, pero la mayoría de estas muertes, así como millones de muertes al año incluso en la actualidad, podrían evitarse si la gente aplicara cuidadosa y metódicamente el mandato en Deuteronomio 23:12-13. El consejo dado a Moisés puede parecer extremadamente obvio para nosotros, pero esto no era una práctica común ni siquiera para las civilizaciones más avanzadas en la época de Moisés. Casi sin excepción, desde las grandes ciudades hasta las villas más pequeñas, era una práctica común dejar aguas residuales en las calles.

Considera la circuncisión. Esta práctica fue instituida unos cientos de años antes de la época de Moisés, durante la vida de Abraham. Se puede leer en Génesis 17:12:

> Todos los varones de cada generación deberán ser circuncidados a los ocho días de nacidos, tanto los niños nacidos en casa como los que hayan sido comprados por dinero a un extranjero y que, por lo tanto, no sean de la estirpe de ustedes.

Hay dos puntos por trabajar aquí. En primer lugar, se le ordena circuncidar a todos los varones. En segundo lugar, se le ordena circuncidar a todos estos varones en el octavo día. ¡La circuncisión es un proceso doloroso! ¿Por qué Dios habría hecho que su pueblo pasara por esto? Desde un punto de vista teológico, Dios estableció la circuncisión como una señal del convenio que estaba haciendo con su pueblo. Sucede que también hay implicaciones médicas interesantes para este mandato.

Considera la circuncisión en sí misma. Circuncidar o no es una cuestión de cierto debate incluso entre la comunidad científica hoy en día. Debido al nivel de higiene diario, la necesidad de este procedimiento algo radical se ha reducido drásticamente en los Estados Unidos. Sin embargo, en una cultura como la de Israel hace más de tres mil años, la higiene personal ciertamente no era posible al nivel practicado por la mayoría de las personas hoy en día. En los tiempos del Antiguo Testamento, la gente pasaba períodos prolongados sin bañarse. La zona cálida y húmeda detrás del prepucio masculino es un excelente caldo de cultivo para todo tipo de bacterias y hongos. En nuestra cultura, con una oportunidad mucho mayor de cuidar la higiene, esto no presenta un peligro tan grande para la propagación de enfermedades. Consideremos, sin embargo, la ventaja para el pueblo de Dios en esta práctica, tanto para prevenir la propagación de enfermedades de transmisión sexual como para prevenir varias infecciones comunes. Dios podría haber mandado a su pueblo que se bañara todos los días, pero esto habría sido poco práctico, especialmente cuando peregrinaron por el desierto durante cuarenta años.

¿Instituyó Dios la circuncisión de los varones por estas razones de salud, o solo tenía en mente las implicaciones teológicas? Eso sería difícil de decir, ya que en la Biblia nunca se refiere específicamente como algo beneficioso para la salud. Sea cual sea el caso, claramente hay un patrón que se está desarrollando aquí. Cuando los judíos siguieron las órdenes de la Biblia, fueron protegidos de todo tipo de enfermedades. ¿Podría ser solo una coincidencia? ¿O es la Biblia la palabra inspirada de Dios?

Es interesante notar que la circuncisión es mucho más segura si, como manda Dios en el Antiguo Testamento, se realiza en bebés. En nuestra cultura moderna, cuando los niños mayores son circuncidados, por lo general debido a la incapacidad para retraer el prepucio, la operación requiere anestesia general, con su riesgo de muerte, o un anestésico local, que se ha sabido que causa disfunción eréctil permanente. Por otro lado, la circuncisión de un bebé es un procedimiento simple y seguro. Dentro de las primeras tres semanas de nacimiento, la circuncisión causa dolor, por supuesto, pero los síntomas desaparecen casi inmediatamente después de la cirugía. Por otro lado, los adultos experimentan dolor durante al menos una semana.

Esto lleva al siguiente punto. ¿Por qué circuncisión en el octavo día? Si bien la circuncisión de un niño varón en el segundo o tercer día en un entorno hospitalario es ahora prácticamente segura, para los israelitas este no era necesariamente el caso. Los pediatras han observado que el riesgo de hemorragia para los niños aumenta dramáticamente entre el segundo y el sexto o séptimo día de vida. Después de este punto, el riesgo disminuye drásticamente. Nuevamente, bajo el cuidado adecuado en un hospital, es muy poco probable que la circuncisión entre el segundo y el sexto día de vida conduzca a un daño permanente importante. Sin embargo, en las condiciones de la cirugía prevalentes en los tiempos del Antiguo Testamento, las implicaciones son significativas.

Las razones de este efecto son ahora bien conocidas. Al nacer, el nivel de vitamina K en un bebé es similar al de su madre. Sin embargo, el cuerpo humano no produce su propio suministro de esta vitamina esencial, necesario para la producción de los compuestos proteicos utilizados por el cuerpo para causar la coagulación de la sangre. En cambio, las bacterias presentes en los intestinos suministran vitamina K al cuerpo. Los bebés nacen sin las bacterias requeridas en sus intestinos. Estas tardan unos días en acumularse hasta el punto de que se restablece un nivel seguro de vitamina K. Los estudios muestran que este nivel se alcanza alrededor del octavo día. Hoy en día, debido a la investigación sobre los niveles de vitamina K, los médicos dan vacunas de la vitamina a los recién nacidos. Sin estas vacunas, se prefiere realizar la circuncisión entre el octavo al décimo día de vida, para que sea segura y relativamente menos dolorosa, según la ciencia médica.

Una de las proteínas de coagulación producidas a través de la presencia de vitamina K es la protrombina. La concentración de este compuesto esencial cae dramáticamente en el primer o segundo día de vida de un recién nacido, haciendo que cualquier tipo de corte sea inusualmente peligroso. Una vez que el cuerpo de un bebé comienza a producir vitamina K, empieza a recuperar protrombina. En realidad, alcanza un pico de aproximadamente el 110% de su nivel normal más o menos en el octavo día.

El experimento de Abraham

Día de la circuncisión	Número de varones hebreos	Número de muertes
1	823	4
3	759	6
5	693	8
7	855	3
9	770	2
11	698	4

Claramente Abraham no tenía acceso a estos datos, ni tampoco alguna manera de generarlos. ¿Por qué le dijo al pueblo de Israel que se circuncidara en el octavo día? Tal vez hizo un experimento cuidadosamente controlado con dos grupos para determinar el día óptimo para la circuncisión de los niños varones, como se ilustra en el anterior gráfico. ¡Esto parece muy improbable! ¿Qué hay de una explicación más razonable, que es que Dios le dijo a Abraham cuándo circuncidar a los hijos varones? Incluso si alguien fuera un escéptico empedernido que ni siquiera admitiera que Abraham existió alguna vez, ¿cómo podrían explicar que esto está en la Biblia? Presumiblemente, el escéptico afirmaría que es solo suerte o coincidencia. ¿Cuántas coincidencias serán necesarias antes de que algunos estén convencidos de que el mismo Dios que creó la vida en primer lugar inspiró este libro?

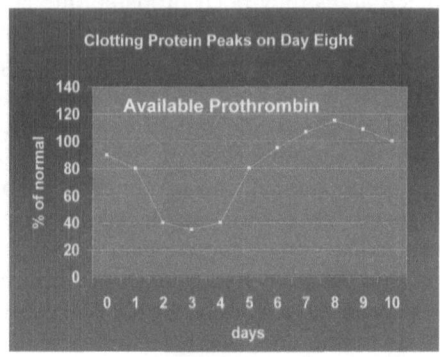

Como otro ejemplo (si es que se necesita), en Levítico 18 pueden encontrarse leyes contra el incesto. A los judíos se les mandó específicamente no casarse ni tener relaciones sexuales en relaciones consanguíneas. Esto incluiría tías, tíos y primos. El incesto era una práctica común de la época, continuando hasta los tiempos modernos. Una vez más, Dios puede haber tenido razones propias, pero sucede que los niños nacidos de una unión entre parientes de sangre cercana han demostrado una incidencia mucho mayor de enfermedades genéticas. Moisés no dijo por qué evitar este tipo de comportamiento, pero los judíos que siguieron estos decretos evitaron mucho dolor y enfermedad.

Un breve viaje a través de la Biblia revelará una lista casi innumerable de mandamientos que conducen a nuestro bienestar emocional y físico. Por ejemplo, uno descubre en Levítico 7:22-25:

> "Ustedes no comerán grasa de ganado vacuno, ovino o cabrío [...] Todo el que coma grasa de animales presentados como ofrenda por fuego al SEÑOR será eliminado de su pueblo".

Sería interesante pensar en cuánto menor era la tasa de arteriosclerosis y muerte debido a enfermedades del corazón entre los israelitas que obedecieron este decreto. El descubrimiento de la correlación directa entre el consumo de grasa animal y la muerte debido a una enfermedad coronaria es reciente, pero Dios proporcionó protección a su pueblo de esta, la mayor asesina en el mundo occidental.

En Proverbios 23:20 está escrito: "No te juntes con los que beben mucho vino, ni con los que se hartan de carne". Ambas amonestaciones son buenos consejos de salud, como ha sido bien documentado. Tenga en cuenta que la Biblia no prohíbe el consumo de carne o vino con moderación. La carne con moderación puede ser una parte importante de una dieta saludable. Parecería que el jurado médico todavía está analizando si el vino con moderación es perjudicial, o posiblemente incluso beneficioso para la salud, pero claramente mucho vino es extremadamente perjudicial para la salud mental y física.

La mayoría de los mandamientos anteriores son exclusivos de la Biblia, proporcionando un peso abrumador de evidencia respecto de su inspiración. Los mandamientos de Dios concernientes a las relaciones sexuales, aunque no son exclusivos de la Biblia, proporcionan aún más evidencia de la sabiduría y la naturaleza práctica de este gran libro para llevar salud y felicidad a cualquiera que lo siga. Dios prohíbe específicamente la homosexualidad (Romanos 1:26-27; 1 Corintios 6:9-10; Levítico 18:22), la prostitución (1 Corintios 6:9-10; Levítico 19:29), el adulterio (Proverbios 5) y, de hecho, cualquier tipo de sexo fuera del matrimonio (Gálatas 5:19).

Hay una creencia generalizada en nuestra sociedad "moderna" de que las actitudes abiertas sobre los estilos de vida sexuales son algo bueno. Los medios de comunicación anulan a la minoría significativa que todavía acepta la enseñanza bíblica de que el sexo fuera del matrimonio está mal. La postura predominante en nuestra cultura es que la experiencia sexual antes del matrimonio es algo bueno que conduce en última instancia a una mayor realización sexual. La historia, sin embargo, demostrará que la opinión de la mayoría no es igual a la verdad. La confianza es una clave esencial para una relación matrimonial saludable. Hay un beneficio enorme que cosechan aquellos con suficiente autocontrol para retrasar la gratificación sexual hasta que se haya sellado un compromiso con una relación de por vida. ¡Si tan solo la gente escuchara los mandamientos de Dios en esta área! Los beneficios emocionales (por no hablar de los beneficios espirituales) para la vida humana serían incalculables.

La obediencia a la enseñanza bíblica en esta área produciría beneficios para nuestro bienestar físico, así como para nuestra salud emocional. La promiscuidad sexual no es nada nuevo. La prostitución homosexual y heterosexual era central para un gran número de religiones antiguas. La lista de enfermedades de transmisión sexual, como la gonorrea, la sífilis, la hepatitis y el SIDA, parece estar siempre creciendo. Estas enfermedades serían eliminadas en poco tiempo si la gente solo tuviera la sabiduría y el autocontrol para obedecer la voluntad de Dios. La cantidad de muerte y destrucción causada por la negativa a seguir los mandamientos de Dios es difícil de comprender.

En conclusión, Dios no estaba haciendo el papel de un político cósmico, prometiendo mucho, pero entregando poco, cuando prometió a Israel que si obedecían sus órdenes no les traería ninguna de las enfermedades de los pueblos circundantes. Sin embargo, el interés principal de Dios no estaba en la salud física de su pueblo. Estaba mucho más interesado en su bienestar espiritual. Para una persona que está dispuesta a considerar la Biblia como su guía médica espiritual, Dios ha dejado muchas marcas de inspiración, entre las cuales no son de menor importancia los mandamientos relevantes para la ciencia médica.

BIOLOGÍA, QUÍMICA Y FÍSICA

Aunque en la Biblia la mayoría de las referencias relevantes para la ciencia están relacionadas con la medicina, también hay declaraciones de interés para geólogos, biólogos y astrofísicos, entre otros. Estas serán consideradas en esta sección.

Ya se ha demostrado que la sofisticación científica de otras culturas contemporáneas a los hebreos era, por decir poco, primitiva. La imagen de Atlas sosteniendo el cielo, de la mitología griega, aunque interesante de contemplar, no puede ser tomada en serio como científica. Tales mitos eran frecuentes incluso entre los griegos, considerados casi universalmente como la cultura antigua más avanzada en el aprendizaje científico. Este panorama de relativa ignorancia científica es el entorno en el que se escribieron tanto el Nuevo como el Antiguo Testamento.

Por ejemplo, considera un pasaje del Antiguo Testamento que podría ser del interés de un biólogo. En Génesis 16:4 se puede leer con respecto a Abraham que "Abram tuvo relaciones con Agar, y ella concibió un hijo". Probablemente la mayoría de los lectores de la Biblia no perciban las implicaciones científicas de esta escritura. Aquí la Biblia afirma que la concepción ocurrió en Agar después de la relación sexual con Abraham. El lector moderno puede no encontrar nada fuera de lo común en esta declaración, pero sucede que el hecho de que la concepción ocurra de esta manera no fue aceptado sino hasta el siglo XIX.

El primer científico moderno en afirmar que tanto el hombre como la mujer tienen gametos fue William Harvey, cirujano jefe del rey Jacobo I de Inglaterra. El esperma humano no fue descubierto sino hasta la década de 1660, con el trabajo de Robert Hooke, usando un microscopio. La teoría de que el esperma masculino y el óvulo femenino son necesarios para la concepción no fue reconocida ampliamente por la ciencia médica hasta el siglo XIX. Es un ejercicio interesante observar los antiguos libros médicos del siglo XVIII llenos de diagramas ordenados que muestran cómo los hombres depositaban al bebé ya concebido dentro del agradable y cálido vientre femenino. En el Corán, la escritura del islam, se puede leer que el hombre deposita al bebé dentro del vientre (Sura 16:4, 22:5 y 23:14). Debido a que el hombre escribió el Corán, este refleja el conocimiento del hombre. La Biblia acierta una vez más.

¿Qué hay de la cosmología? En Job 26:7 se afirma que "Dios extiende el cielo sobre el vacío; sobre la nada tiene suspendida la tierra". Esta es una declaración extraordinaria, dado que Job fue escrito unos años antes del 1000 a. C. Aquí la Biblia proclama que la tierra se mueve libremente en el espacio, que no está unida a nada adicional. La simple observación de los eventos físicos en el mundo haría creer que todo está cayéndose. No es sorprendente que, utilizando un simple razonamiento humano, los antiguos imaginaran la tierra ya fuera como un objeto plano semejante a un plato apoyado sobre algún objeto más grande, o como el centro literal del universo, con el sol, la luna, los planetas y las estrellas de alguna manera unidos a la tierra, rodeándola una vez al día. Esta segunda idea, llamada geocentrismo, fue la teoría dominante de los intelectuales hasta la era moderna. La religión popular generalmente se aferraba a las ideas de la tierra plana. Sin embargo, el libro bíblico de Job acierta.[14] La tierra está suspendida sobre nada. Ya en el 1600 d. C. el teólogo Bruno fue quemado en la hoguera por sostener la creencia de que la tierra no está suspendida en nada y se mueve libremente a través del espacio. De hecho, se mueve a través del universo bajo la influencia de la fuerza de la gravedad, principalmente del sol. Job 26:7 muestra una visión sorprendente para un pueblo científicamente ignorante.

¿A alguien más se le ocurrió esta idea en una época tan antigua? No hay registro de que ya en el año 1000 a. C. esta idea se propusiera. Unos cuantos cientos de años después de la escritura de Job, algunos astrónomos griegos, entre ellos Anaxágoras y Aristarco, llegaron a la conclusión de que la tierra se movía. Sin embargo, la gran masa de personas, al igual que los hombres supuestamente sabios, a lo largo de la historia se han aferrado a ideas como las contenidas en los sutras, parte de las escrituras de la religión hindú. Aquí se encuentra la declaración de que la tierra está sobre los lomos de cuatro elefantes que están encima de una tortuga, rodeados por una serpiente, nadando en un mar de leche. ¿Inspiró Dios los sutras? ¿Qué hay de los Vedas, los Upanishads o las otras escrituras hindúes? Estas preguntas merecen una reflexión, pero cabe señalar que cada una de ellas contiene elementos tan científicamente sospechosos como la historia del elefante, la tortuga y la leche.

Otro concepto erróneo común de los antiguos era que el cielo es básicamente como un cuenco, con todas las estrellas moviéndose a la misma distancia de la tierra a través de la circunferencia de este cuenco. Las escrituras del jainismo (un sistema de creencias nativo de la India)

---

14. Al analizar Job 26:7, el lector debe tener en cuenta otros pasajes del libro como Job 9:6, en el que un terremoto se describe metafóricamente como "Él remueve los cimientos de la tierra y hace que se estremezcan sus columnas". Job es un libro de poesía, escrito en un estilo dramático. No es un tratado sistemático sobre cosmología. El estudiante cuidadoso de la Biblia debe usar escritos poéticos como Job y Salmos con precaución al tratar de probar puntos científicos. Sin embargo, Job 26:7 está sorprendentemente de acuerdo con nuestro conocimiento actual de la cosmología.

van un poco más lejos, describiendo los distintos niveles de los cielos, con diversos objetos celestes girando a distancias diferentes de la tierra. Obviamente, ninguna de estas ideas se asemeja a la realidad del universo. La razón de esto es que son de origen humano.

En cuanto a las estrellas, se puede leer en Jeremías 33:22: "Yo multiplicaré la descendencia de mi siervo David [...] como las incontables estrellas del cielo". Aquí la Biblia está diciendo que las estrellas no se pueden contar. Nuevamente, esto puede parecer un punto obvio, pero el número de estrellas en el cielo fue objeto de debate en el Oriente Próximo en la época de Jeremías (alrededor del 550 a. C.). Los filósofos griegos especularon y debatieron sobre el número total de estrellas. Demócrito, uno de los filósofos griegos, es la primera persona conocida en haber propuesto que la Vía Láctea corresponde, en realidad, a estrellas inacabadas, y que por lo tanto hay un número inconcebible de estrellas en el universo. En verdad, fue la segunda persona, contando a Jeremías.

En cuanto a la tierra misma, puede leerse en la Biblia en Isaías 40:22 "la bóveda (NBLA: redondez) de la tierra" (la palabra hebrea también se puede traducir como "esfera"). La mayoría de los que pensaron tales cosas en la época en que se escribió Isaías (alrededor del 750 a. C.) creían que la tierra era plana. Aproximadamente en el 525 a. C., el matemático griego Pitágoras (famoso por el teorema de Pitágoras) fue la primera persona conocida en afirmar que la tierra era una esfera. ¡Fue el primero si se va a ignorar a Isaías! Aproximadamente en el 150 a. C., Eratóstenes, un griego que vivía en Alejandría, midió indirectamente la circunferencia de la tierra. Fue exacto dentro de un rango de aproximadamente el 8%.

A propósito, aclarando una mala interpretación muy común, aunque la gente inculta de la época de Colón pudo haber creído en una tierra plana, la mayoría de los intelectuales en el siglo XV creían, junto con Pitágoras y Eratóstenes, que la tierra era esférica. Colón no tuvo que convencer a la reina Isabel de que la tierra era redonda; solo tenía que convencerla de que el viaje era una buena inversión financiera. Sin embargo, Isaías, escribiendo dos mil años antes de Colón, se adelantó a su tiempo. ¿No es razonable concluir que sus escritos fueron inspirados por Dios?

El punto no es tanto que Isaías haya avanzado a Pitágoras, sino que la Biblia, en la medida en que refleja el conocimiento científico, acierta en cada cuestión. Por otro lado, considera el Corán, escrito más o menos veinte años antes de la muerte de Mahoma en el año 632 d. C. Mahoma dijo ser un profeta de Dios. Si la afirmación fuera cierta, entonces sería razonable esperar que el Corán fuera preciso en la medida en que se pueda comparar con el conocimiento científico. En el Corán está escrito que el sol y las estrellas giran alrededor de la tierra (Sura 21:33). Esto estaría de acuerdo con el concepto griego del universo que prevalecía en la época de Mahoma: la teoría geocéntrica. El único problema es que es erróneo. La razón por la que el sol y las estrellas parecen rodear la tierra es que la

La ciencia y la Biblia: ¿Enemigos mortales?

tierra está girando sobre su eje. Esto debería hacer que se cuestione la exactitud científica de las escrituras musulmanas.

Pero aún hay más. Por ejemplo, el Corán narra que una parte del cielo cayó y mató a alguien (Sura 34:9, 52:44). En Sura 15:17-18 se afirma que las estrellas fugaces proporcionan protección contra los malos espíritus. En Sura 12, puede leerse acerca de los once planetas. El Corán habla del rey David fabricando una capa de malla de hierro (Sura 34:11) antes de que algo así fuera inventado. Hay otros ejemplos que se podrían dar, pero el punto es que la Biblia no contiene este tipo de errores.

Para los antiguos, la lluvia en sí era un misterio. ¿De dónde viene la lluvia? ¿Por qué los ríos fluyen continuamente hacia el mar, pero el mar nunca se desborda? Sería interesante explorar algunas de las fábulas y mitos fabricados por las culturas antiguas para explicar este fenómeno. Los griegos invocaron a los dioses para explicar el fenómeno. En Amós 5:8, se afirma que Dios "convoca las aguas del mar y las derrama sobre la tierra". Además, en Job 36:27 se encuentra la declaración de que Dios "atrae las gotas de agua, y ellas, del vapor, destilan lluvia" (NBLA). En otras palabras, la Biblia describe un ciclo que comienza con el agua evaporándose de la superficie de la tierra, condensándose y destilando de nuevo a la tierra como lluvia, solo para evaporarse y volver a la tierra de nuevo. La explicación correcta de este proceso, llamado el ciclo hidrológico, obtuvo la aceptación general por la comunidad científica solo en el siglo XIX. La Biblia tiene razón de nuevo, tres mil años antes de que el ser humano, en su propio poder, fuera capaz de responder la pregunta. Los escépticos pueden afirmar que la Biblia es un libro escrito por personas científicamente ignorantes en una era científicamente ignorante. Para su sorpresa, la Biblia acierta de nuevo.

Otro ejemplo que vale la pena mencionar se encuentra en Génesis capítulo 6. Aquí Dios le dijo a Noé las dimensiones del arca que debía a construir. El arca debía medir 300 codos de largo por 50 codos de ancho por 30 codos de alto. Sucede que la relación 30/5/3 de longitud por anchura por altura ha resultado ser las dimensiones ideales para la construcción de grandes buques, según la amplia experiencia de las naciones oceánicas. En los tiempos modernos, los principios de la ingeniería se han utilizado para demostrar que una relación de aproximadamente 30/5/3 de longitud por anchura por profundidad crea dimensiones ideales para un equilibrio de gran volumen, estabilidad y velocidad en la construcción de grandes buques de comercio. No está claro si el arca necesitó ser construida para ser veloz, pero el gran volumen y la estabilidad eran definitivamente cuestiones importantes. Históricamente, la nación hebrea no fue nunca un pueblo oceánico. Esto fue especialmente cierto en la primera parte de su historia. En contraste, el "arca" del Poema de Gilgamesh era cúbica. ¡Eso no sería una buena idea en una tormenta! Entonces, ¿cómo obtuvo el escritor de Génesis las dimensiones ideales para un barco así de grande?

¿Podría ser que Dios se involucró proporcionando este conocimiento?

Aquellos que atacan la Biblia han tratado de encontrar pasajes que revelen sus errores científicos, similares a los de las escrituras de otras importantes religiones del mundo, citados anteriormente. La mayoría de los ejemplos de los escépticos entran en una de estas dos categorías:

1. Simple interpretación errónea de un pasaje bíblico, más comúnmente porque la Escritura es poética.

2. Interpretar erróneamente lo que claramente se describe como un milagro, como un error científico.

Como un ejemplo de un supuesto error científico bíblico que es simplemente un pasaje poético mal interpretado, considera Isaías 11:6-9. En este pasaje de las Escrituras se escribe que "el lobo vivirá con el cordero, el leopardo se echará con el cabrito" y "jugará el niño de pecho junto a la cueva de la cobra". Algunos se han mofado de este pasaje diciendo que es la descripción de una situación imposible. Sin embargo, un estudio cuidadoso mostrará que se trata de una referencia poética y profética al futuro reino de Dios. En él, todo tipo de personas que nunca se habrían unido debido al odio arraigado de clase social, étnico o nacionalista se unirán como la familia de Dios. No es una predicción de que las cobras de repente serán buenas mascotas. La afirmación de que Isaías 11:6-9 es un error científico muestra una falta de comprensión del contexto y el significado del pasaje de la escritura.

Como un ejemplo de la segunda categoría, los escépticos se han referido a la separación del Mar Rojo como una muestra de un "error" científico bíblico. Probablemente no hay una explicación natural para la separación espontánea del Mar Rojo (a pesar de los esfuerzos de algunos por encontrar una). Sin embargo, este evento se describe indudablemente como un milagro sobrenatural, no un evento natural. Por definición, un milagro es un acontecimiento que desafía la explicación natural. Los escritores de la Biblia no intentan retratar la separación del Mar Rojo como el resultado de un fenómeno natural. Este evento es solo un "error" científico si se utiliza un razonamiento circular asumiendo a priori que nunca se han producido milagros.

En resumen, muchas personas afirman que la Biblia, y especialmente el Antiguo Testamento, es una colección de mitos y fábulas, las reflexiones imaginativas de un pueblo científicamente ignorante. Ellos afirman que la lista de errores científicos en la Biblia demuestra que es una creación humana. En respuesta a esta afirmación, se puede preguntar razonablemente, ¿qué fábulas? ¿Dónde están todos estos ejemplos de errores que se podrían mantener en pie frente a un cuidadoso escrutinio? Cuando los escritos de la Biblia se comparan con ejemplos de antiguos escritores judíos, así como con las escrituras de otras religiones, se encuentra un contraste tan sorprendente que llega a ser inexplicable. Inexplicable, es decir, a menos que se considere la posibilidad de que la Biblia sea inspirada.

Este libro, que el escéptico afirmaría que es el producto de la ignorancia, está acorazado con afirmaciones precisas de naturaleza científica, lo que debería hacer que cualquier persona de mente abierta cuestione la validez de los ataques ateo-humanistas contra la Biblia. Adelante. Sé escéptico. Buena idea. No asumas que nada es cierto a menos que la evidencia hable por sí misma. Si una persona quiere tomar la decisión de estudiar la Biblia con un corazón sincero y una mente abierta, eventualmente la habrá aceptado "no como palabra humana sino como lo que realmente es, palabra de Dios, la cual actúa en ustedes los creyentes" (1 Tesalonicenses 2:13). No solo eso, sino que, si un creyente está dispuesto a ser lo suficientemente honesto intelectualmente como para cuestionar lo que cree acerca de la exactitud científica de la Biblia, tendrá convicciones aún mayores que permitirán que su fe capee las tormentas de la vida.

Para hoy

1. ¿Dónde encaja la evolución dentro del asunto de la ciencia y la Biblia? ¿Hace la Biblia declaraciones específicas que se relacionen con la evolución de las especies? ¿Qué hay de la evolución de los seres humanos?[15]

2. ¿La opinión propia sobre cómo interpretar Génesis capítulo 1 (literalmente como períodos de veinticuatro horas o metafóricamente como eras de la creación) es un punto importante para la doctrina cristiana? ¿Por qué sí o por qué no?

3. Galileo hizo la pregunta: "¿Puede una opinión ser herética y a la vez no tener nada que ver con la salvación de las almas?" ¿Cómo podría relacionarse esto?

---

15. Mi libro *Is there a God? (¿existe un Dios?)* trata estos temas en el capítulo ocho. Un tratamiento más detallado puede encontrarse en *Nature's Destiny (el destino de la naturaleza)*, de Michael Denton, mencionado anteriormente, La caja negra de Darwin de Michael J. Behe (Santiago, Chile: Andrés Bello, 2000) y *Juicio a Darwin* de Phillip Johnson (Madrid: Homo Legens, 2007).

Capítulo Nueve
La Biblia: El libro más maravilloso jamás escrito

El que esté dispuesto a hacer
la voluntad de Dios reconocerá si
mi enseñanza proviene de Dios
o si yo hablo por mi propia cuenta.
— *Jesucristo*

Hasta ahora, hemos considerado lo que parece una abrumadora cantidad de evidencia, que en suma hace que el creer en la Biblia como la palabra inspirada de Dios sea casi un imperativo intelectual. Lo creas o no, a pesar de este hecho, no hemos llegado todavía a la evidencia que, en última instancia, convence a la mayoría de los que dedican su vida a Cristo. Por experiencia del autor, en la mayoría de las personas, la razón más importante para tener fe deriva de una o de ambas de las causas dadas a continuación.

1. **Simplemente leyendo la Biblia.** Para muchos, al solo leer la Biblia, sin considerar de forma cuidadosa argumentos lógicos e intelectuales, el hecho de que es inspirada por Dios simplemente salta de cada página. La verdad última de la Biblia habla al corazón humano de una manera que para la mayoría sería difícil de explicar con palabras. En este capítulo nos arriesgaremos y consideraremos algunas de las posibles razones por las que leer la Biblia tiene este efecto.

2. **La vida de discípulos verdaderos.** Para aquellos que tienen la oportunidad de relacionarse con personas que verdaderamente se han dedicado a Cristo, la vida de esas personas es una especie de evidencia que va más allá de la lógica y el intelecto. A pesar de la confusión creada por la gran cantidad de personas que usan el nombre de Cristo, pero que no asumen la vida exigida por Jesucristo, hay algo en la vida de quien realmente se ha dedicado a seguir a Jesús que habla con claridad a aquellos en busca de significado y propósito para su vida.

EL LIBRO MÁS MARAVILLOSO JAMÁS ESCRITO

En realidad, sería más preciso decir: "Los libros más maravillosos jamás escritos", ya que la Biblia contiene sesenta y seis libros. Fue escrito al menos por cuarenta autores diferentes en un lapso de al menos mil cuatrocientos años. A pesar de la desalentadora tarea de reunir los escritos de docenas de autores, en tres idiomas, de orígenes culturales, educativos y económicos muy diversos, la Biblia tiene una unidad en su tema y mensaje que parece desafiar cualquier explicación. A pesar de los fervientes esfuerzos de muchos por encontrar contradicciones entre los diversos autores, la Biblia resiste muy bien todos estos ataques, cuando se considera la evidencia de forma cuidadosa.

La Biblia es una composición increíblemente compacta. Sus escritores produjeron más contenido en una página de lo que la mayoría de los autores pueden en quinientas. Aunque la Biblia tiene un tema primordial a lo largo de su extensión, que es la relación entre Dios y la humanidad, al mismo tiempo logra ser el libro más maravilloso que el mundo ha producido en cuanto a historia, matrimonio, filosofía... la lista podría seguir aparentemente de forma indefinida. A pesar de tratar verdades eternas sobre cómo llegar a un lugar mejor, la Biblia proporciona el consejo más práctico posible sobre cómo vivir una vida feliz y exitosa aquí en la tierra.

Todas estas afirmaciones agrupadas pueden proporcionar al menos una explicación parcial del hecho de que, para muchos, simplemente el hecho de leer la Biblia en sí misma desarrolla una profunda convicción de que esta contiene las palabras mismas de Dios. Examinaremos estas afirmaciones con cierto detalle.

VARIEDAD DE ESTILO, PERO UNIDAD DE MENSAJE

Culturalmente, los autores de la Biblia fueron mesopotámicos, egipcios, beduinos y griegos. Sus ocupaciones variaban mucho: sacerdote, agricultor, soldado y rey, recaudador de impuestos, pescador, profeta y primer ministro. Algunos, como Pablo, estaban muy bien educados. Otros eran, a los ojos de sus contemporáneos, "gente sin estudios ni preparación" (Hechos 4:13).

Los estilos de escritura de los autores bíblicos también son muy variados. En las páginas de la Biblia puede encontrarse tanto la narración histórica sencilla, como el proverbio conciso. Al pasar por sus páginas, la Biblia revela prácticas enseñanzas morales, como las que se encuentran en Santiago; y a la vez presenta teología profunda, que a veces es incluso difícil de comprender, como en los escritos de Pablo. Algunos autores bíblicos hablan de forma poética, mientras que otros son videntes apasionados.

A pesar de toda esta variedad, la Biblia, en su totalidad, tiene una asombrosa unidad de tema y mensaje: la relación entre Dios y la humanidad. Algunos han afirmado que el mensaje básico del Antiguo y del Nuevo Testamento son radicalmente diferentes, pero esta afirmación no se sostiene frente a un estudio cuidadoso. Aunque la revelación de la Biblia es progresiva, es decir, ciertas verdades acerca de Dios se revelan de una manera más completa a medida que uno progresa desde los primeros hasta los últimos escritos de la Biblia, el mensaje y el tema es el mismo en todo. Así sea que uno esté leyendo el libro de Deuteronomio o el de 1 Juan, puede encontrar temas como el amor de Dios, su gracia y su juicio sobre aquellos que no reconozcan su soberanía. En ambos libros, puede apreciarse el abrumador deseo de Dios de una relación con la humanidad, pero a la vez la naturaleza inflexible de su justicia suprema. La historia de la Biblia de principio a fin es los repetidos esfuerzos de Dios en crear un pueblo que lo ame, y al que él pueda amar y bendecir.

Algunos han dicho que el Dios del Antiguo Testamento era un Dios de juicio, mientras que el Dios del Nuevo Testamento es uno de amor y gracia. La forma más fácil de refutar esta afirmación es leer la Biblia. El amor de Dios por la humanidad y su juicio sobre los obstinados se encuentran en Génesis, Josué, Jonás y Juan. El palpable anhelo emocional de Dios por un pueblo, así como su odio al pecado y la rebelión, se encuentran en Éxodo, Esdras, Ezequiel y Efesios. Dada la gran variedad de sus escritores en el lenguaje, la cultura y los antecedentes, ¿cómo puede explicarse la innegable unidad de tema y mensaje en toda la Biblia?

> Ante todo, tengan muy presente que ninguna profecía de la Escritura surge de la interpretación particular de nadie. Porque la profecía no ha tenido su origen en la voluntad humana, sino que los profetas hablaron de parte de Dios, impulsados por el Espíritu Santo. (2 Pedro 1:20-21)

¿Es posible que haya un único autor subyacente en todo el libro? Un mejor cuestionamiento es si hay alguna otra explicación lógica para esta unidad. El Antiguo y el Nuevo Testamento encajan como una mano en un guante. Desde el principio hasta el final del Antiguo Testamento, uno puede ver claramente a Dios preparando a un pueblo a quien, y a través del cual, enviaría a su hijo, el Mesías. La primera profecía mesiánica se encuentra en Génesis 3:15, mientras que la última se encuentra en Malaquías 4:2-5. El Antiguo Testamento es la revelación progresiva de que el Mesías viene. El Nuevo Testamento es una declaración enfática de que él está aquí. Mediante la revelación del Antiguo Testamento, y por medio de la fe de hombres y mujeres piadosos como Abraham y Sara, Dios preparó a un pueblo especial para sí mismo.

Los acontecimientos históricos reales en este proceso mediante el cual Dios preparaba un pueblo para sí mismo (que se encuentran en el Antiguo Testamento) son profecías de lo que se revela en el Nuevo Testamento. El cautiverio y la esclavitud en Egipto son una representación simbólica (pero al mismo tiempo muy real) de la esclavitud del pecado.

El éxito de Moisés al liberar a los israelitas de la esclavitud es una profecía histórica de Jesús liberando a su pueblo de la esclavitud del pecado. Incluso el paso del pueblo a través de las aguas del Mar Rojo es una revelación histórica del bautismo en Cristo (1 Corintios 10:2). Los cuarenta años que Israel pasó vagando por el desierto es una prefigura profética de la vida cristiana. Cada situación es un proceso de aprender a confiar en Dios, no en sí mismo.

> "Te humilló y te hizo pasar hambre, pero luego te alimentó con maná, comida que ni tú ni tus antepasados habían conocido, con lo que te enseñó que no solo de pan vive el hombre, sino de todo lo que sale de la boca del SEÑOR". (Deuteronomio 8:3)

La entrada del pueblo de Dios en la tierra prometida bajo el liderazgo de Josué es una prefigura obvia del pueblo espiritual de Dios entrando al cielo bajo el liderazgo de Jesús (Jeshua o Josué en hebreo).

¿Cómo pueden los acontecimientos históricos ser una profecía? ¿Hay alguna posibilidad de que la correspondencia de las enseñanzas del Nuevo Testamento con los acontecimientos históricos reales del Antiguo Testamento sea solo un suertudo accidente que los primeros predicadores notaron? Llegar a cualquier conclusión—aparte de la obvia—traspasa los límites de la lógica y la razón. Dios estuvo involucrado en los acontecimientos y en el registro de estos. Podrían mencionarse a decenas de personas y acontecimientos en el Antiguo Testamento, además de los ya enumerados, como ejemplos del principio de que muchas cosas que ocurrieron en el Antiguo Testamento son profecías históricas de la enseñanza del Nuevo Testamento.[1]

LA AUSENCIA DE CONTRADICCIÓN, A PESAR DE LA CANTIDAD DE AUTORES

Probablemente el lector ha escuchado declaraciones tales como: "La Biblia está llena de contradicciones". Aquellas personas que han hecho tales acusaciones varían desde los casualmente desinformados a las personas que han estudiado la Biblia con bastante cuidado. Si la Biblia tiene contradicciones de buena fe, entonces eso sería una acusación seria contra la afirmación de que "toda la Escritura es inspirada por Dios" (2 Timoteo 3:16).

El punto de esta sección no es tanto refutar todos los ejemplos posibles de supuestas contradicciones. El punto es que, para el lector de mente

---

1. El tema de las prefiguras históricas y proféticas, tipos y anticipos de la obra del Mesías en el Antiguo Testamento es discutido con gran detalle en *De la sombra a la realidad,* por el Dr. John M. Oakes (Spring, Texas: Illumination Publishers, de próxima publicación).

abierta, la falta de contradicción aparente, el increíble acuerdo entre todos los diferentes escritores bíblicos, es una de las razones más fuertes para tener fe en la inspiración de la Biblia. Para cuando terminemos de explicar algunos ejemplos de las supuestas contradicciones de la Biblia, será posible extrapolar hasta la conclusión de que, si hay contradicciones, son o muy pocas o bastante difíciles de encontrar. En otras palabras, a menos que uno esté leyendo deliberadamente la Biblia con el fin de encontrar supuestas contradicciones, una lectura directa de la Biblia conducirá a la conclusión de que es sorprendentemente —podría decirse que milagrosamente— consistente consigo misma. Algunos ejemplos de incoherencias que los críticos intentan señalar se dividen en categorías tales como:

• Afirmaciones de que la doctrina enseñada en dos pasajes diferentes es contradictoria.

• Eventos idénticos descritos por dos autores diferentes que tienen detalles del hecho que parecen contradecirse.

• Cantidades de objetos, personas o años en dos pasajes diferentes que no concuerdan.

Tratar con todos los posibles ejemplos de supuestas contradicciones en la Biblia, o incluso tratar con todos los ejemplos principales que se presentan repetidamente, será obviamente imposible en esta breve sección. Lo que haremos será considerar un conjunto de preguntas que pueden utilizarse para resolver aparentes contradicciones que se podrían encontrar. Dicha lista de preguntas útiles podría incluir lo siguiente:

• ¿Esto es una contradicción legítima? En otras palabras, ¿existe una explicación perfectamente razonable de la supuesta contradicción que se pueda encontrar simplemente leyendo los pasajes pertinentes en contexto?

• ¿Hay alguna posibilidad de que un error de escritura pueda explicar la aparente discrepancia? Esta será una pregunta particularmente relevante si la supuesta contradicción involucra números del texto del Antiguo Testamento.

• ¿Es posible que los dos pasajes, en lugar de contradecirse el uno al otro, se complementen entre sí? En otras palabras, ¿es posible que las dos escrituras aparentemente discrepantes, consideradas en conjunto, creen en realidad una imagen más completa de lo que Dios está tratando de comunicar?

Con el fin de ilustrar lo que está implicado aquí, será útil considerar algunos ejemplos bastante típicos de lo que algunos han llamado errores o contradicciones en la Biblia. Lo que se hará es utilizar ejemplos tomados más o menos al azar, directamente de varios sitios web que los escépticos han creado para apoyar la afirmación de que la Biblia está llena de contradicciones. A continuación, se presentan algunos ejemplos típicos de los aclamados errores bíblicos:

1. "Génesis 7:17 dice que el diluvio cayó sobre la tierra durante cuarenta días; pero Génesis 8:3 nos dice que al cabo de ciento cincuenta días las aguas habían disminuido".

Este es un ejemplo de una supuesta contradicción, fácilmente eliminable con simplemente leer los pasajes relevantes en su contexto: "El diluvio cayó sobre la tierra durante cuarenta días" (Génesis 7:17); "Al cabo de ciento cincuenta días las aguas habían disminuido" (Génesis 8:3). Génesis 7:17 describe cuarenta días de lluvia, mientras que Génesis 8:3 afirma que la inundación duró ciento cincuenta días. Aparentemente, después de que la lluvia cesó, hubo una cantidad significativa de tiempo antes de que las aguas disminuyeran.

2. "Además, hay una contradicción con respecto a la cuestión de si Dios castiga a los niños por los pecados de sus padres. En Ezequiel 18:20, el Señor dice: 'Ningún hijo cargará con la culpa de su padre'. Sin embargo, en Éxodo 20:5, Dios dice: 'Yo, el Señor tu Dios, soy un Dios celoso. Cuando los padres son malvados y me odian, yo castigo a sus hijos hasta la tercera y cuarta generación'".

Este es un ejemplo más serio. La explicación entraría en la tercera de las anteriores categorías. Cuando se reconcilian los dos pasajes citados, se alcanza un entendimiento más completo. En Ezequiel 18, uno encuentra la clara y consistente enseñanza bíblica de que cuando llegue el día del juicio, una persona será considerada personalmente responsable ante Dios únicamente por sus propias acciones, no por las de sus padres o hijos o de cualquier otra persona.[2] El pasaje de Éxodo 20:5 está analizando el trato que Dios le da a una nación o a un grupo de personas en conjunto. Es una enseñanza constante en la Biblia que, aunque cada individuo es responsable ante Dios por sus propias acciones, él traerá castigo o disciplina a una nación que le vuelva la espalda. El castigo previsto en Éxodo 20:5 es de naturaleza física, como la guerra o la sequía. El destino eterno de las personas es una cuestión separada. Israel fue enviada al exilio porque, como nación, se volvió a la idolatría. A pesar de este hecho, algunos seguían siendo fieles a Dios, incluso durante este tiempo, y cabe suponer que él no los castigará individualmente para la eternidad por los pecados de todo el pueblo.

Una aplicación más personal de Éxodo 20:5 implicaría notar que el pecado tiene repercusiones que suceden durante esta vida de generación en generación. Por ejemplo, si alguien tiene un padre abusivo físicamente, estadísticamente es muy probable que esa persona caiga en ese mismo pecado. O al menos que toda su vida se vea afectada por el pecado de su

---

2. Por lo tanto, la doctrina del pecado original no es bíblica.

padre. El divorcio, el adulterio, los pecados sexuales, incluso el orgullo o la cobardía pueden tener este efecto, a veces actuando incluso "hasta la tercera y cuarta generación", aunque cada persona es juzgada por su propio pecado personal. En cualquier caso, no hay contradicción entre la enseñanza de Éxodo 20:5 y Ezequiel 18.

3. "En cuanto a la muerte del apóstol Judas, Mateo 27:5 afirma que Judas tomó el dinero que había obtenido para traicionar a Jesús, lo tiró al templo y 'luego fue y se ahorcó'. Sin embargo, Hechos 1:18 informa que Judas utilizó el dinero para comprar un campo y 'allí cayó de cabeza, se reventó, y se le salieron las vísceras'".

Este es un ejemplo de una supuesta contradicción que se elimina leyendo los dos pasajes relevantes y simplemente pensando de forma cuidadosa en cómo podrían resolverse. Lo que realmente sucedió es que, por remordimiento, Judas llevó el dinero que se le dio para traicionar a Jesús y lo tiró a los pies de los ancianos y principales sacerdotes que lo incitaron a la traición. En el contexto de Mateo 27, se describe claramente cómo los jefes de los sacerdotes "resolvieron comprar con ese dinero un terreno conocido como Campo del Alfarero, para sepultar allí a los extranjeros" (Mateo 27:7). Después de devolver el dinero, parece que Judas se ahorcó. En un clima caliente, después de solo unas horas, colgando de la cuerda, su cuerpo estaba extremadamente hinchado. Eso explicaría por qué, cuando fue descolgado, "cayó de cabeza, se reventó, y se le salieron las vísceras". En resumen, Judas devolvió el dinero, este se usó para comprar un campo, se ahorcó, y cuando su cuerpo fue descolgado estalló. No hay contradicción.

Los pasajes de Mateo 27 y Hechos 1 son dos de los muchos ejemplos que respaldan la afirmación de que los relatos evangélicos, así como Hechos, proporcionan registros paralelos independientes de los mismos acontecimientos. Cuando se abre la posibilidad de que ambos relatos se complementen entre sí en lugar de contradecirse, el significado se halla fácilmente. Un gran número de las supuestas contradicciones en la Biblia provienen de diferentes relatos de testigos oculares que incluyen detalles correctos, pero diferentes, del mismo evento. En lugar de proporcionar evidencia sobre errores en la Biblia, respaldan la afirmación de que los relatos evangélicos son registros separados pero confiables.

4. "David tomó mil setecientos (2 Samuel 8:4 NBLA) o siete mil (1 Crónicas 18:4 NBLA) jinetes de Hadad Ezer. ¿Cuál es correcto?"

Este es un ejemplo de una contradicción generada por un error de escritura. En otras palabras, casi con seguridad, en el original de 2 Samuel y 1 Crónicas, los números concordaban. Cuando los números se copian en hebreo, es extremadamente fácil que se produzca un error. Al igual que los números romanos, las letras hebreas se utilizan para representar números. Algunas de las letras que representan números son muy similares, haciendo que los errores después de varias rondas de copiado del texto sean muy probables. Como se indicó en el capítulo seis, el lector del Antiguo Testamento debe ser cauteloso al asumir que los números que se encuentran en nuestro texto son idénticos a los de la escritura original. En resumen, un error de copiado no es una contradicción bíblica.

5. "Al describir a Jesús siendo llevado a su ejecución, se afirma en Juan 19:17 que él llevó su propia cruz. En contraste, en Marcos 15:21-23 se dice que un hombre llamado Simón llevó la cruz de Jesús al lugar de la crucifixión".

Este es otro ejemplo en el que simplemente leer los pasajes relevantes y considerar cómo los relatos pueden ser razonablemente justificados resolverá fácilmente el supuesto error. En Mateo 27:32, dice: "Al salir [a Gólgota] encontraron a un hombre de Cirene que se llamaba Simón". Evidentemente, Jesús llevó la cruz parte del camino, mientras que Simón la llevó el resto del camino, posiblemente porque Jesús no era capaz de continuar bajo esa carga. Como en el ejemplo tres mencionado antes, la historia completa se entiende más plenamente cuando los relatos paralelos se comparan y justifican, apoyando la afirmación de que los relatos evangélicos son relatos independientes pero confiables.

6. "En Génesis 37:36 dice que José fue vendido a Egipto por los madianitas, mientras que en Génesis 39:1 dice que fue vendido por ismaelitas".

¿Sería una contradicción decir que George Bush es un tejano y al mismo tiempo que es estadounidense? Los madianitas eran una tribu árabe. Ismaelitas era un nombre general común para las tribus árabes en tiempos antiguos, mostrando así que eran descendientes del primer hijo de Abraham, Ismael.

7. "Éxodo 20:8, 'Acuérdate del sábado, para consagrarlo' contradice a Isaías 1:13: 'Luna nueva, día de reposo, asambleas convocadas; ¡no soporto que con su adoración me ofendan!'".

Este es un ejemplo que muestra la falta de comprensión del significado de un pasaje en su contexto. Por supuesto, Dios les ordenó a los judíos que observaran el día de reposo. En Isaías, Dios está diciéndole a su pueblo que su adoración carente de convicción sin renunciar a su evidente pecado es tan hipócrita que la adoración de ellos lo disgusta. Para ponerlo en un contexto moderno, sería como si Dios le dijera a uno de nosotros: "Estás en un pecado tan grave y eres tan mal ejemplo que sería mejor que te quedaras en casa, en vez de fingir ser justo yendo a la iglesia". No hay ninguna contradicción aquí.

8. "'No respondas al necio según su necedad, o tú mismo pasarás por necio' (Proverbios 26:4) contradice el versículo que dice: 'Respóndele al necio como se merece, para que no se tenga por sabio'" (Proverbios 26:5).

Al principio, esto puede parecer una contradicción, ya que las dos declaraciones parecen ser opuestas. Sin embargo, dado que ambos versículos se encuentran de forma consecutiva en Proverbios, es muy probable que el escritor original fuera muy consciente del doble significado de los dos versículos. Este puede ser un ejemplo de dos pasajes de las Escrituras que, cuando se toman juntos, producen una comprensión más completa. Comparando los dos versículos, se puede concluir que es un error quedarse atrapado en los juegos del necio (v. 4), pero es prudente revelar el pensamiento vacío de las personas insensatas (v. 5).

Este proceso podría seguir adelante casi indefinidamente, pero ya debe plantearse el punto.[3] Aquellos que afirman que la Biblia está llena de contradicciones simplemente se equivocan. Puede haber algunas preguntas difíciles. Incluso un estudio cuidadoso puede dejar algunas de las aparentes contradicciones sin respuesta, pero en el análisis final, todos o prácticamente todos los supuestos errores en la Biblia son en realidad errores del propio crítico de la Biblia que no está haciendo un buen trabajo al analizar el texto bíblico.

Después de considerar cuidadosamente varias docenas de supuestos errores en la Biblia y explicarlos tan fácilmente, sería tentador simplemente concluir el tema. Sin embargo, sería una mala idea para un creyente bíblico determinar que la cuestión de las contradicciones ha terminado. Eso no sería intelectualmente honesto. Si estamos absolutamente cerrados a considerar incluso la posibilidad de que haya un error en la Biblia, caemos en un razonamiento circular y una forma de deshonestidad intelectual que puede llegar a ser obvia para aquellos que hacen preguntas buenas y honestas. Sin embargo, en algún momento, después de que una persona ha abordado un gran número de preguntas, encontrando que todas o prácticamente todas son fácilmente respondidas, es razonable empezar a suponer que, casi con seguridad, cuando la pregunta se investiga cuidadosamente, resultará que no hay ningún error o contradicción en absoluto.

En conclusión, no es inusual escuchar que la Biblia sea atacada debido a todas sus supuestas contradicciones y errores. La acusación es mucho más fácil de hacer que de comprobar. Un estudio cuidadoso, en contexto, de las escrituras que supuestamente se contradicen, más un intento de entender el significado completo de los pasajes bíblicos, responderá con facilidad prácticamente todas estas preguntas. La Biblia es el producto de al menos cuarenta autores, provenientes de culturas

---

3. Buenas fuentes para responder a algunos de los ejemplos más difíciles de lo que a primera vista se ve parecen ser contradicciones de la Biblia se puede encontrar al sitio http://www.douglasjacoby.com; John Haley y Santiago Escuain, *Diccionario de dificultades y aparentes contradicciones bíblicas* (Barcelona: CLIE, 2009), y Norman L. Geisler y Thomas Howe, *Manual popular de dudas, enigmas y supuestas contradicciones bíblicas* (Barcelona: CLIE, 1988).

y orígenes muy diferentes, escribiendo a lo largo de mucho más de mil años. Sin embargo, sigue siendo consistente consigo misma hasta tal punto que el estudiante honesto de la Biblia se hallará a sí mismo más convencido que nunca de que está inspirada por Dios.

LA BIBLIA ES EL LIBRO MÁS MARAVILLOSO DE...
(rellena el espacio en blanco)

Recuerda, estamos tratando de entender por qué es que, para muchos, el solo leer la Biblia es suficiente evidencia de que está inspirada por Dios. Hemos considerado su unidad de mensaje y su coherencia consigo misma. Ahora pasaremos a considerar el simple hecho de que la Biblia funciona. Contiene una especie de sabiduría que es tan superior a cualquier otra palabra escrita o hablada que para muchos que la leen, no es necesaria ninguna otra prueba de la inspiración de la Biblia.

Podría decirse lo mismo del propio Jesús. Cuando hablaba, las multitudes quedaban impactadas de forma inmediata por el hecho de que aventajaba en gran manera a todos los hombres sabios de su edad. "Cuando Jesús terminó de decir estas cosas, las multitudes se asombraron de su enseñanza, porque les enseñaba como quien tenía autoridad, y no como los maestros de la ley" (Mateo 7:28-29). La gente estaba tan asombrada de la enseñanza de Jesús como de sus milagros. "Al llegar a su tierra, comenzó a enseñar a la gente en la sinagoga. '¿De dónde sacó este tal sabiduría y tales poderes milagrosos?', —decían maravillados" (Mateo 13:54). La multitud tenía una experiencia directa tanto con la enseñanza sorprendente como con los milagros. Estaban igualmente impresionados por ambos. No debe sorprendernos, entonces, que los lectores bíblicos que solo tienen experiencia directa con las sorprendentes enseñanzas de Jesús (es decir, que no experimentan personalmente sus milagros) a menudo estén convencidos de la inspiración de la Biblia únicamente por eso. Los lectores modernos de la Biblia no pueden escuchar el tono de autoridad en la voz de Jesús. Confiamos en testigos oculares que se maravillaron y se sorprendieron de su aire de autoridad. Marcos 1:27 da una visión adicional de este efecto: "Todos se quedaron tan asustados que se preguntaban unos a otros: '¿Qué es esto? ¡Una enseñanza nueva, pues lo hace con autoridad! Les da órdenes incluso a los espíritus malignos, y le obedecen'". Para muchos, la autoridad inherente de la Biblia habla por sí misma. Muchos de sus enemigos intentaron hacer tropezar a Jesús con preguntas engañosas. Después de una de sus respuestas bellamente sencillas pero profundas a una de estas preguntas difíciles: "Denle, pues, al césar lo que es del césar, y a Dios lo que es de Dios" hubo una respuesta natural y espontánea: "Y se quedaron admirados de él" (Marcos 12:17).

La innegable sabiduría de Jesús se refleja en la palabra de Dios, la Biblia. Por ejemplo, aunque la Biblia no es principalmente un libro sobre relaciones humanas, es sin duda el libro número uno alguna vez producido que abarca tanto los principios como la práctica de las buenas relaciones humanas. Del mismo modo, aunque la filosofía no es el tema principal de la Biblia, y a pesar de la impresionante obra de Aristóteles, Descartes, Spinoza, Hume, Kant y Nietzsche, la Biblia es la obra filosófica más profunda del mundo.

Claramente, las anteriores afirmaciones son subjetivas; sin embargo, este autor ha comprobado que resisten la prueba tanto de la práctica como del estudio cuidadoso. Los lectores, por supuesto, deben comprobar las afirmaciones por sí mismos. La lista de los "mejores" de la Biblia puede continuar por algún tiempo.

• La Biblia no fue escrita con el fin de impresionar al comité de Pulitzer; sin embargo, es un asombroso y profundo ejemplar literario. Los Salmos pueden defenderse contra Shakespeare. Si uno de los principios básicos de la escritura efectiva fuera decir tanto como sea posible en el menor espacio posible, la Biblia posee el récord en esa área. No deja de ser sorprendente cómo la Biblia tiene un significado de tal densidad en tantos niveles. ¿Qué otro libro puede leerse múltiples veces sin siquiera empezar a agotar su contenido? Habla igualmente al intelecto simple como al complejo.

• Ya empleamos un capítulo entero para demostrar que la Biblia, aunque no es un libro de historia principalmente, es fácilmente el mejor registro histórico del mundo antiguo.

• Se han escrito cientos de libros sobre el matrimonio. Estos son eficaces en la medida en que exponen de forma general la enseñanza bíblica sobre las relaciones, y en particular sobre el matrimonio.

• Incluso en el área de la economía y los negocios, Proverbios proporciona el consejo más simple, práctico y sabio de todos: Sé completamente honesto, trata a tus empleados con respeto, ten cuidado con el dinero fácil, pero busca construir riqueza gradualmente. No es la riqueza que tienes, sino lo que haces con ella lo que cuenta. No cuentes con la riqueza para obtener felicidad. Todos estos principios se encuentran en Proverbios, proclamados de forma sencilla pero profunda. Estos también funcionan.

• Si tan solo los líderes mundiales siguieran el consejo de Salomón (así como el de Jesús) sobre el gobierno.

• Es la opinión del autor que adicional a sus clases de teoría educativa, cada futuro profesor debería invertir una cantidad considerable de tiempo contemplando el estilo de enseñanza de Jesús si quiere aprender a enseñar.

• Los psicólogos y consejeros harían bien en pasar más tiempo estudiando la Biblia si quieren ser lo más útiles posible para las personas.

Parece que cada vez que se lee un libro popular sobre psicología y se encuentra un concepto que suena verdadero, el mismo concepto puede encontrarse en la Biblia si se está dispuesto a buscarlo.

La lista podría continuar. No es de extrañar, entonces, que tanta gente, al leer la Biblia, la acepte "no como palabra humana sino lo que realmente es, palabra de Dios" (1 Tesalonicenses 2:13).

VIDAS CAMBIADAS

TEsto nos lleva a la otra causa principal de fe en Jesucristo, además del hecho de solo leer la Biblia. La otra razón principal para que las personas lleguen a la fe en Jesús es su exposición a la vida cambiada de los verdaderos seguidores de Cristo. El autor puede atestiguar personalmente la eficacia de esta clase de testimonio. Mis experiencias personales, así como mi exposición a las leyes de la naturaleza como científico, me hicieron creer en un creador. Mi exposición bastante limitada a la Biblia me hizo aceptar que era, al menos, un libro increíble que le hablaba a mi yo más profundo. Sin embargo, fue cuando me expuse a una comunión de discípulos comprometidos, a su estilo de vida y amor el uno por el otro, que la llave giró la cerradura y la puerta me fue abierta. Siendo un científico, me gustaría pensar que tenía todo que ver con evidencia lógica y empírica. Absolutamente, esto fue un factor, pero el hecho es que la exposición a una clase de amor mutuo muy profundo entre los verdaderos discípulos fue lo que tuvo el mayor impacto en hacer que me comprometiera a convertirme en seguidor de Jesús.

En realidad, esto no debería ser tan sorprendente. El propio Jesús dijo: "De este modo todos sabrán que son mis discípulos, si se aman los unos a los otros" (Juan 13:35). El mismo Jesús dijo que la prueba definitiva de la fe cristiana es el amor. Si el amor de Dios por nosotros es a veces difícil de observar de forma directa, el amor de los demás es bastante real.

Desafortunadamente, este tipo de evidencia es muy difícil de plasmar en un libro. Es el tipo de caso de "tendrías que haber estado ahí". Es tentador hacer una lista de ejemplos prácticos a partir de la propia experiencia del autor, pero enumerar testimonios personales será ineficaz, ya que una persona necesita experimentar tales pruebas anecdóticas por sí misma. Todas las pruebas mencionadas anteriormente implican hechos y conocimientos intelectuales, pero este tipo de evidencia implica experiencia personal. Cuando Felipe encontró a Natanael y le compartió su experiencia con Jesús, se encontró con un escepticismo de mente abierta. La respuesta de Felipe a Natanael fue "Ven a ver" (Juan 1:43-51). Cuando él fue y vio a Jesús, se convenció.

Así que, tal vez la mayor evidencia para el cristianismo se encuentra en la vida de los mismos cristianos. ¿Cómo se expone a tal evidencia? Desafortunadamente, no es tan simple como caminar hacia una persona en la calle y preguntarle si es cristiana. Es triste que solo unos pocos de los que toman el nombre de Cristo caminen por los pasos de Jesús. De hecho, una de las razones más comunes que la gente da para no aceptar el cristianismo es la hipocresía de supuestos cristianos. Es claro que cualquiera que haga este comentario no ha estado lo suficientemente expuesto a la realidad.

En la búsqueda de la evidencia más convincente de todas, la vida de los verdaderos discípulos de Jesús, considera tres sugerencias. En primer lugar, se debe buscar a una persona, o mejor aún, un grupo de personas que se dediquen a seguir a Jesús. El propio Jesús describió el nivel de compromiso requerido para ser un discípulo: "De la misma manera, cualquiera de ustedes que no renuncie a todos sus bienes, no puede ser mi discípulo" (Lucas 14:33). No busques perfección, busca más bien personas de las que puedas decir sin vacilación, estas personas viven para Dios veinticuatro/siete. Segundo, busca una unidad de espíritu y propósito que sea aparentemente milagrosa. Jesús, la noche que fue traicionado, oró a su Padre: "Permite que alcancen la perfección en la unidad, y así el mundo reconozca que tú me enviaste y que los has amado a ellos tal como me has amado a mí" (Juan 17:23). Jesús dijo que la unidad de sus seguidores los marcaría como su pueblo. Busca un grupo donde haya ancianos y jóvenes, personas acomodadas y pobres, personas bien educadas y sin educación, negros, blancos y todas las demás condiciones. Busca una especie de unidad poco común entre personas que probablemente ni siquiera se habrían asociado entre sí. Busca esa especie de unidad que Jesús dijo que le haría saber al mundo que Dios lo había enviado.

Por último, busca el tipo de amor del que habló Jesús en Juan 13:34-35:

> "Este mandamiento nuevo les doy: que se amen los unos a los otros. Así como yo los he amado, también ustedes deben amarse los unos a los otros. De este modo todos sabrán que son mis discípulos, si se aman los unos a los otros".

Busca a un grupo de personas que practiquen el amor incondicional el uno por el otro de una forma que parezca inexplicable si no fuera porque siguen a Jesús. No busques la perfección, sino el tipo de amor que Jesús dijo que sería el sello distintivo del discipulado. La búsqueda de esto, la evidencia más trascendental, puede requerir tiempo y paciencia, pero el esfuerzo valdrá la pena.

UN RETO FINAL

Hay un dicho común que dice que "por la pluma se conoce al ave". Esto significa que se puede argumentar todo lo que se desee sobre el mejor tipo de paño, pero en algún punto, llega el momento de ver la muestra y comprobar su calidad.

Jesús se esforzó por ayudar a la gente a tener fe en él, pero en algún momento, llamó a los que lo habían estado siguiendo para que tomaran una decisión personal. A aquellos que tenían toda la evidencia pero que todavía no estaban dispuestos a dar el paso, les dio algunos consejos, que también le dejaré al lector:.

> "Mi enseñanza no es mía —replicó Jesús— sino del que me envió. El que esté dispuesto a hacer la voluntad de Dios reconocerá si mi enseñanza proviene de Dios o si yo hablo por mi propia cuenta". (Juan 7:16-17)

Parafraseando a Jesús, él está diciéndole a cualquiera que esté dispuesto a aceptarlo, que su enseñanza proviene de Dios. Si los milagros no son evidencia suficiente para ellos, entonces sus oyentes deben comprobar la enseñanza por sí mismos. En última instancia, por la muestra se conoce el paño. A cualquiera que se le haya presentado el tipo de evidencia más convincente, pero que aún siga dudando en comprometerse con Jesús y con las enseñanzas de la Biblia, él le da este desafío. Compruébalo tú mismo. Haz lo que dice la Biblia. Observa si no produce la vida abundante de la que él habló. El reto para el lector es bajar de la barca y empezar a hacer lo que Jesús dijo que hiciera (Mateo 14:29). Si no tienes la fe suficiente para comprometerte totalmente con las enseñanzas de la Biblia, entonces al menos comienza a hacer lo que dice. Jesús estaba sumamente seguro de que las personas con suficiente fe para comenzar a vivir una vida en obediencia a sus enseñanzas verían por sí mismas que su enseñanza es de Dios. Jesús le dice al buscador de la verdad que ya es hora de actuar de acuerdo con sus convicciones, es hora de pescar o de cortar el cebo. Jesús dijo en Juan 8:31-32:

> "Si se mantienen fieles a mis enseñanzas, serán realmente mis discípulos; y conocerán la verdad, y la verdad los hará libres".

Para hoy

1. ¿Hay alguna aparente contradicción en la Biblia que aún no hayas resuelto por ti mismo? ¿Qué puedes hacer para resolver este cuestionamiento?

2. ¿Puedes pensar en algunos otros ejemplos, además de los que se mencionan en este capítulo, de cómo la Biblia es el libro más maravilloso que existe?

3. Si todavía estás luchando con llegar a tener suficiente fe, ¿cuáles son las cuestiones que quedan pendientes? ¿Qué investigación adicional necesitas hacer? ¿Con quién puedes hablar?

4. ¿Qué tendrías que perder al aceptar el reto de Jesús de empezar a obedecer sus mandatos?

Apéndice A
Traducciones de la Biblia

En este punto es apropiado hacer algunos breves comentarios sobre las traducciones modernas, aunque no se relacionen directamente con la evidencia de la fe cristiana. Por razones obvias, prácticamente todos los lectores de la Biblia confían en las traducciones de los textos griegos y hebreos. Estas traducciones no están "inspiradas" de la misma manera en que lo estaban los escritos originales. Por lo tanto, el lector de la Biblia debe confiar en la integridad y habilidad de los traductores.

Hay tres categorías básicas para las traducciones de la Biblia. En primer lugar, hay versiones parafraseadas. Estas implican que el traductor lee el texto griego o hebreo, determina el significado por sí mismo y produce una paráfrasis que refleje con la mayor precisión posible ese significado, usando expresiones y modismos más modernos. Este tipo de traducción puede ser muy útil para que un lector entienda el significado general de los escritos originales. Sin embargo, debido a que la traducción parafraseada involucra una mayor interpretación con respecto a los otros tipos de traducciones, no es tan precisa o confiable como las otras. Una paráfrasis puede ser buena con el fin de simplemente leer la Biblia, pero no para un estudio detallado de los significados de las palabras. Hay muchas más posibilidades de que el traductor, incluso de forma inconsciente, inserte su propio sesgo en una traducción parafraseada. Algunos ejemplos comunes serían la Nueva Traducción Viviente y Dios Habla Hoy.

Otra clase de Biblia es una de traducción frase por frase. En este tipo de traducción, el comité de traductores mantiene una equivalencia de frase por frase entre el español y el griego o hebreo original. En este caso, si se intenta paralelizar el texto griego con la traducción al español, hay una correspondencia casi de palabra por palabra, pero el orden de las palabras puede ser alterado o pueden añadirse palabras para hacer que el texto fluya más suavemente cuando se lea en español. En otras palabras, la traducción de frase por frase compromete un poco el orden de las palabras originales para que la traducción sea más "legible". La Nueva Versión Internacional y la reina Valera Actualizada serían ejemplos de ello.

El tercer tipo de traducción es el de palabra por palabra. En este tipo de versión, hay una correspondencia casi de uno a uno entre la traducción al español y el hebreo o griego original, aunque ocasionalmente puede añadirse alguna palabra para mantener la estructura normal de las frases en español. Este es el tipo de traducción más precisa. Un ejemplo es la Nueva Biblia Latinoamericana de Hoy y la Nueva Biblia de las Américas, que muestran en letra cursiva cualquier palabra añadida que no se encuentre en el idioma original.

A continuación, algunas reglas para elegir qué versión de la Biblia leer.

• Es una buena idea utilizar más de un tipo de traducción, dependiendo de si se está tratando de leer simplemente para captar el significado general o si se está buscando estudiar el texto en detalle.

• Cuanto más reciente sea la traducción, mejor, ya que los estudiosos tienen mejores datos con los que trabajar que hace un par de generaciones.

• Es preferible elegir una versión hecha por un comité compuesto por varios grupos religiosos, en lugar de una producida por un grupo perteneciente a una sola denominación, incluso si perteneces al grupo en particular que hace la traducción. Esto evita en gran manera el sesgo al seleccionar una forma particular de traducir pasajes controversiales.

Hay varias traducciones excelentes que se ajustan a los tres criterios mencionados antes. Es el original, no la traducción, el que está inspirado. Sin embargo, el uso de una muy buena traducción es casi tan bueno como leer el original.

Apéndice B
La naturaleza de la fe

Una maestra de la escuela dominical les pidió a sus alumnos que definieran la palabra "fe". Un alumno precoz respondió: "La fe es creer en algo que sabes que no es verdad". Ambrose Bierce, el famoso humanista y escéptico, ha definido la fe como "Creencia sin pruebas en lo que alguien nos dice sin fundamento sobre cosas sin paralelo". A primera vista, esta definición puede parecer al menos un poco similar a una de las definiciones de fe que se encuentran en la Biblia: "Ahora bien, la fe es la garantía de lo que se espera, la certeza de lo que no se ve" (Hebreos 11:1). Tanto el escritor de Hebreos como Ambrose Bierce dicen que la fe implica creer en algo que no puede demostrarse que sea cierto mediante pruebas directas. Probablemente ambos están de acuerdo en que se requiere fe para creer en la afirmación de Jesús de que volverá a la tierra algún día. No se puede proporcionar ninguna evidencia directa de que él regresará. Jesús dijo que habría un día de juicio para todos los que han vivido en la tierra. Es imposible probar directamente mediante cualquier tipo de evidencia física que habrá un día de juicio. Los cristianos de forma unánime creen que hay un hogar esperándolos en el cielo. No hay evidencia física que demuestre que el cielo existe. La creencia en el cielo se basa en la fe en la autoridad de Jesucristo y en la palabra inspirada de Dios.

Así que, tanto el escéptico como la Biblia concuerdan en esto: la fe es parte del cristianismo. Pero es aquí donde termina la similitud. Bierce afirmaría que la creencia cristiana no tiene fundamento en la evidencia. Para él requiere "fe ciega". O él no era consciente de las evidencias ya presentadas en este libro, o estaba ignorando deliberadamente la evidencia disponible que respalda la creencia en la Biblia. Jesús dijo que sería resucitado al tercer día, ¡y así fue! ¿Qué más pruebas podrían necesitarse? ¿Qué hay de las profecías cumplidas? ¿Qué hay de los milagros, que incluso sus enemigos reconocieron que Jesús hacía? No hay que intimidarse por afirmaciones tan infundadas como la de Ambrose Bierce.

En su sarcástica definición de fe, Bierce también afirmó que la creencia cristiana se cimenta en enseñanzas basadas en "lo que alguien nos dice sin fundamento". ¿Está él dispuesto a afirmar que Daniel no tenía conocimiento del futuro? ¿Está dispuesto a afirmar que Jesús no mostró evidencia de su autoridad para hablar sobre asuntos de religión? Incluso los enemigos de Jesús que crecieron a su alrededor no pudieron encontrar ningún pecado del qué acusarlo; sin embargo, este escéptico religioso diría que Jesús no tenía autoridad para hablar de Dios.

La naturaleza de la fe

Tal vez el escéptico del cristianismo más famoso fue el escritor y filósofo francés Voltaire. Él fue la figura principal de la ilustración francesa en el siglo XVIII. Este filósofo, autor y dramaturgo hizo muchas críticas directas, pero a menudo justificadas, de la religión establecida de su época. Voltaire lideró los intentos de desacreditar la Biblia en la Europa del siglo XVIII. Fue Voltaire quien dijo: "Las verdades de la religión solo son bien comprendidas por aquellos que han perdido la capacidad de razonar". Aplicando esta afirmación de Voltaire al cristianismo, él decía que la única manera de que una persona inteligente creyera en lo que se enseña en la Biblia es leerla con una mente poco crítica e impensable.

Hay una pizca de verdad en parte de la acusación de Voltaire. Es cierto que muchos creyentes de la religión cristiana basan su fe puramente en la emoción. Muchos fracasan en considerar argumentos racionales; no aplican "la capacidad de razonar" (citando a Voltaire) a sus creencias sobre la Biblia. Si bien obviamente es bueno tener un apego emocional hacia Dios, es un error común de los creyentes el no considerar de forma cuidadosa argumentos razonados tanto a favor como en contra de la creencia en las enseñanzas de la Biblia. Fue el propio apóstol Pedro quien exhortó a los discípulos de Jesús: "Estén siempre preparados para responder a todo el que les pida razón de la esperanza que hay en ustedes" (1 Pedro 3:15). Los lectores de la Biblia son exhortados a aplicar la razón a su creencia y a prepararse para comunicar las razones de su fe a los demás. Pedro retó a sus lectores, señalando que no hay excusa para la pereza intelectual en el creyente.

Así que, hay una pizca de verdad en el desafío de Voltaire a la creencia cristiana. Muchos creyentes no han utilizado su capacidad de razonamiento dada por Dios para investigar la evidencia tanto a favor como en contra de la creencia cristiana. En palabras de Jonathan Swift (humanista y autor de Los viajes de Gulliver): "Razonar con un hombre nunca le hará corregir una mala opinión que él nunca adquirió mediante la razón". Sin embargo, la otra parte de la acusación de Voltaire no tiene ningún mérito. Para cualquier persona que esté dispuesta a dejar de lado la emoción y la creencia preconcebida y aplicar la razón a preguntas tales como si Jesús era quien dijo ser y si la Biblia está inspirada por Dios, esa persona se verá obligada a aceptar por el gran volumen de la evidencia que el cristianismo bíblico es, a la vez, verdadero y razonable.

Tal vez el escéptico del cristianismo más famoso fue el escritor y filósofo francés Voltaire. Él fue la figura principal de la ilustración francesa en el siglo XVIII. Este filósofo, autor y dramaturgo hizo muchas críticas directas, pero a menudo justificadas, de la religión establecida de su época. Voltaire lideró los intentos de desacreditar la Biblia en la Europa del siglo XVIII. Fue Voltaire quien dijo: "Las verdades de la religión solo son bien comprendidas por aquellos que han perdido la capacidad de razonar". Aplicando esta afirmación de Voltaire al cristianismo, él decía que la única manera de que una persona inteligente creyera en lo que se enseña en la Biblia es leerla con una mente poco crítica e impensable.

Hay una pizca de verdad en parte de la acusación de Voltaire. Es cierto que muchos creyentes de la religión cristiana basan su fe puramente en la emoción. Muchos fracasan en considerar argumentos racionales; no aplican "la capacidad de razonar" (citando a Voltaire) a sus creencias sobre la Biblia. Si bien obviamente es bueno tener un apego emocional hacia Dios, es un error común de los creyentes el no considerar de forma cuidadosa argumentos razonados tanto a favor como en contra de la creencia en las enseñanzas de la Biblia. Fue el propio apóstol Pedro quien exhortó a los discípulos de Jesús: "Estén siempre preparados para responder a todo el que les pida razón de la esperanza que hay en ustedes" (1 Pedro 3:15). Los lectores de la Biblia son exhortados a aplicar la razón a su creencia y a prepararse para comunicar las razones de su fe a los demás. Pedro retó a sus lectores, señalando que no hay excusa para la pereza intelectual en el creyente.

Así que, hay una pizca de verdad en el desafío de Voltaire a la creencia cristiana. Muchos creyentes no han utilizado su capacidad de razonamiento dada por Dios para investigar la evidencia tanto a favor como en contra de la creencia cristiana. En palabras de Jonathan Swift (humanista y autor de Los viajes de Gulliver): "Razonar con un hombre nunca le hará corregir una mala opinión que él nunca adquirió mediante la razón". Sin embargo, la otra parte de la acusación de Voltaire no tiene ningún mérito. Para cualquier persona que esté dispuesta a dejar de lado la emoción y la creencia preconcebida y aplicar la razón a preguntas tales como si Jesús era quien dijo ser y si la Biblia está inspirada por Dios, esa persona se verá obligada a aceptar por el gran volumen de la evidencia que el cristianismo bíblico es, a la vez, verdadero y razonable.

> "No estoy loco, excelentísimo Festo—contestó Pablo—. Lo que digo es cierto y sensato. El rey está familiarizado con estas cosas, y por eso hablo ante él con tanto atrevimiento. Estoy convencido de que nada de esto ignora, porque no sucedió en un rincón. Rey Agripa, ¿cree usted en los profetas? ¡A mí me consta que sí!" (Hechos 26:25-26)

Mientras Pablo presentaba su defensa, Festo lo había acusado de estar loco por aferrarse tan firmemente a la fe en Jesucristo. Pablo cambió el enfoque de la discusión poniéndolo en el rey, al decir que Agripa estaba muy consciente de que la evidencia de Jesucristo era contundente para cualquiera que considerara los hechos. En esencia, él le dijo a Agripa: "No es posible que niegues que Jesucristo es el predicho por los profetas, así que, ¿cómo puede nadie acusarme de estar loco?". Pablo declaró ante Agripa, como lo haría valientemente con Voltaire o con cualquier otro escéptico, sin importar su educación o antecedentes, que la creencia en Jesús es cierto y sensato.[1]

Sí, la creencia cristiana implica tener fe en cosas que no se pueden ver. Sí, hay elementos dentro de la creencia que no se pueden probar. La oración es un acto de fe. La decisión de dedicarle la vida a un carpintero que vivió hace dos mil años requiere fe, pero no fe ciega. Escépticos como Voltaire, Bierce, Swift y otros pueden crear la falsa impresión de que el cristianismo solo ofrece falsas esperanzas, una ilusión basada en la fantasía, el mito y los anhelos. Esta afirmación simplemente no se sostiene ante las evidencias. La razón humana, aplicada cuidadosamente, basada en la evidencia, conducirá a la fe cristiana.

---

1. Para profundizar más en este tema, uno de los mejores libros sobre evidencias cristianas disponibles es *Evidencia convincente de Dios y la Biblia,* por Douglas Jacoby (Spring, Texas: Illumination Publishers, 2020). Este libro incluye también argumentos teológicos para la religión cristiana.

Mantente al día con las
últimas noticias, artículos, libros
y eventos del ministerio de
John M. Oakes, PhD:

www.evidenceforchristianity.org

www.ingramcontent.com/pod-product-compliance
Lightning Source LLC
Chambersburg PA
CBHW030148100526
44592CB00009B/170